Mémoires
de
Marie-Rose
Girard

Mémoires de Marie-Rose Girard

Édition critique par Yvan G. Lepage

Les Presses de l'Université d'Ottawa
Ottawa • Paris • Londres

Données de catalogage avant publication (Canada)

Girard, Marie-Rose, 1906-
Mémoires

Éd. critique.
ISBN 2-7603-0177-X

1. Girard, Marie-Rose, 1906-
2. Cochrane, Région de (Ont.) — Biographies.
3. Canadiens français — Ontario — Biographies.
I. Lepage, Yvan G.
II. Titre.

FC3099.C63Z49 1988a   971.3′1′060924   C88-090459-3
F1059.5.C6G47 1988a

Cet ouvrage a été publié grâce à une subvention
de la Fédération canadienne des études humaines,
dont les fonds proviennent du Conseil de recherches
en sciences humaines du Canada.

Il a aussi bénéficié d'une subvention
de la Faculté des Arts de l'Université d'Ottawa.

TABLE DES MATIÈRES

NOTE LIMINAIRE

*L*a préparation de cette édition, constamment interrompue, s'est échelonnée sur une bien longue période. C'est en effet le 10 juillet 1978 que Madame Marie-Rose Girard m'a autorisé à éditer ses Mémoires; elle n'a, depuis, cessé de répondre avec une infinie patience à toutes les questions que je lui ai posées, par lettre ou de vive voix, chaque fois qu'elle m'a fait l'honneur de me recevoir à Cochrane ou au cours d'un séjour qu'elle fit à Ottawa, en 1984.

Le Centre de recherche en civilisation canadienne-française et l'École des études supérieures et de la recherche de l'Université d'Ottawa ont bien voulu m'accorder une subvention pour me permettre de poser les premiers jalons de cette édition.

Parmi les nombreuses personnes qui ont accepté de me recevoir ou de me fournir par écrit les renseignements que je sollicitais, je nommerai Michael F. Begley, professeur à l'École secondaire de Cochrane; Fernand Girard (second fils de Marie-Rose Girard) et son épouse Emma; Janine Trépanier-Massicotte, historienne de Saint-Stanislas; Aline Turcotte, c.s.c., vice-chancelier du diocèse de Timmins; René Grandmont, vicaire général et chancelier du diocèse de Hearst; et Laurent Dubé, curé de la paroisse de la Transfiguration de Cochrane.

Que toutes ces personnes reçoivent ici l'expression de ma très vive reconnaissance.

AVANT-PROPOS

*L*e texte qu'on va lire est autobiographique. Il est l'œuvre d'une octogénaire qui a dû s'arracher à son Québec natal pour suivre sa famille à Génier, dans le nord de l'Ontario, là où les terres agricoles abondaient. Cela se passait en 1922 ; Marie-Rose Girard, surnommée « Miemose », avait seize ans et s'apprêtait à entreprendre une carrière dans l'enseignement primaire. Cet exil brisait ce rêve et mettait brusquement fin à l'innocence et aux joies de l'enfance, plongeant du même coup Miemose dans la dure réalité de la vie adulte : mariage, grossesses (au nombre de dix), départ du mari, puis des enfants, vieillesse, solitude et souvenirs. C'est tout cela que reflètent les Mémoires.

La division en chapitres y est très soignée, du moins dans la première partie, où chacun correspond strictement à un épisode bien défini, délimité comme les différents actes d'un drame. L'auteur y recherche l'« effet » en exploitant ses réminiscences littéraires. Aussi ne manque-t-on pas d'y relever de nombreux poncifs et beaucoup d'ingénuité, que rachètent cependant certaines pages fortement dramatiques où passe une émotion d'autant plus intense qu'elle a été plus vivement éprouvée, puis revécue par l'écriture. Plus cultivée, bien guidée et, surtout, moins absorbée par d'accaparants soins domestiques, Marie-Rose Girard eût certes pu devenir un merveilleux conteur. Elle en a l'étoffe.

Tel quel, pourtant, ce récit autobiographique fera date dans la littérature ontaroise. En le dédiant à ses huit fils et à sa fille, c'est son propre passé québécois que Marie-Rose Girard leur lègue, à eux Franco-Ontariens. Les jours heureux de Saint-Stanislas, elle se trouve ainsi à les sauver de l'oubli où ils allaient fatalement sombrer, en même temps qu'elle les oppose à la vie précaire des premiers colons du nord de l'Ontario. Mais ce premier motif, que révèle la dédicace des Mémoires, en recouvre un second, plus personnel. L'exil ontarien ayant brusquement mis fin à l'ambition que caressait Marie-Rose Girard de devenir institutrice et de jouer dans la société un rôle prestigieux et envié qui eût conféré sens et unité à sa vie, il lui importait de juguler l'impression d'échec que cette rupture pouvait faire naître. La première partie des Mémoires donne de l'enfance de l'auteur une image qui peut paraître romanesque, mais qui ne porte pas pour autant atteinte au projet de sincérité de Marie-Rose Girard puisque, ce faisant, elle est persuadée que telle était sa vie à Saint-Stanislas. Ses éclatants succès scolaires, en particulier, la destinaient clairement à l'enseignement. Elle avait dû ensuite renoncer à cette vocation mais cet idéal de vie, il revenait à son fils cadet, André, de le réaliser. Ainsi, par personne interposée, Marie-Rose Girard réussit-elle à concilier son enfance et sa vie adulte, le rêve et la réalité.

Il s'agit là de ce que P. Lejeune a pu appeler un « projet, sincère, de ressaisir et de comprendre sa propre vie* », et qui constitue le fondement même de l'autobiographie.*

Ces Mémoires *ne manqueront certainement pas de plaire aux lecteurs qui s'y plongeront ; on y trouve en effet moins un auteur qu'une voix d'une remarquable authenticité.*

---

* Philippe Lejeune, *L'Autobiographie en France*, Paris, A. Colin, Coll. « U2 », 1971, p. 28.

Introduction

1. *L'auteur et son œuvre*

Saint-Stanislas, comté de Champlain, Québec.

Représentons-nous une H majuscule précédée d'un point : .H

La haste de droite symbolise la rive droite de la rivière Batiscan. Là s'élève le village; en son centre, l'imposante église paroissiale face au pont qui enjambe la rivière (comme la barre transversale de notre H). Empruntons ce pont. Une fois atteinte la rive gauche, bifurquons vers le nord et marchons jusqu'à la hauteur de la douzième propriété, matérialisée ici par ce point qui précède notre .H. C'est là que naquit, le 24 mai 1906, l'auteur des *Mémoires* que nous allons parcourir. C'est là aussi que se trouvent le coteau de sable, le rocher blanc et, surtout, cette source lumineuse dans laquelle baigne l'œuvre de Marie-Rose Girard (née Tousignant), et qu'il conviendrait, pour cela, d'élever au rang d'archétype. Cette source tarira pour « Miemose » en 1922, quand elle devra s'arracher à Saint-Stanislas, mais une autre, venue des entrailles de la terre, jaillira à Génier[1] et lui redonnera vie. Ainsi est ménagé le caractère d'éternité dévolu à l'élément aquatique. Toujours victorieuse, la source ne saurait trahir celle qui lui reste fidèle. Elle rafraîchit aux jours de chaleur et elle désaltère, toujours présente, offerte, discrète et efficace. Maternelle aussi, comme on l'a si souvent rappelé. Maternelle et éternelle, étendant son ombre protectrice et bienfaisante, non pas comme la mère, Honora, trop tôt enlevée, mais plutôt comme la grand-mère, Marie, source des sources.

La grand-mère de Miemose est une magicienne, une fée. Elle sait tout faire et elle connaît tout. La mémoire du temps, c'est elle; alors elle est conteuse et, grâce à elle, le passé et le présent se conjuguent si parfaitement que le temps s'en trouve apprivoisé, et abolies les affres qui d'ordinaire s'y rattachent : maladie, vieillissement, mort.

Jamais Miemose n'éprouve une plus grande sensation de bien-être que lorsqu'elle boit à cette source par excellence que sont le conte et la chanson. Miemose est rentrée de l'école. Grand-mère lui a préparé une délicieuse tartine pour apaiser sa faim. Il fait bon dans la chambre de grand-mère. On s'y sent bien et on est tout prêt à écouter, à rêver, à franchir le seuil du monde visible. On ne s'effraye de rien quand c'est la fée de la source qui vous guide et vous conduit vers l'inconnu. Il suffit de lui faire confiance. C'est doux et reposant.

De pareils moments de si parfait bonheur, on s'en souvient pour toujours. Plus on s'éloigne de cette enfance heureuse, pour affronter les difficultés que la vie ne cesse d'inventer avec une imagination diabolique et fertile, plus on idéalise ce bonheur et plus on tente de le recréer, de le faire revivre, d'en ressusciter les vertus. Alors on fait comme Miemose. On se marie, on a des enfants et, à l'instar de grand-mère, on leur raconte les histoires et on leur chante les chansons qu'on a entendues dans son enfance, en recréant l'atmosphère d'autrefois, avec son rituel et ses talismans. Et quand les enfants ont grandi et qu'ils ne forment plus cercle le soir à vos pieds, il vous reste encore la ressource de vous souvenir, de vous pencher sur votre passé, d'écrire vos Mémoires. Comme Miemose.

Et Miemose se remémore.

Le bonheur. La source.

Mais aussi ces eaux traîtresses qui cet été 1912 entraînèrent son frère Charles dans la mort. Charles, qu'un reste de fausse pudeur et que l'inexpérience de la littérature ont métamorphosé d'abord en Bernard, comme Blandine, sa sœur, était devenue Lorraine pour les besoins de l'œuvre que Miemose avait commencé à écrire. Cette œuvre, Miemose le sait bien, ne peut être qu'autobiographique, car son rôle est de ressusciter le passé et de permettre ainsi à son auteur de revivre par la mémoire le bonheur de son enfance. Or, pour Miemose, comme pour bien des gens, la littérature est un temple sacré qui a ses prêtres, ses initiés et ses rites. N'y pénètre pas qui veut, mais si on l'ose, que ce soit au moins par la grande porte, avec les procédés propres au genre littéraire par excellence, le roman. Ainsi Miemose opte-t-elle pour le récit autobiographique romancé, qu'elle intitule « Miemose raconte ». Ce « récit », au demeurant plein d'ambiguïtés, elle le dédie officiellement à ses enfants, ce qui ne l'empêche pas de signer cette même dédicace d'un pseudonyme (hésitant d'ailleurs entre « Marie-Rose de Laurentie », « Laurentienne » et « Sylviana »), touchante tentative pour atteindre d'un bond au statut envié de grand écrivain. Derrière ses enfants, c'est le public qu'elle vise plus ou moins consciemment. La parole cède la place à la métaphore et le conte oral tout simple essaie de se donner l'allure d'une œuvre littéraire, un peu guindée avec ses fleurs de rhétorique et ses guirlandes aux couleurs vives.

Son enfance, Miemose l'a revécue tant de fois qu'elle n'éprouve aucun mal à la raconter. À la « peindre » serait plus juste, car la mémoire est visuelle et elle organise le passé en y puisant certains épisodes susceptibles d'émouvoir et de toucher, comme autant de tableaux, comme autant de chapitres. Le lecteur se promène dans ces souvenirs d'enfance comme s'il visitait une exposition. On a beau faire, en effet, mais peindre équivaut à fixer le mouvement, à figer ce qui était dynamique. Les modèles littéraires que les Filles de Jésus, religieuses venues de France, proposaient à Miemose en 1915, étaient tout ce qu'il y avait de plus classique ; la jeune fille ne se contentera pas de ce type d'œuvres et elle se laissera volontiers contaminer par le romantisme, infiniment plus exaltant pour l'imagination. Ses Mémoires reflètent l'imbrication de ces deux esthétiques, union sauvage de la raison et de l'instinct. Les scènes de son enfance, c'est dans un décor étonnant qu'elles se déroulent : une ferme idéalisée, métamorphosée en un *locus amœnus*, éden à la fois strict et débridé, comme un jardin à la française envahi par une soudaine et irrésistible végétation.

Naturellement, la mémoire est sélective et éclectique : elle embellit la réalité, elle la transforme en œuvre d'art.

Au centre du paradis, la petite Miemose par qui le monde existe, pourvu que son caprice y consente.

Les *Mémoires* s'ouvrent sur une naissance type, celle de n'importe quel petit frère ou de n'importe quelle petite sœur de Miemose. Comme on ne saurait se souvenir de sa propre naissance, il ne reste qu'à en substituer une autre quand on souhaite remonter à l'origine de ce que l'on fut : à la source. Puis la mémoire sélectionne certains moments privilégiés et les chapitres se succèdent comme ceux d'un roman, le roman d'une vie. Miemose s'y livre au recensement des événements qui l'ont le plus profondément marquée (spectacles de la nature, amitiés, accidents, entrée au couvent, vente de la ferme paternelle), soulignant au passage sa prédilection pour les rites de l'enfance.

La ferme voisine abritera la famille Lescarbeau à compter de l'été 1913, cet été où Miemose situe la noyade de Charles. (Vingt-deux ans plus tard, d'autres eaux maléfiques emporteront un autre frère de Miemose, Claude). Autre été désolant pour Miemose, celui de 1916, qui cristallise des souvenirs épars : la mort de Fernande, sa meilleure amie, et — premier déchirement — la vente de la ferme bien-aimée et l'installation de la famille Tousignant au village, à deux pas de l'église et du couvent où Miemose est admise en septembre[2]. Mais le drame par excellence, celui qui bouleversa Miemose et qui imprima à sa vie une trajectoire totalement inattendue, c'est à l'été 1922 qu'il éclate : son père ayant acheté une ferme à Génier, dans le nord de l'Ontario, elle doit s'arracher au Québec et s'expatrier.

Elle a seize ans. En quittant Saint-Stanislas, en août 1922, elle y enterre son enfance. Il n'est pas exagéré de dire qu'elle passera le reste de sa vie à exalter les trop brèves années passées dans ce village, figure du paradis originel.

Août 1922 marque la fin d'un beau rêve et le réveil brutal à la réalité. Le passage de Saint-Stanislas à Génier, du microcosme de la civilisation et de la culture françaises à un pays de colonisation situé en terre ontarienne, est vécu comme une douloureuse régression. Déçu, l'espoir d'enseigner qu'avait caressé Miemose : pour devenir institutrice en Ontario, il faut connaître une langue étrangère, l'anglais. Impossible d'inventer de nouveaux modèles de vie dans ce monde inconnu, étranger, hostile; l'unique solution est d'y recréer un univers connu, celui du Québec, et de marcher sur les traces de ses parents, ce à quoi Miemose finira par consentir. Renonçant au romantisme aussi bien qu'au beau Roméo, qu'elle a connu lors d'un long séjour aux États-Unis (1924-1925), elle épouse Léo Girard en 1926. Dès lors, l'autobiographie romancée cède la place à la chronique. L'épouse consigne dans son journal les menus faits d'un quotidien prosaïque, et la mère y enregistre les naissances, les décès, les progrès des enfants, leur entrée sur le marché du travail et finalement leurs mariages, cycle sans surprise qu'assure la succession des générations, chaîne de la vie terrestre.

Sans surprise? Voire! La famille, dirigée par un chef qui ne sait pas résister à l'appel de la nature, se fait nomade. Quand ce n'est pas l'espoir d'améliorer la situation familiale qui justifie les déménagements, c'est le feu qui met la famille sur les routes, en quête d'un logis, fût-il misérable. Miemose est là, avec sa force tranquille et rassurante : les assauts du désespoir viennent immanquablement s'y briser. Cette force, rien ne saurait la vaincre, pas même ce coup de tonnerre que constitue le départ inopiné de Léo, en 1950. L'épouse abandonnée n'en poursuivra pas moins sa tâche de mère et d'éducatrice. Jusqu'au bout, c'est-à-dire jusqu'au départ du dernier de ses enfants.

Cette femme extraordinaire a toujours un modèle devant les yeux : sa grand-mère, morte nonagénaire en 1943. Grand-mère domine toute la première partie des *Mémoires,* celle qui narre l'enfance de Miemose, puis elle s'efface peu à peu dans la seconde partie, au fur et à mesure que s'amenuise son rôle, et elle disparaît discrètement du décor, si discrètement, en fait, que Miemose oublie de noter à sa place la date de son décès. Tout se passe comme si peu à peu Miemose reprenait en douce le rôle de sa grand-mère, se métamorphosant sans même s'en rendre compte en sa propre grand-mère, lentement, invisiblement, tout naturellement. Comme la vie se perpétue.

Un jour, quand Miemose eut casé tous ses enfants, que donc son rôle de mère eut cessé de la solliciter, elle se souvint d'elle-même et elle vit ce qu'elle était devenue, une grand-mère, une rivière qui éprouve le besoin irrésistible de remonter à sa propre source, pour comprendre.

Alors, comme on était au Jour de l'an, au début d'une nouvelle année, il convenait de prendre la plume et de raconter sa vie, en commençant par le début.

Premier janvier mil neuf cent soixante-huit.

Que voit Miemose du haut de ses soixante-deux ans ? Le champ immense et fleuri d'une enfance merveilleusement heureuse, la sienne. Saint-Stanislas, la rivière Batiscan, la source...

Mais aussi l'horrible été 1922, sur lequel plane l'ombre noire de l'abbé Bourassa.

Curé de la cathédrale de Haileybury, de 1909 à 1911, Jean-Baptiste-Louis Bourassa (1859-1930)[3] connaissait bien les extraordinaires possibilités que le nord de l'Ontario offrait à la colonisation. Comme, par ailleurs, il avait exercé son ministère durant plus de vingt ans (1888-1909) outre-frontière, on ne s'étonne pas qu'il se soit fait missionnaire-colonisateur (1911-1923) pour le compte du Nord-Ontario, dans le dessein de stopper l'exode des Canadiens français vers les États-Unis où ils risquaient de perdre leur langue et leur foi. C'est au cours de l'une de ses tournées de mission au Québec que l'abbé Bourassa eut l'occasion de prêcher à Saint-Stanislas. Il y vanta la qualité des terres agricoles de la région de Cochrane. Uldoric Tousignant, père de Miemose, avait quatre fils à établir. Il quitta Saint-Stanislas et entreprit un long voyage en train. On était à l'été 1922. Il se rendit à Génier, petit village situé à douze kilomètres au nord de Cochrane, et y acheta la ferme d'Olivier Génier, fondateur du village.

Fondée de 1908 à 1916, à la jonction de deux lignes de chemin de fer — le *Temiskaming and Northern Ontario* (devenu le *Ontario Northland Railway* [ONR] en 1946) et le *National Transcontinental* (aujourd'hui le CN) —, la ville de Cochrane avait vocation de métropole. Autour d'elle naquirent des villages, dont Génier, créé grâce à l'apport de colons venus du Québec : les Génier, les Charron, les Cousineau, les Tousignant, etc.[4] Fondée en 1919, la paroisse Notre-Dame-des-Oliviers de Génier n'avait accueilli ses premiers colons que huit ans plus tôt. La première église occupait tout l'étage d'une modeste maison, dont le rez-de-chaussée — plus facile à chauffer — faisait office de presbytère[5]. C'est dans cette église que l'abbé Arthur Morency bénira le mariage de Miemose, le 28 décembre 1926, et qu'il baptisera ses six premiers enfants. Là aussi seront célébrées les obsèques de la mère et de la grand-mère de Miemose, ainsi que celles de son frère Claude.

En face de l'église, la ferme des Tousignant où l'on éleva rapidement une petite maison, en août 1922, avec le bardeau qu'Uldoric Tousignant avait emporté de Saint-Stanislas. La famille y vivra jusqu'en

1936 alors qu'elle emménagera dans la spacieuse demeure que venait de faire construire un père de famille plus aisé. Mais avant de disparaître, l'ancienne maison rendra un dernier service en abritant Miemose et ses cinq enfants, après l'incendie de leur demeure.

Comme les Canadiens français en général, les Girard ont en effet souvent déménagé. Après leur mariage, Léo et Miemose habitent la maison de Camille Girard, père de Léo. Cette maison (qui n'existe plus) était située à la jonction de la concession I de Clute et de la voie ferrée du ONR. En 1929, les Girard achètent la ferme d'Ubald Racicot, à un kilomètre à l'est de la précédente, non loin du lac Dora (canton de Glackmeyer). Un incendie les en chasse en 1936. Ils achètent ensuite tour à tour les fermes Desforges et Matte, à quelques kilomètres au sud de Cochrane, sur la route 11, puis, après l'incendie du 27 mai 1953, Miemose (que Léo a abandonnée) installe sa famille à Cochrane même. Elle ne quittera plus cette ville, si l'on excepte l'intermède de Hearst (1963-1967), où elle doit suivre son fils André qui prépare son baccalauréat au collège universitaire de cette ville.

Quant à la ferme paternelle de Génier, elle devait heureusement constituer un bien de famille, Albert, l'un des fils d'Uldoric, en ayant hérité à la mort de son père en 1960. Ironie du sort, aucun des autres fils d'Uldoric n'avait voulu suivre l'exemple paternel. Cela aurait pu représenter pour Uldoric un échec considérable, lui qui avait quitté le Québec pour établir ses fils... Aujourd'hui qu'Albert est à son tour décédé (6 nov. 1984), cinq de ses dix fils assurent la relève.

Si on doit à la vérité de dire que l'octogénaire qu'est devenue Marie-Rose Girard a trouvé la sérénité, il n'en reste pas moins que 1922 constitue le pivot de sa vie, et donc de ses *Mémoires*, qui se présentent ainsi comme un diptyque. Dans le premier volet (le plus important, puisqu'il occupe 118 des 184 pages du manuscrit), consacré à son enfance, domine le rose; l'autre, celui de la maturité, est bien souvent gris et froid. Les années québécoises, le souvenir les éclaire d'une nostalgique tendresse et l'auteur s'y attarde avec une évidente complaisance, alors que cette même douce souvenance cède ensuite la place à la remémoration, et le lyrisme à la chronique des naissances et des décès. Car il y a beaucoup de morts et de tristesse dans cette seconde partie des *Mémoires*, comme le confesse l'auteur à la fin de son parcours, de ce long regard jeté sur son propre passé. Ainsi donc, le passage du Québec à l'Ontario devait constituer pour Miemose l'« événement-matrice », l'épreuve, au sens initiatique du mot. Ayant écrit ses Mémoires en 1968, pour revivre une fois encore son enfance par le souvenir, elle devait, en compagnie de sa fille unique Lina, revenir à Saint-Stanislas, en juillet 1972, un demi-siècle après le déchîrement du mois d'août 1922. De ce pèlerinage aux sources devait naître un récit en vers. Le voici :

— Réminicenses —

Le doux Revoir   (Juillet 1972)

-1-

Au soir de ma vie si émue
Après trois-quart de siècle d'existense
J'évoques dans les lieux d'une enfance ingénue
Les jours heureux et les bonheurs d'antan.

-2-

Dans un retour du passé est-ce possible?...
Cinquante (50) années se sont écoulées.
Où mon cœur dans une angoisse indécible
Disait adieu à ma paroisse natale à mon clocher

-3-

Un matin bleu, rose et or, plein de fraîcheur
Me souhaite la bienvenue à St-Stanislas.
Je marches lentement respirant le parfum des fleurs
À chaque pas surgît un souvenir de 1ère classe

-4-

À pas furtifs j'entre dans l'Église
Une douce pénombre enveloppe le Saint Lieu
Autaumatiquement ma démarche débile
Au banc de famille No. « 8 » me conduit silencieuse

-5-

Mais l'émotion est trop forte
À genoux le front dans mes mains réunies
Les larmes coulent sur mes joues flétries
Larmes de joie, de bonheur et de réconfort

-6-

Je continues ma marche et descends la côte d'Église
Devant moi le Grand pont qui enjambe la Batiscan
Sac au dos si souvent je l'ai traversé avec le sourire
Avec compagnes et compagnons le cœur content.

7

-7-

À cette heure matinale et silencieuse
La Batiscan dort sous un soleil doré
Je longes maintenant si heureuse
La petite route des écoliers.

-8-

À ma droite chaque maison évoque un nom
Dès figures d'enfant mes amis d'autrefois
Sans doute après un demi siècle tout ce monde
Fût remplacé par des fermiers de bonne foi.

-9-

Je marches lentement avec recueillement
Je lèves les yeux, mon cœur bât à un rythme anormal.
À la vue de la maison paternelle si imposante
Majestueuse telle qu'elle l'était à notre départ final

-10-

En ce moment je me sentis faiblir
Pourquoi dans ce matin trop bleu
Le souvenir de mes dix ans a-t-il refleuri?...
M'appuyant à l'arbre centenaire dont la tête s'élève jusqu'au Cieux

-11-

En dépit des années, sur ma tête accumulées
La petite fille impressionnable et sentimentale
Tout comme la maison paternelle n'a pas changée
Elle a gardé pour tout ce qu'elle a tant aimé un souvenir loyal.

-12-

Le propriétaire acquireur (1916) de notre propriété
S'avance vers moi avec un sourire bienveillant
« Bonjour Madame » est-ce-que je peux vous aider?...
Je lui tends la main avec confiance.

-13-

Je suis, Mr Trépanier[6], la fille de l'ancien
Propriétaire de votre domaine
La petite « Miemose » qui, à 10 ans se révoltant soudain
Reprochait à son père la vente de notre patrimoine

-14-

Ô Madame, entrez je vous en prie
Venez vésiter, la maison de votre enfance.
Vous la trouverez toute aussi jolie
N'y ayant apporté aucun changement

-15-

Je vésites les appartements du haut en bas
J'admires l'extrême courtoisie et l'hospitalité
De cette famille qui a su Garder le comfort
De la maison paternelle de l'antique passé.

-16-

Nous sommes dans la cour, l'air est pur et véviﬁant
Mes pieds foulent le sol natal, me portant
Vers une bâtisse de pierre et d'argile construite par
[mes grands parents
Le four où Grand'Mère cuisait les Gros pains si appétissants

-17-

À ma droite terminant un bout de chemin,
La barrière donnant accès aux prairies et aux patûrages
Puis je parcourir l'étroit chemin où dans un passé lointain
Tant de fois j'ai gravi l'aride montée conduisant à la
[source entourée de feuillages

-18-

Mais certainement me dit Mr. Trépanier
Vous pouvez avec votre fille marcher
Le cœur léger, toutes deux nous gravîmes la montée
Conduisant aux sables dorés et à la Source argentée.

-19-

Nous arrivons au but « écoute » dis-je à ma fillette
Entends-tu le doux murmure, qui si fort fait battre mon cœur
C'est la source me dit-elle les yeux brillants de bonheur
Elle est devant moi cette source je suis saisie et muette

-20-

Et soudain je me penches et de mes deux mains réunies
Tendues ve[r]s l'eau jaissante j'abreuve mon visage
Mêlant mes larmes à l'eau rafraîchissante de la source jolie
Ô doux souvenirs de mon enfanse à jamais innoubliables

-21-

Je refais en sens inverse le chemin parcouru
Je m'arrêtes chez des amis Lucille et Jules[7], amis de mes
[souvenirs
Quelle joie de se revoir, de parler de ce passé ingénu
Qui, en dépit du temps écoulé n'as pas voulu mourir

-22-
Pour ce séjour sensationnel j'ai élu domicile
Chez une dame Gentille et si hospitallière
Chez elle je me suis sentie tellement à mon aise
Partageant avec elle, une vie de famille
-23-
Et c'est enfin le retour à mon pays d'adoption
Petite Patrie que j'aime d'amour sincère et réconfortant
Par ce qu'il renferme ma famille, mes enfants
Refoulant au profond de moi-même le passé des générations
Pour y vivre heureuse au Nord Ontario de mon pays la tradition.

Mme. Marie-Rose Girard
Enfant de Uldoric, Honorat Tousignant
Émigré à Cochrane 8 Août 1922.

2. Le texte[8]

a) Histoire et données matérielles

Deux versions autographes des *Mémoires* ont été déposées au Centre de recherche en civilisation canadienne-française de l'Université d'Ottawa[9], en 1977, grâce aux bons offices d'un ami de Marie-Rose Girard, Michael F. Begley, professeur à l'École secondaire de Cochrane. Ces versions, on les appellera *A* et *B*.

A
(1er janvier 1968). Autographe de 184 pages au stylo à bille à encre bleue. L'écriture, ronde et déliée, est généralement régulière et très nette à l'œil ; mais comme elle est rapide, elle n'a rien de la calligraphie. La ponctuation, extrêmement fantaisiste, se modèle en gros sur la parole. La division en paragraphes possède les mêmes caractéristiques, alors que la division en chapitres est beaucoup plus soignée, du moins dans la première partie (p. 1-118), où chacun correspond strictement à un épisode bien défini, délimité comme les différents actes d'un drame. Le texte de cette première version est consigné dans deux cahiers format écolier :

1) P. 1-72 : Cahier I. Épaisse couverture noire cartonnée, sans marque de fabrique. 72 pages (= 18 feuilles doubles encartées et cousues); pagination continue. Papier glacé et réglé.

26 lignes par page. 23 × 17,5 cm. Marges de 2,5 cm en haut et de 2,5 à 3 cm à gauche.

Contenu : Introduction, chapitres 1 à 5 et début du chapitre 6, jusqu'à : « *Tous avaient [faits le] fait le trajet sur la Rivière Outaouis* », les sept derniers mots de cette phrase étant transcrits au bas de la page 3 de la couverture, dans le prolongement des quatre premiers. Cette phrase joue en quelque sorte le rôle de la traditionnelle réclame, puisqu'elle est reprise au début du cahier II.

2) P. 73-184 : Cahier II. Couverture bleue cartonnée portant la marque « *Blueline, Record 82* ». Des 144 pages[10] que contient ce type de cahier, il en reste 132, 6 feuillets ayant été coupés ou arrachés par l'auteur[11], de même que le feuillet de garde, dont il reste le talon; pagination continue de 73 à 200[12]. Papier glacé et réglé. 30 lignes par page. 26 × 19,5 cm. Marges de 2,5 cm en haut et de 3,5 à 3,75 cm à gauche.

Contenu : Fin du chapitre 6 et chapitres 7 à 10. Le dernier chapitre s'interrompt brusquement au milieu d'une phrase : «*Lauré, André et moi-même [avons gardé] garderons toujours une reconnaissance sans borne à cette institutrice dévouée (...)*»

Dans la version *B*, cette phrase se poursuit ainsi, à partir de la huitième ligne de la page 169 (chap. 15) : «(...) *qui avec un tact extraordinaire savait décerner les talents et les aptitudes de ses élèves et les orienter vers des résultats plus que satisfaisants.* »

B

(10 janvier 1970). Autographe de 189 pages au stylo à bille à encre bleue. Le texte en est consigné dans un unique cahier format écolier (= Cahier III) : Couverture noire cartonnée portant, au recto et au bas du feuillet de garde, la marque « *Blueline, Dominion Blank Book Co. Limited, No. 9* ». 194 pages[13]; pagination continue [I]-[II], 1-187, [+ 5 pages blanches][14]. Papier glacé et réglé. 29 lignes par page. 23,5 × 18,5 cm. Marges de 2,25 cm en haut et de 3 à 3,25 cm à gauche.

Contenu : Introduction et chapitres 1 à 16.

Il importe ici d'apporter quelques précisions supplémentaires concernant la division des *Mémoires* en chapitres. On a déjà dit que la version *A* comprend deux parties, qu'on pourrait intituler respectivement « Québec » et « Ontario ». La première, qui va des pages 1 à 118, est divisée en huit chapitres; la seconde (p. 118 à 184) est entièrement constituée du seul chapitre 9, intitulé « *Vers l'inconnu* ». Ce flot continu comporte pourtant des divisions naturelles qu'il était aisé d'élever au rang de chapitres, et c'est ce à quoi s'est employé l'auteur dans la version *B*. C'est vraisemblablement en 1970, au cours de la mise au net de la version *A* et de son achèvement, que Marie-Rose Girard introduit en interligne, à la page 105 de la version *A*, le titre « *Vers l'inconnu* », sans pour autant rayer la mention « *Chapître VIIII (9)*. *Vers l'inconnu!* » de la page 118. De même, elle inscrit « *Chapître 20* [lire 10]. *Une partie de pêche fantastique* » en interligne, à la page 131, indication absente de la version *B*.

Le tableau suivant fera sans doute mieux voir les remaniements dont il vient d'être question, en même temps qu'il montrera l'organisation des *Mémoires* :

b)   *Principes d'édition*

Chacune des deux versions (ou états) des *Mémoires* se compose de deux strates, et l'éditeur se doit de les distinguer. La première version (état A), rédigée à partir du 1er janvier 1968 (strate A^1), a ensuite été soumise par l'auteur (MRG) à une amie (qu'on conviendra d'appeler S), à charge d'en réviser et d'en corriger le texte. Ces éléments étrangers forment la strate A^2. Ils sont le fruit de plusieurs campagnes, sans doute, puisque S utilise un crayon à la mine de plomb, mais aussi un stylo à encre bleue et, plus rarement, un stylo à encre rouge. Comme Marie-Rose Girard a elle-même écrit et corrigé son texte à l'encre bleue, il est souvent difficile, voire impossible, d'identifier l'auteur des corrections, surtout à partir de la page 118, là où s'interrompent les corrections à la mine de plomb.

La seconde version (état B), commencée le 10 janvier 1970 et terminée en 1977[15], constitue une mise au net et un achèvement de la première, intégrant les corrections proposées par S (c'est la strate B^1, issue essentiellement de la combinaison organique des strates résurgentes A^1 et A^2), en même temps, comme cela paraîtra parfaitement normal, qu'une révision du texte original, entraînant des corrections de détails, des remaniements, ainsi que certaines additions (strate B^2). Marie-Rose Girard use ici de son droit de repentir.

Cahiers		Strates	États (ou versions)
	Texte original de MRG (1968)	A^1	
I et II	. . . .		A
	Corrections de S (1969)	A^2	
	Mise au net de la version A	B^1	
III	. . . . + ...		B
	Corrections et additions de MRG (1970)	B^2	

La version B ne constitue pas une « refonte » ; les variantes qu'apporte l'auteur au premier état le modifient somme toute assez peu, si l'on excepte l'addition de quelques pages visant à combler la fin laissée en suspens dans la version A. Si Marie-Rose Girard remanie ici et là quelques parties de son texte, c'est essentiellement parce qu'au fil de la relecture, certains détails — comme ceux qui ont entouré la maladie et le décès de sa mère, au chapitre 13 — lui sont remontés à la mémoire et qu'elle peut profiter de la reprise du travail d'écriture pour les incorporer. Cela ne va d'ailleurs pas toujours sans quelque alourdissement, mais il n'en résulte jamais des états inconciliables.

Comme le rappelle Roger Laufer, l'éditeur n'a jamais le droit de « contaminer délibérément deux états [d'un] texte[16] ». Il faut s'en tenir à un état et ne pas se servir d'un autre état pour corriger les *lapsus* du premier.

Non pas qu'on ne puisse textualiser la version *B*, laquelle a d'ailleurs fait l'objet, en 1977, d'une édition manuscrite préoriginale. Cette édition, assurée par les soins de Michael F. Begley, à la demande même de l'auteur, se présente sous la forme d'un tapuscrit. Il en a été tiré une vingtaine de photocopies destinées avant tout aux membres de la famille de Marie-Rose Girard. Le Centre de recherche en civilisation canadienne-française de l'Université d'Ottawa en possède un exemplaire[17]. Pour le textologue, comme pour le philologue, il s'agit cependant là d'une édition frappée de nullité, puisqu'elle reproduit sans l'avouer une version inauthentique des *Mémoires*, contaminée par la résurgence dans la strate B^1 de la strate A^2. Dans un cas semblable, l'aval de l'auteur ne change rien et le textologue est tenu de ne pas en tenir compte. S'il désire éditer la version *B*, il lui faut au préalable la collationner avec la strate A^1 de la version *A* afin d'identifier et d'isoler les passages censurés, caviardés ou édulcorés (strate B^2) et, surtout, dans la mesure où ils sont identifiables, ces éléments étrangers plaqués sur le texte que constituent les corrections orthographiques et grammaticales (strate A^2) dues à la collaboration amicale d'une tierce personne (S, en l'occurrence). C'est à ce prix seul qu'il retrouvera le style organique du texte fondamental des *Mémoires*.

Dans ces conditions, le parti le plus simple et le plus logique que puisse prendre l'éditeur, tenu d'ignorer absolument les corrections proposées à l'auteur par S, consiste à remonter au delà de la version *B*. La strate A^1 du texte des *Mémoires*, tout à fait lisible, est parfaitement textualisable; la contamination n'est pas ici inévitable et rien n'oblige l'éditeur à intégrer les « variantes » de la strate B^2 au texte idéal[18]. Il suffit de les présenter dans l'apparat critique, dont le rôle consiste précisément à réunir des leçons d'auteur et à offrir au lecteur « la possibilité de lire simultanément, ou tour à tour, les versions successives d'un même texte. Tant que la linéarité du texte idéal coïncide avec celle des autres versions[19], les variantes sont appelées et interprétées sans grand effort[20]. »

On a vu cependant que l'auteur, du fait qu'il n'appartient pas à ce qu'on est convenu d'appeler les sphères de la parole écrite, non seulement ne maîtrise pas les règles de l'orthographe, mais que sa ponctuation et la division de son texte en paragraphes, capricieuses, s'éloignent passablement de l'usage. Comme la version B souffre à cet égard des mêmes défauts, il ne saurait être question de s'y référer pour faciliter la lisibilité du texte de base. L'éditeur se trouve alors, comme c'est bien souvent le cas en cette matière, devant le dilemme suivant : ou il respecte scrupuleusement la ponctuation et la division en paragraphes de l'état du texte qu'il textualise, ou il s'appuie sur le principe de la plus grande lisibilité possible du texte idéal qu'il s'efforce de constituer et il pallie alors les défaillances qu'il rencontre dans le texte de base.

Comment justifier ces interventions? On peut certes invoquer des cas où, en s'abstenant d'intervenir, on courrait le risque de rendre illisible le texte qu'on se serait donné pour tâche d'éditer et de faire connaître. Il est vrai aussi que tant qu'un manuscrit dort dans les archives, il importe assez peu aux quelques spécialistes qui souhaitent en prendre connaissance qu'il soit plus ou moins difficile à lire, puisque c'est leur métier de déchiffrer ce type de documents. Mais si l'on s'avise de l'éditer, de le rendre accessible, peut-on dire qu'on a alors le droit d'en atténuer ce qu'il peut avoir de rébarbatif, pourvu que soient respectés les principes de base de la textologie? Dans ce dernier cas, faute de pouvoir calibrer — parce que cela est contraire à l'esprit de rigueur que doit s'imposer le textologue —, l'éditeur pourrait se croire justifié d'intervenir lorsque le maintien de la ponctuation originale, par exemple, risquerait de conduire à des confusions ou à des obscurités de sens.

Qui ne voit cependant le caractère spécieux d'un pareil raisonnement?

Ainsi, sous prétexte que les *Mémoires* de Marie-Rose Girard ressortissent davantage à la sociologie qu'à la littérature, dira-t-on qu'il serait excessif de les traiter comme un document littéraire capital? Or, ces *Mémoires*, qui sont à la fois le « journal d'une âme », une œuvre souvent naïve mais toujours attachante, et un document incomparable sur la vie des colons francophones du nord de l'Ontario, constituent aussi, aux yeux du philologue, un témoignage précieux sur une manière d'écrire le français dans cette région du Canada. On ne saurait, d'une part, redresser la ponctuation, éliminer les majuscules inutiles dont l'auteur abuse et réviser la division en paragraphes et, d'autre part, respecter scrupuleusement l'orthographe du texte de base dans ce qu'elle a de spontané. En matière d'édition de texte il n'est pas de demi-mesures. On s'est donc résolu à ne jamais intervenir, surtout que, tout compte fait, la ponctuation et l'orthographe des *Mémoires* n'ont rien de délirant; elles ne sauraient par conséquent former un écran entre l'œuvre et le lecteur.

Il faut toutefois tâcher de distinguer fautes d'orthographe et *lapsus*. Ces derniers, quand on peut les identifier avec quelque certitude (et ici la comparaison des deux versions *A* et *B* rend les plus grands services), sont redressés, comme l'exige la réalisation du texte idéal. Pour ce faire, on a recours aux crochets, ce qui permet de « signer » clairement les interventions de l'éditeur. Voici la liste des trente-sept fautes que nous avons considérées comme des *lapsus calami* : Chap. II : 80 *tourneau* pour *tournea[i]*; 124 *à la sa porte* pour *à la porte* — Chap. III : 37 *23* pour *2[4]* — Chap. IV : 76 *recommadations* pour *recomma[n]dations* — Chap. V : 6 *U* pour *U[n]* — Chap. VI : 31 *apposé* pour *[o]pposé*; 34 *Ulilité* pour *U[t]ilité*; 59 *Echantée* pour *E[n]chantée*; 218 *prêles* pour *prê[t]es*; 322 *Un des ces* pour *Un de ces* — Chap. VII : 85 *conlagieux* pour *con[t]agieux*; 167 *angoisséee* pour *angoissée* — Chap. IX : 3 *locomative* pour *locom[o]tive*; 72 *s'adepter* pour *s'ad[a]pter*; 100 *prête* pour *prêt[r]e*; 155 *il en né* pour *il e[st] né*; 213 *son vesite* pour *s[a] vesite*; 268 et 269 *son* pour *[m]on* — Chap. X : 216 *lelttre* pour *lettre*; 248 *j y* pour *j['y*; 388 *connaissaiet* pour *connaissait*; 417 *Q'etait-il* pour *Q[u]'etait-il*; 437 *24 mais* pour *24 mai*; 498 *l'avocat et et nous* pour *l'avocat et nous*; 534 *non* pour *[m]on*; 659 *l'assistanc* pour *l'assistanc[e]*; 674 *depat* pour *depa[r]t*; 680 *q'Avant* pour *q[u]'Avant*; 719 *t y* pour *t['y*; 812 *cahait* pour *ca[c]hait*; 871 *ilassable* pour *i[n]lassable*; 939 *toujous* pour *toujou[r]s*; 1097 *lauréal* pour *lauréa[t]* et *hynne* pour *hy[m]ne*; 1145 B *j'épro-ve* pour *j'épro[u]ve*; 1348 B *Gaïta* pour *Gaïta[n]*.

Comme Marie-Rose Girard a tendance à escamoter les *r* en syllabe atone, nous n'avons pas (scrupule excessif?) redressé les graphies suivantes, du type *gani* pour *garni* (Chap. IV, B 285 — Chap. VI, A 37); *sucroit* pour *surcroit* (Chap. IX, A 83); *bougeons* pour *bourgeons* (Chap. X, A 944) et *travesâmes* pour *traversâmes* (Chap. X, A 964), non plus que *perpective* pour *perspective* (Chap. II, A 4), *supertissieuse* et *supertitieuse* pour *superstitieuse* (Chap. IV, 146 et 271), *intitutrice* pour *institutrice* (Chap. VI, 170 et B 189), *tranfiguration* pour *Transfiguration* (Chap. X, 786) où c'est le *s* qui a été omis. Enfin, de peur que cela ne nous entraîne trop loin, nous avons résisté à la tentation de corriger les fautes contre l'accord, même les plus criantes, comme *au couleurs* pour *aux couleurs* (Chap. V, A 128), *il étaient* pour *ils étaient* (Chap. X, A 361), etc. Il n'est en effet pas toujours aisé de distinguer l'erreur de l'étourderie.

3. *Chronologie*

1850

Le 24 février, en l'église de Saint-Stanislas-de-Champlain, baptême de Marie-Anne Bonenfant, grand-mère paternelle de « Miemose » (Marie-Rose Girard). (Renseignement fourni par Janine Trépanier-Massicotte).

1872

Le 5 novembre, Marie Bonenfant épouse Urbain Tousignant; de ce mariage sera issu Uldoric Tousignant, père de Miemose. Par ailleurs, peu auparavant, les deux sœurs de Marie Bonenfant, Henriette et Olive, avaient épousé respectivement Théophile (25 juin 1867) et Joseph Tousignant (23 août 1870), frères d'Urbain Tousignant. (*Cf.* F. Dominique-Campagna, *Répertoire des mariages de Saint-Narcisse de Champlain, 1854-1967*, Cap-de-la-Madeleine, 1967, p. 129). Honora Tousignant, épouse d'Uldoric Tousignant, est issue du mariage de Henriette Bonenfant et de Théophile Tousignant.

1874

Le 22 mai, à Saint-Stanislas-de-Champlain, naissance d'Uldoric Tousignant, père de Miemose.

1877

Le 12 janvier, naissance, à Saint-Stanislas-de-Champlain, d'Honora Tousignant, mère de Miemose.

1893

Le 3 juillet, grâce à une dispense accordée par le souverain pontife, mariage, à Saint-Stanislas, d'Honora Tousignant (16 ans) et d'Uldoric Tousignant (19 ans), cousins germains issus de frères et de sœurs germains. De ce mariage naquirent quinze enfants :

1. Marie Anne *Lucinda* (22 janvier 1897 — Montpelier (Vermont, États-Unis), 12 novembre 1936)
2. Marie *Annette* Bertha (15 avril 1898 — 22 novembre 1904)
3. Joseph *Charles* Adélard (14 janvier 1900 — 12 juillet 1912)
4. Marie Aurore *Blandine* (11 août 1901 — Val d'Or, 28 septembre 1980)
5. Marie Rose *Angéline* (27 décembre 1902 — 15 mars 1903)
6. Joseph Arney *Conrad* (11 janvier 1904 — 2 août 1904)
7. Marie *Annette* Dolorès Corona (6 avril 1905 — 25 mai 1920)
8. *Marie-Rose* Eva Aldéa [= « Miemose »] (24 mai 1906)
9. Joseph Paul *Albert* (2 septembre 1908 — Génier, 6 novembre 1984)

10. Joseph *Claude* Euclide (5 avril 1909 — Génier, 9 juillet 1935)
11. Joseph Ernest *Victorin* (3 mai 1910 — Cochrane, 7 août 1974, sans postérité)
12. Joseph Urbain *Justin* (1er décembre 1911 — 27 mai 1912)
13. Joseph *Charles-Édouard* (23 juin 1913 — Kapuskasing, 12 octobre 1977)
14. Joseph Anastasse *Yves* Napoléon (20 mars 1915 — 30 août 1915)
15. Joseph Léo *Ferdinand* (1er juin 1917 — 12 mars 1918).

1899

Le 4 mars, naissance, à Papineauville, de Joseph Raphaël *Léo* Girard, fils de Camille Girard (1869 — Génier, 1936) et de Rose-Alma Bertrand (1877 — Génier, 1940) et futur époux de Miemose.

1906

Le 24 mai, naissance, à Saint-Stanislas, de *Marie-Rose* Eva Aldéa Tousignant [= « Miemose »], huitième enfant d'Uldoric et d'Honora Tousignant, cultivateurs.

1911

Les deux premiers chapitres des *Mémoires* se situent à l'été 1911; Miemose a alors 5 ans.

1912

Le 12 juillet, Charles, frère aîné de Miemose, se noie dans la Batiscan, alors qu'il était en vacances chez sa tante Annie et son oncle Achille Tousignant, à Saint-Adelphe. Il avait 12 ans et six mois. Dans les *Mémoires*, ce tragique événement, raconté au chapitre 4 (*Tragédie de vacances*), se situe en août 1913.

En septembre, Miemose, qui a eu 6 ans en mai, entre à l'école primaire de Saint-Stanislas (voir chapitre 3).

1913

Au cours de l'été, Monsieur et Madame Joseph-Arthur Lescarbeau (et non « Lescorbeau », comme l'écrit systématiquement MRG), leur fille et leurs deux petites-filles, Gilberte Savignac (issue d'un premier mariage), 11 ans, et Fernande Bernier, 6 ans, s'installent dans la ferme voisine de celle des Tousignant, à l'emplacement de la quinzième propriété actuelle, au nord en partant du pont (voir chapitre 5).

1914-1918

Grande Guerre.

1915-1916

La maladie emporte tour à tour Fernande (22 octobre 1915) et Gilberte (6 février 1916).

1916

Le 2 juin, bien que fort jeune (elle vient d'avoir 10 ans), Miemose est admise à la communion solennelle.

Sa sœur aînée, Blandine [= « la Gitane »] obtient son diplôme au couvent des Filles de Jésus.

Le 15 août, vente de la ferme paternelle; la famille Tousignant s'installe au village, immédiatement au sud de l'église.

Début septembre, Miemose entre au couvent des Filles de Jésus.

Blandine est nommée institutrice à Saint-Séverin (voir chapitre 7).

1918-1919

La grippe espagnole fait des ravages partout, y compris à Saint-Stanislas. Elle emportera, entre autres, les parents de Rose-Eva Lafontaine, Monsieur et Madame Henri Lafontaine (voir variante *B* 219-228 du chap. 8).

1920

Le 25 mai, décès, à l'hôpital Saint-Ferdinand d'Halifax, d'Annette, sœur aînée de Miemose. Annette souffrait d'épilepsie.

Le 28 juin, à Saint-Stanislas, Lucinda épouse Josaphat Hébert, frère d'Aldéa, épouse d'Émile Tousignant, oncle de Lucinda. Comme l'oncle Émile, Lucinda et son mari s'installent au Vermont. Ils auront sept enfants (4 filles et 3 garçons).

1921

Le 18 avril, à Saint-Stanislas, Blandine épouse Joseph Fortin. Le couple vivra à Val d'Or et donnera naissance à huit enfants (5 filles et 3 garçons). Son mari étant décédé le 25 mai 1956, Blandine épousera Louis Lacroix, en secondes noces, le 15 septembre 1960.

1922

En juin, Miemose obtient son diplôme au couvent des Filles de Jésus. Comme sa sœur aînée Blandine, elle pourra devenir institutrice; elle cherche un poste d'enseignante pour septembre.

En juillet [?], prédication du curé J.-B.-L. Bourassa à Saint-Stanislas. Il vante les possibilités infinies que le nord de l'Ontario offre à la colonisation et fait un adepte en la personne du père de Miemose, Uldoric Tousignant, qui achète une ferme à Génier.

Le 1er août, il prend le train pour Cochrane avec son fils Albert; ils vont faire construire une petite maison à Génier pour y loger la famille.

Le lundi 7 août, départ du reste de la famille Tousignant pour Génier. Le trajet en train (*National Transcontinental*) dure dix-huit heures (voir chapitre 9).

1923

Le 24 mai, Miemose fête son dix-septième anniversaire de naissance en participant à une « partie de pêche fantastique » au ruisseau du vieux Larose.

1924

Le 1er juillet, partis de Williamstown (Vermont), Lucinda, son mari Josaphat et leur fils de dix-huit mois, Armand, arrivent à Génier pour y passer des vacances. Lucinda est enceinte de cinq mois. Quelques semaines plus tard, départ de Lucinda et de Miemose pour Williamstown, Josaphat les ayant précédées, appelé par les travaux de la ferme. Lucinda et Miemose font un arrêt à Saint-Tite pour y saluer leurs grands-parents maternels (Henriette et Théophile Tousignant), de même que leurs tantes, leurs oncles et leurs amis, puis elles poursuivent leur route vers Williamstown en passant par Montpelier et Barré, paroisses franco-américaines du Vermont.

Le 24 novembre, Lucinda donne naissance à Liliane.

Un dimanche d'automne, Miemose et son beau-frère passent l'après-midi à Graniteville (autre paroisse franco-américaine du Vermont), chez oncle Émile (frère d'Uldoric Tousignant) et tante Aldéa (sœur de Josaphat). Miemose y fait la connaissance de Roméo Boudreault, âgé d'une trentaine d'années. Les deux jeunes gens se fréquenteront plusieurs mois avant de se séparer amicalement.

1925

Fin mai, Miemose rentre à Génier et y retrouve avec plaisir Léo Girard (26 ans). Les deux jeunes gens se fréquentaient déjà avant le départ de Miemose pour Williamstown.

1926

Le 24 mai, Miemose fête à la fois son vingtième anniversaire de naissance et ses fiançailles avec Léo Girard.

Le 28 décembre, l'abbé Arthur Morency bénit le mariage de Marie-Rose Tousignant et de Léo Girard dans la petite église de Génier (voir le registre des mariages de la paroisse Notre-Dame-des-Oliviers [maintenant conservé à la paroisse de la Transfiguration de Cochrane] : M.2, 1926, F.4, p. 16). Le couple s'installe à trois kilomètres au nord-ouest de Génier, dans une petite maison sise sur la ferme des parents de Léo. Ce dernier, employé des chemins de fer, travaille à la station de Clute.

1927

Le 22 décembre, naissance d'Edgar, premier enfant de Marie-Rose et Léo Girard. Léo travaille à la station de Wurtele, au nord de Clute.

1928

Le 23 mai, Albert, frère de Miemose, épouse Géraldine Fortin à La Croche (Québec). Le couple s'installe à Génier, chez les parents d'Albert.

1929

Le 5 mai, naissance de Fernand, second enfant de Marie-Rose et Léo Girard.

En novembre [?], la petite famille quitte la maison qu'elle habitait depuis décembre 1926 et s'installe un kilomètre à l'est, dans une maison de ferme de deux étages, achetée à Ubald Racicot et sise non loin du lac Dora (canton de Glackmeyer). Léo devient fermier et travaille l'hiver au chantier pour faire vivre sa femme et ses deux fils. Il obtient ensuite un contrat de coupe de bois sur la ligne de chemin de fer reliant Moosonee à Cochrane.

1932

Le 7 janvier, naissance de Denis-Paul à l'hôpital Lady Minto de Cochrane. Léo est absent, retenu par son travail dans le Nord.

1933

Le 19 janvier, décès, à 56 ans, d'Honora Tousignant, mère de Miemose. Inhumation au cimetière de Génier (voir registre des sépultures de la paroisse Notre-Dame-des-Oliviers [maintenant conservé à la paroisse de la Transfiguration de Cochrane] : S.1, 1933, F.1, p. 68).

Le 18 juin, naissance d'Albert, quatrième enfant de Marie-Rose et Léo Girard.

En octobre, Marie-Rose Girard, souffrant de dépression et affligée d'une hernie, est admise à l'Hôpital général de Toronto. Elle y subira la première d'une série d'interventions chirurgicales et sera soumise, à cause d'une faiblesse congénitale, à une exsanguino-transfusion.

1935

Le 9 juillet, Claude, frère de Miemose, se noie dans les eaux du lac Dora. Il avait 26 ans. Inhumation au cimetière de Génier (voir registre des sépultures : S.3, 1935, F.1, p. 77).

Le 15 août, le père de Miemose, Uldoric Tousignant, épouse, en secondes noces, dame veuve Wilhelmine Bluteau, née le 6 mai 1877, à Saint-François de Chicoutimi (voir registre des mariages de Génier : M.1, 1935, F.4, p. 49).

1936

Le 4 juillet, naissance de Lina, cinquième enfant de Marie-Rose et Léo Girard.

Au cours de l'été, la maison des Girard est la proie des flammes. En l'absence des Girard, un groupe d'Amérindiens, amis de Léo, venus comme souvent s'y abriter pour le repas du midi, y avaient accidentellement mis le feu. Son père s'étant construit une nouvelle demeure, Miemose s'installe avec ses cinq enfants dans l'ancienne maison paternelle, celle qui avait abrité les Tousignant depuis leur arrivée à Génier, en août 1922.

Le 12 novembre, mort accidentelle de Lucinda à Montpelier (Vermont).

1938

Le 23 janvier, naissance de Conrad, sixième enfant du couple Girard.

1939-1945

Seconde Guerre mondiale.

1940 [?]

En novembre, les Girard achètent la ferme Desforges, route 11, à quelques kilomètres au sud de Cochrane. Les enfants fréquentent l'école séparée de Lamarche.

1941

Le 28 octobre, naissance de Mariette, septième enfant du couple Girard.

1942

Le 5 janvier, décès de la petite Mariette.

Léo est employé au ministère de la Voirie.

1943

Le 4 janvier (et non pas le 5, comme l'écrit MRG, p. 169), décès de « Grand-Mère », Marie Bonenfant-Tousignant (voir registre des sépultures de Génier : S. 1, 1943, F. 1, p. 98). Inhumation au cimetière de Génier.

Le 15 juillet, naissance de Lauré, huitième enfant des Girard.

1945

Le 22 janvier, naissance de Lucien, neuvième enfant des Girard.

1945 [?]

Les Girard vendent la ferme Desforges et acquièrent la ferme de Jean-Baptiste Matte, toujours située route 11, un peu plus au sud, mais beaucoup plus vaste.

1947

Le 4 janvier, naissance d'André, dixième et dernier enfant de Marie-Rose et Léo Girard.

1948

Le 15 juin, Edgar, fils aîné de Miemose, épouse Lucille Perron à l'église de la Transfiguration de Cochrane.

1949

En octobre [?], Miemose est de nouveau admise à l'Hôpital général de Toronto.

Elle rentre à Cochrane en décembre [?].

1950

Le 19 janvier, Léo Girard quitte sa femme et ses enfants pour ne plus jamais réintégrer le foyer conjugal. Miemose aura désormais seule la responsabilité des enfants, dont le plus jeune, André, vient d'avoir 3 ans. Elle bénéficiera heureusement de l'appui moral et pécuniaire des aînés, ainsi que d'une pension gouvernementale.

Conrad ayant quitté l'école est employé comme chasseur à l'hôtel Empire de Timmins.

Lina travaille comme aide-infirmière à l'hôpital Lady Minto de Cochrane.

1951

Le 6 décembre, Albert, quatrième fils de Miemose, épouse Sylvia Lachapelle à la cathédrale Saint-Antoine de Timmins.

1952

Le 23 juin, Fernand, second fils de Miemose, épouse Emma Prévost. Fernand est employé au ministère des Terres et Forêts à Timmins.

Le 28 juillet, c'est au tour de Denis-Paul, troisième fils de Miemose, de se marier; il épouse Jeannine Dubien. Le jeune couple occupe la partie arrière de la maison de Miemose (ferme Matte, route 11, au sud de Cochrane).

1953

Le 1er mai, Conrad est victime d'un accident de travail à Timmins.

Dans la nuit du 26 au 27 mai, incendie de la maison de Miemose. Denis-Paul, blessé dans l'incendie, est transporté à l'hôpital de Cochrane. Edgar quitte son emploi dans les mines de Val d'Or (où vit sa tante Blandine) et rentre à Cochrane avec sa famille; il entre au service de la compagnie de construction Marcel J. Labelle, fondée en 1946. Après avoir été hébergée quelque temps par les voisins, la famille Girard s'installe provisoirement dans une maison vétuste sur un chemin isolé.

Conrad, convalescent, vient s'y installer puis devient aide-infirmier à l'hôpital Lady Minto de Cochrane.

À l'automne, la famille Girard emménage à Cochrane même.

1955

Le 17 septembre [et non pas décembre, comme l'écrit Miemose, p. 167], mariage de Lina (fille unique de Miemose) et de Robert Verdun Nichols, à l'Église Unie de Cochrane.

1956

Lauré, 12 ans, élève de madame Dolorès Grenon, participe au Concours de français de l'Ontario.

1956-1961

Miemose exerce les fonctions de secrétaire et de perceptrice à l'école séparée de Lamarche.

1957

Le 24 août, mariage de Conrad et de Bernadette Anita de Joseph, à l'église de la Transfiguration de Cochrane.

1959

André, 12 ans, participe à son tour au Concours de français de l'Ontario; il était lui aussi l'élève de madame Dolorès Grenon.

1960

Le 11 août, Uldoric Tousignant, père de Miemose, meurt à l'hôpital de North Bay; il avait 86 ans. Inhumation au cimetière de Génier (voir registre des sépultures : S.1, 1960, F.1, p. 125).

Albert, frère de Miemose, succède à son père comme propriétaire de la ferme de Génier.

1963 [?]

Miemose s'installe à Hearst pour permettre à son fils cadet André de poursuivre ses études au Collège universitaire; ils y passeront quatre ans.

1967

André obtient son diplôme de baccalauréat ès arts, puis devient instituteur à Red Rock (baie de Nipigon) en septembre.

Désormais seule, Miemose rentre à Cochrane et s'installe dans l'un des appartements que le gouvernement ontarien y met à la disposition des personnes du troisième âge.

Le 26 décembre, André épouse Mariette Lemaire à Hearst.

1968

En septembre, Lauré (25 ans) reprend au Collège universitaire de Hearst des études qu'il avait interrompues à l'âge de 18 ans pour se faire bûcheron.

Le 28 décembre, Lucien, avant-dernier fils de Miemose, épouse Elizabeth Anderson à l'église de la Transfiguration de Cochrane.

1971

Lauré obtient son diplôme de baccalauréat ès arts, puis devient professeur au Northern College, à Hearst.

Le 7 juin, décès, à l'hôpital Saint-Joseph de Hamilton, de Léo Girard, époux de Miemose. Inhumation au cimetière de Cochrane (voir registre des sépultures de Cochrane : S. 17, 1971, F. 23, p. 271).

1974

Le 7 août, à Cochrane, décès de Victorin, frère de Miemose.

Le 7 novembre, mort accidentelle de Gaëtan Girard, cinquième enfant d'Edgar (fils aîné de Miemose); il avait 14 ans.

1977

Fin de la rédaction des *Mémoires*.

Le 12 octobre, décès, à Kapuskasing, de Charles-Édouard, frère de Miemose; inhumation à Moonbeam.

1980

Le 28 septembre, décès, à Val d'Or, de Blandine, sœur de Miemose.

1984

Le 6 novembre, à Génier, décès d'Albert, frère de Miemose, désormais dernière survivante de la famille directe d'Uldoric et Honora Tousignant.

4. *Texte et variantes*

Le texte ici reproduit est conforme à celui de la première version des *Mémoires* (1968)

En pied de page, on trouvera la liste des leçons de cette première version (*A*), corrigées ou amendées par l'auteur, ainsi que les variantes de la seconde version (*B*)[21]. Sont omises les variantes touchant la ponctuation (très fantaisiste) et les signes orthographiques.

Chaque variante est précédée du numéro de la ligne du texte de base (celui de notre édition) et du sigle du ms. (*A* ou *B*) où elle apparaît. Puis, en guise de repère, vient le texte de base, délimité par un crochet fermé et suivi de la variante correspondante (dans le cas de *B*) ou du commentaire textologique qui s'impose (dans le cas de *A*). Quand la variante court sur plusieurs lignes (voir, par exemple, Chap. VI, lignes 8-12), le texte de base donné comme repère est amputé de sa partie centrale, ce qu'indiquent les points de suspension encadrés par des parenthèses : (...)

Exemples de variantes :

— [Chap. II] 49 *B* vite] *om.*
Explication : le ms. *B* omet l'adverbe « vite » qu'on trouve en *A* à la ligne 49 du chapitre II.

— [Chap. V] 6 *A* U[n]] U : *corr. d'après B*
Explication : le ms. *A* porte « U », ce qui constitue un *lapsus calami* pour « Un », ainsi que le confirme le ms. *B*; notre édition rétablit « Un » mais en mettant l'élément reconstitué — « n » — entre crochets.

— [Chap. X] 321 *A* beaucoup d'arbres] beaucoup de grosses (*ces deux mots raturés et remplacés par :*) grands arbres (*puis* grands *a été raturé et* d' *ajouté devant* arbres)
Explication : le ms. *A* se lit comme suit : « beaucoup de ~~grosses grands~~ d'arbres », ce qui donne : « beaucoup d'arbres » dans notre édition.

— [Chap. X]   335   *A*   j'ecrivais] *en interligne au-dessus de* j'envoyais *raturé*
Explication : le ms *A* se lit comme suit : ~~j'envoyais~~ j'ecrivais

— [Chap. X]   702-703   *A*   le mal / etait hélas! / (...) incurable / et ne donnait / aucun / espoir de / guérison] *ajouté dans la marge*
Explication : dans le ms. *A*, MRG a ajouté cette phrase après coup dans la marge de gauche; l'espace y étant fort réduit, elle va à la ligne après chaque mot ou groupe de mots, ce que précisent les traits obliques.

— [Chap. X]   1005-1006   *A*   travaillait aux] travaillait dans (*ce mot non raturé*) les (*ce mot remplacé par surcharge par :*) aux
Explication : le ms. *A* se lisait d'abord comme suit : « travaillait dans les mines », puis MRG a modifié son texte en écrivant « aux » par-dessus « les », mais elle a oublié de raturer « dans ».

Les notes explicatives, signalées dans le texte par un appel de note, sont regroupées à la fin de l'édition.

5.   *Sigles, abréviations et symboles*

A   = première version (1968) des *Mémoires* de Marie-Rose Girard (= texte de base)

B   = seconde version (1970) des *Mémoires*

MRG	=	Marie-Rose Girard (= « Miemose »)
S	=	amie de MRG qui a « corrigé » le texte des *Mémoires*
corr.	=	corrigé
ms.	=	manuscrit
mss	=	manuscrits
om.	=	omet, supprime
[ ]	:	lettre ou mot reconstitués
< = [?]>	:	mot hypothétiquement reconstitué à partir des seules premières lettres qu'en fournit MRG
[?]	:	lecture douteuse d'une lettre ou d'un mot
[*sic*]	:	incorrection signalée
<mot illisible>	:	mot illisible
(…)	:	suppression d'une partie de phrase ou de texte
/	:	alinéa dans les additions apparaissant dans les marges des mss
//	:	changement de page dans les mss
[*10*]	:	pagination des mss

NOTES

1. Voir *infra*, p. 105. On pourra aussi lire le récit de ce puits « miraculeux » dans Yolande Grisé, *Des mots pour se connaître*, Montréal, Fides, 1982, p. 154-155.

2. Sur le village de Saint-Stanislas, voir Janine Trépanier-Massicotte, *Saint-Stanislas, Comté de Champlain, Répertoire historique*, vol. 1, 2ᵉ éd., Éd. du Bien Public, 1979; *Saint-Stanislas 1833-1983*, Album-souvenir, Saint-Stanislas, 1983, et *Annexe à l'Album de Saint-Stanislas*, Saint-Stanislas, 1984.

3. J.-B.-A. Allaire (Abbé), *Dictionnaire biographique du clergé canadien-français*, t. 3 (Second supplément, 1911), Montréal, Imprimerie du « Devoir », 1910, p. 25. — Les renseignements postérieurs à 1909 concernant l'abbé Bourassa m'ont aimablement été communiqués par Aline Turcotte, c.s.c., vice-chancelier du diocèse de Timmins (lettre du 5 nov. 1985).

4. Sur Cochrane et Génier, voir M. F. Begley, *Cochrane d'hier à demain*, Highway Book Shop, 1977, (s.p.).

5. Cette maison existe toujours; elle est occupée, au rez-de-chaussée, par Alphonse Tousignant, neveu de Marie-Rose Girard, et, à l'étage, par Michel Tousignant, fils de ce même neveu. Une nouvelle église, élevée à quelques mètres à droite, est venue remplacer l'ancienne en 1960.

6. Voir *Mémoires*, chap. VII, 214 (note). — La maison dont il est question ici, et qui existait toujours en 1972, a depuis été remplacée par celle où habite actuellement la famille de Viateur Trépanier, fils de « Mʳ [Adélard] Trépanier », décédé en 1983.

27

7.   Voir *Mémoires*, chap. VIII, 62 (note).

8.   Les pages qui suivent ont déjà été publiées, sous une forme légèrement différente, dans la *Revue d'histoire littéraire du Québec et du Canada français*, 4 (été-automne 1982), p. 101-106.

9.   Sous la cote P55/1. Le CRCCF est également détenteur d'un exemplaire dactylographié de la version *B*; il en sera question plus loin.

10.   À ces 144 pages s'ajoute un feuillet de garde au début, ce qui porte le nombre total de pages à 146.

11.   Un entre les pages 78-79, deux entre les pages 102-103, un entre les pages 199-200, un entre les pages [201]-[202] et un à la fin du cahier.

12.   D'une autre main d'abord (p. 73 à 115), puis de la main de l'auteur (p. 116 à 200). Des confusions se sont produites entre les pages 115 et 120. Bien que la pagination d'origine à la mine de plomb, due à l'auteur, y soit continue, on note que la p. 116 est restée blanche et qu'il y a saut de la p. 117 à la p. 119, puis retour à la p. 118, de sorte que le texte se lit dans l'ordre suivant : 115, 117, 119, 118, 120. Une amie de l'auteur a par la suite surchargé les unités au stylo, de sorte que la pagination actuelle — qu'on utilise ici — est la suivante (entre crochets la pagination d'origine) : 115 [115], 117 [116] (blanche), 116 [117], 118 [119], 119 [118] et 120 [120], avec saut de la p. 116 à la p. 118. Deux pages consécutives sont numérotées 143. Les pages 185 à 199 sont restées blanches. Les pages 200, [201] et [202], de même que la page 3 de la couverture, sont couvertes de relevés de numéros de billets de loterie (Wintario) et de calculs. La page 200 porte l'inscription suivante : « *Jeudi. Wintario 5 août 1976* ».

13.   À ces 194 pages s'ajoute un feuillet de garde au début, ce qui porte le nombre total de pages à 196.

14.   Un trombone retient cinq feuillets ($\pm$ 21 $\times$ $\pm$ 13,5 cm) numérotés [I], 1 à 7, à la page 43. L'auteur y a transcrit la légende intitulée « Rends-moi mon bonnet carré » dont seul le titre est donné dans la version *A* (p. 59). Un papillon (7 $\times$ 4,75 cm), attaché à la page 83, porte « *Nom du prêtre / colonisateur / Rév. Père Bourassa* ».

15.   Comme on peut le déduire des renseignements que fournit l'auteur à la fin des *Mémoires*.

16.   Roger Laufer, *Introduction à la textologie. Vérification, établissement, édition des textes*, Paris, Larousse, 1972, p. 81.

17.   [IV], 144 pages (28 $\times$ 21,5 cm) insérées dans une reliure bleue « *Accopress n° 2507* ».

18.   Bien entendu, la version *A* étant restée incomplète, l'éditeur n'a pas le choix : il doit recourir à la version *B* s'il veut donner la fin du texte des *Mémoires*. Il n'y a d'ailleurs pas là contradiction, puisque aussi bien la fin des *Mémoires* n'a connu que cette unique rédaction, ce qui lui confère le statut de texte original, au même titre que la strate *A¹* de la version *A*.

19.   Et c'est le cas ici.

20.   Roger Laufer, *op. cit.*, p. 79.

21.   La seconde version des *Mémoires*, rédigée entre 1970 et 1977, a fait l'objet d'une édition populaire, également publiée aux Presses de l'Université d'Ottawa, en 1988, sous le titre *Miemose raconte*.

Texte et variantes
des *Mémoires*

Mémose Raconte.....

: ~~Petit Choix~~ :

Premier Chapitre. I

La maison paternelle.

La maison qui m'a ~~été~~ vu naître
était située sur une ferme de la
Belle Province de Québec à une distance
de pieds du chemin du Roi. Elle était
toute baignée, par les ombres épaisses
des grands arbres, qui bordaient les
deux côtés du chemin ; les arbres ayant
été plantés jadis par un frère de
mon frère. En bordure du chemin du
Roi, les maisons au toit de chaume
construites pour la plus part, en
pierres naturelles (élément de construction, dont la région abondait) se
ressemblaient beaucoup. Tout le long
de la route, une clôture de perches
était solidement posée, en bordure
d'une pente douce et rocailleuse qui
conduisait directement à la Rivière Batiscan
Sur la rive opposée, sur un plateau
élevé, était le village avec ses maisons
blanches, aux volets verts. Neuf cheminées
rouges striées de Blanc. À l'époque
où commence ce récit j'avais

Ce passé si cher à mon cœur
Que rien ne peut détruire
Que les pires epreuves ne peuvent alterer
Fait partie de ma vie
5   Il chemine à mes côtés
Comme un compagnon fidèle et loyal

A *Ce poème liminaire est transcrit en page deux de la couverture; il comporte une première version légèrement différente :*
    2 rien] les pires épreuves *en interligne au-dessus de* rien *raturé* détruire] altérer
    3 Que les pires epreuves ne peuvent alterer] *om.*

4 partie] parti
6 Comme un compagnon fidèle et loyal]
    Comme un compagnon
    Fidèle et loyal
Cette première version a ensuite été raturée et la seconde transcrite au-dessous
B *place ce poème à la fin de l'Introduction*

Affectueusement dédié

à

Mes huit Fils et à ma fille chérie.

Introduction

À L'EXTRÉMITÉ de la longue Avenue, de mes souvenirs
d'Antan, dans le champ immense et fleurit, d'une enfance
merveilleusement heureuse, j'aie[1] glanée[2], un à un, avec amour
et tendresse, les épis de cette « Gerbe Dorée » ; que j'aie
5   voulu vous offrir, enfants Bien-aimés, comme un gage d'amour
très pur, profond et Sincère.
    En écrivant ces lignes, je désires[3], surtout vous
dire, aussi clairement que possible, ce que représentait
10 pour moi le Bonheur, à cet époque[4] de ma vie, Bonheur qui
prenait sa source dans l'amour intense du Dieu que j'adorais.
Patrie, Parents // Eglise, ecole primaire, couvent, maison   [*2*]
paternelle, Enfin tout m'attachait fortement à mon pays
natal, et comme le lierre, qui sait mourir, ou il est né,
15 j'aurais voulu y vivre ma vie toute entière[5]... et y mourir

· ·

    Hélas ! La Providence, devait en décider autrement.
    Puissent ces pages que j'aie écrites pour vous,
enfants tres chers, vous rappeller[6] chaque jour, combien
20 immensément je vous aie aimés d'amour maternel ; et puissent
aussi ces lignes, vous donner la conviction Sincère :

---

1   *B* Tome 1er (1). Miemose] *om.*
     B Janvier 1er 19-68] Ce 10 janvier
     1970
     A : « Gerbe Dorée » :] *raturé entre les*
     lignes 1 *et* 2
4   *B* huit Fils] huit (8) fils

5   *B* cette « Gerbe Dorée » ; que] cette
     gerbe de souvenirs que
12   *B* couvent] *om.*
19   *A* tres chers] *en interligne au-dessus de*
     tant aimés *raturé*
20   *B* aie aimés] ai aimé

Que le Bonheur, le vrai Bonheur! l'immense
majorité du temps se trouve tout près de vous, dans le
contact et la compréhention[7], et le rapprochement des
25 êtres, confiés à votre garde, et qui vous sont si chers.
Ceux pour qui, aucun Sacrifice ne vous parait[8] trop grand
où[9] trop pénible.

Marie-Rose de Laurentie
ou : « Laurentienne » — ou
30 Sylviana[10]

---

24   *B* le contact et la compréhention, et]
      le contact la compréhension et
28   *B* de Laurentie] Girard
20-30 *B* *om. — Suit en B le poème liminaire;*

le vers 6 y a été scindé : Comme un
compagnon / Fidèle et loyal — *Suivent*
les lettres M.R.G. [= *Marie-Rose*
Girard]

Miemose Raconte... [3]
: « Gerbe Dorée » :
Premier chapitre.
La maison paternelle.

5   LA MAISON qui m'a vue naître était située sur une
ferme de la « Belle Province de Quebec » à une dizaine de
pieds du chemin du Roi[11]. Elle était toute Baignée, par les
ombres epaisses des grands arbres, qui bordaient les deux
côtés du chemin. Ces arbres avaient été plantés jadis par
10 un frère de mon Père[12]. En bordure du chemin du Roi, les
maisons au toit de chaume construites pour la plus part[13],
en pierres naturelles Elément de construction, dont la
région abondait se ressemblaient Beaucoup. Tout le long de
la Route, une cloture de perches était solidement posée,
15 en Bordure d'une pente douce et rocailleuse qui conduisait
directement à la Rivière Batiscan. Sur la rive opposée, sur
un plateau élevé, était le village St Stanislas de Champlain
avec ses maisons blanches, aux volets verts et aux cheminées
rouges striées de Blanc. À l'époque ou commence ce récit
20 j'avais cinq ans // et j'étais la dixième enfant d'une   [4]
famille de quinze[14]. Dans ma famille chaque naissance était
accueillie avec Joie, et marquait un évènement capital. Le
premier Dimanche qui suivait la naissance de Bébé, était
aussi celui qui ferait de l'Enfant un Chrétien par la
25 Grâce du Baptême. À cette occasion, un véritable Banquet,
réunissait parents et amis et on trinquait joyeusement à

---

6   *B* ferme de la] ferme dans une paroisse de la
A St. Stanislas (*raturé*) de Champlain
(*non raturé*) *en interligne au-dessus de* à
une dizaine. *Cette addition (qu'on retrouve dans B) a été inspirée à l'auteur par
S qui a écrit dans la marge de A :* indi-
quer le nom du village. *Toujours dans
la marge de A, on lit de la main de l'auteur :* St. Stanislas Co. de Champ.

*Après avoir raturé l'indication à la ligne
6, l'auteur l'a placée plus bas, à la ligne
17. Dans B, l'indication ne se trouve qu'à
la ligne 6*
7   *B* chemin du Roi] chemin de Roi
10   *B* mon Père. En] mon père oncle
Achille. En
17   *A* St Stanislas de Champlain] *ajouté en
interligne au-dessus de* avec ses maisons
B St Stanislas de Champlain] *om.*

la santé et à l'avenir du Nouveau-Né. Cette fête de famille
ne se terminait jamais, sans que mon Père, de sa voix grave
et prenante, n'entonne cette chansonnette que j'aimais tant :

30   « Dans son Berceau l'Enfant Repose. »
        Ne Réveillez pas mon trésor.
        Autour de son petit front Rose.
        Rayonne une auréaule[15] d'Or.
        Anges qui veuillez[16] sur l'enfance
35   Du mien protégez la vie frêle
        Pour bercer l'innocense[17].
        Nous faut des chants du Ciel.
        Pour bercer l'innocense.
        Nous faut des chants du Ciel!//

40 Et ainsi, la journée se terminait, laissant dans nos cœurs   [5]
    la joie, l'espérance d'un Bel Avenir, pour le Bébé qui
    avait fait son entrée au sein d'une famille profondement
    Chrétienne. et très Unie.

---

41   *B* la joie, l'espérance] la joie et   43   *A* et très Unie] *paraît avoir été ajouté*
     l'espérance   *ultérieurement, ce que confirmerait le point*
                                                    après Chrétienne

Chapitre II.
La Source.

CHAQUE JOUR de Soleil resplendissant, renouvelait
chez la gent enfantine l'heureuse perpective[18], d'une
5   journée entière, passée au grand air pur de la campagne.
Ma mère, partageait aussi notre joie de ces plaisirs
Champêtres mais elle exigeait que chaque enfant prit son
déjeuner Dabord. Grand'Mère s'affairait à la confection
de ce repas matinal. Deux piles de Rotîes Dorées, tronaient
10   dans l'assiette de porcelaine blanche, au centre de la table.
À la droite de chaque couvert, un bol de cacao fumant
complétait ce frugal repas.

Après déjeuner, petits et grands // S'élançaient   [6]
au dehors, poussant des cris d'allégresse, dançant et
15   gambadant sur le gazon vert, tout parsemé des perles
Brillantes de la rosée matinale.

Ma sœur, Blandine[19], était de cinq années, mon
aînée. Grande et élancée, ses cheveux Bouclés, d'un noir
d'Ebène, tombaient en cascade sur ses frêles épaules, Ses
20   grands yeux noirs petillaient de malice, et la faisaient
ressembler à une gitane. Elle était l'organisatrice en
chef de tous nos jeux. [Blandine] était très autoritaire,
et tous, même [Charles][20] qui était de trois ans son aîné,
devaient plier devant ses volontes, et ses décisions les
25   plus fantastiques. Elle n'était pas toujours commode, ma
sœur [Blandine], et j'aie gardé un souvenir Brûlant, de
la Tyrannie qu'elle exerçait envers moi, la trop petite!!!.

« Tu es trop petite Miemose!!! Ah! cette phrase,
qui glaçait tout mon sang dans mes veines, et qui avait

17	A Blandine] *en interligne au-dessus de*		B [Charles] qui] mon frère Charles
	Lorraine *raturé* (*voir la note*)		qui
22	A [Blandine]] Lorraine	24	A ses] *en surcharge à* sa *devant* volontes
	B [Blandine] était] Ma sœur était	27	A envers] *en surcharge à* sur
23	A [Charles]] Bernard (*voir la note*)	28	B Miemose] Mimose

30   le don de m'exaspérer, l'ais-je[21] // entendue assez souvent   [7]
de cinq à six ans. Il y avait bien [Charles] qui se
révoltait, devant ce qu'il appelait une flagrante
injustice, mais Blandine disait-il, pourquoi ne viendrait-
elle pas jouer avec nous?... Elle désire si vivement, voir
35   cette source qui l'enchante, et pendant que nous échafaudrons[22],
chateaux et Tunnels dans les sables dorés, elle attendra
Bien sagement l'heure du retour, N'est-ce-pas Miemose?.....
Ô oui [Charles] murmurais-je[23] en joignant les mains, je
promets que je serai très sage. Mais j'avais compté sans
40   [Blandine]... Une [Blandine], qui, secouait avec frénésie
ses Boucles noires, et protestait avec véhémense...
       Mais Charles! as-tu perdu complètement la tête?...
Non! Non! et Non!!! Mimose[24] est trop petite, nous n'aurons
pas fait la moitié du chemin qu'il nous faudra la porter
45   sur nos epaules. Belle perspective en vérité?... // Et   [8]
s'adressant à Charles, frémissante d'indignation
       Allons! Dis... Tu viens où tu ne viens pas?...
[Charles] compris[25] qu'il était inutile d'insister, et se
penchant vers moi. Il me dît[26] tout Bas, Vas[27] vite rejoindre
50   maman, miemose, crois-moi c'est mieux ainsi. Cette fois
s'en était trop. Je les regardai longuement détaler de
toute la vitesse de leurs jambes, dans la direction des
sables dorés et de cette source d'argent, objet de mes
rêves, et une idée gèrmât dans ma petite tête
55   Ah! On ne voulait pas m'accepter? Non?...... Eh
Bien, j'irais quand même dans ces lieux de délices, et
j'irais... à leur inssu[28].
       À ce moment précis, j'entendis la voix de ma
mère... Tu es seule Miemose?... Oui maman, répondis-je
60   d'une voix hésitante. Et où sont [Blandine] et [Charles]?... //
Ils sont partis à la source, répondis-je. Et comme   [9]

---

33   *A* Blandine] *en interligne au-dessus de*
       Lorraine *raturé*
35   *B* l'enchante, et] l'enchantes et
37   *B* Miemose] Mimose
38   *A* [Charles]] Bernard *raturé*
40   *B* Une [Blandine], qui, secouait] La
       Gitane secouait
42   *A* Charles] *en interligne au-dessus de*
       Bernard *raturé*
       B perdu complètement] complète-

ment perdu
46   *A* Charles] *en interligne au-dessus de*
       Bernard *raturé*
47   *B* Allons! Dis... Tu viens où tu]
       Allons dis viens-tu où si tu
49   *B* vite] *om.*
50   *B* miemose] mimose
59   *B* Tu es seule Miemose?] Tu es la
       Mimose?

d'habitude, ils t'ont laissée mon pauvre chou... T'en
fais pas!... Tu grandiras petite, et Bientôt tu pourras
les suivre.
65   Je grandirai... mais quand?... Demandais-je avec
anxiété?...
        Trop tôt hélas! me répondit maman, l'an prochain,
sans doute, puisque tu auras six ans et que tu iras à
l'école. En attendant, va couper de l'herbe fraîche pour
70 les lapins, et donne-leur aussi de l'eau, ils doivent
mourir de faim et de soif, par cette chaleur. Oui maman,
répondis-je, avec l'idée bien arrêtée de n'en rien faire,
et de donner suite au projet, que j'avais conçu. À petits
pas, je me dirigeai vers la Barrière, qui séparait les
75 pâturages de la cour, je l'ouvris sans Bruit et la refermai
tout doucement, m'engageant seule, dans le chemin où
quelques minutes auparavant j'avais vu disparaître, mon
frère // et ma sœur. Je marchais sous le soleil ardent,   [10]
aussi vite que mes courtes jambes me le permettaient. Je
80 fis l'ascension du premier coteau et je tournea[i] à
gauche, en suivant la clotûre. Mais à ce moment précis,
des règussements[29] épouvantables se firent entendre; je
m'arrêtai Brusquement, paralysée par une peur terrible. À
quelques verges de moi, un gros Bœuf creusait la terre
85 avec ses pieds, et la lançait dans l'espace, avec la force
déculpée[30] d'une Bête enragée, ses yeux étaient injectés de
sang, et ma robe rouge clair, augmentait encore sa fureur.
Une solide chaîne, retainait[31] l'animal au poteau de la
clôture, mais dans mon désarroi, je le pensai libre, et de
90 toutes mes forces je criai[32] Maman! Maman!
        Au Secours!!!!...
Heureusement, ma mère qui était dans la cour, entendit
mes appels, Elle prit à son tour, le chemin que je venais
de parcourir. // Je m'élançai à sa rencontre, et je me   [11]
95 jettai[33] dans ses Bras en senglotant[34]. Ma chère petite, me
dit-elle Que t'arrive-t-il? Ô Maman, dis-je à travers mes
pleurs, j'aie voulue rejoindre [Charles] et [Blandine] et
j'aie eue si grande peur du Bœuf furieux..... Ma mère me

75   B refermai] referme
80   A tournea[i]] tourneau : corr. d'après
     B
89   B dans mon désarroi] om.
97   B [Charles] et [Blandine]] Blandine
     et Charles

100 parlât avec douceur, et me fît comprendre qu'un véritable
danger n'existait pas[35], puisque l'animal était solidement
attaché au poteau de la clôture, et que j'en était[36] quitte
pour la peur. Mais il y a une chose de plus grave ajoutât-
elle; c'est ta désobeissance. Et pour cela, tu seras punie.
Je Baissai la tête en rougissant. Tu passeras le reste du
105 jour, enfermée dans la chambre de Bébé jusqu'au Diner. Si
Bébé se réveille il faudra le Bercer et lui prodiguer tes
soins. Les heures s'écoulèrent avec une lenteur désespérante,
Et le soleil, qui entrait par la fenêtre grande ouverte,
semblait me narguer de tout l'éclat de // ses rayons d'Or.   [12]
110 Le repas du soir, à la dix-huitième heure[37], réunit à la
table familiale, tous les membres de la famille. Un silence
impressionant[38], présidait ce dîner d'ordinaire si joyeux, je
n'osais pas regarder personne[39]. Au dessert, mon Père
s'adressant à [Blandine] et à [Charles] leur dit. J'aie à
115 vous parler, ce soir, vous deux, le repas terminé, vous
passerez au salon. Oui papa, répondirent-ils ensembles[40]. Que
se passât-il? on ne me l'a jamais dit, mais quand ils
sortirent du salon, [Charles] me parût triste, et en passant
près de moi, [Blandine] me lançât un regard, que la colère
120 faisait étinceller.
    Je me sentis tout à coup très malheureuse, et ce
soir là dans mon petit lit, le sommeil ne voulait pas venir.
Je me levai, et sur la pointe des pieds, je me rendis à la
chambre de [Blandine], et frappai à la porte timidement. Ma
125 sœur ouvrit et j'eclatai en sanglots. Miemose me dit-elle?
mais serais- // tu malade?... Qu'as-tu donc?... Non, je ne   [13]
suis pas malade mais j'aie du chagrin plein le cœur.
[Blandine] me fît asseoir sur le Bord du lit, et me parlât
avec douceur. Je lui racontai ma mésenvature[41], suivie de la
130 punition. La Gitane me prit dans ses Bras et me dit en me
Berçant doucement Là Là petite sœur, il ne faut plus

---

105   B enfermée] *om.*
106   A réveille] *en interligne au-dessus de*
      s'éveille *raturé et en surcharge à* réveille
113   B pas] *om.*
114   A [Blandine]] Lorraine *raturé*
      A [Charles]] Bernard
115   B vous deux] tous deux
116   B ensembles] *om.*

118   A [Charles]] Bernard
119   A [Blandine]] Lorraine
124   A [Blandine]] Lorraine
      A à la porte] à la sa porte : *corr. d'après*
      B
125   B Miemose] Mimose
128   A [Blandine]] Lorraine
      B asseoir sur] asseoir près d'elle sur

pleurer. Dorénavant, quand [Charles] et moi irons aux
coteaux de sable et à la source, tu viendras toi aussi,
c'est promis, et nous prendrons grand soin de toi. Oh!
135   [Blandine], m'écriais-je les yeux Brillants de Joie,
c'est Bien vrai cela?...... Tout ce qu'il y a de plus vrai.
Je me Blottis dans les Bras de ma grande sœur, et m'endormis
aussitôt. [Blandine] vint me porter dans mon petit lit Blanc,
me bordât avec tendresse et déposât un Baiser sur mon front,
140   et je l'entendis comme dans un rêve, murmurer « Bonsoir
miemose et dors Bien, avant // ce soir, j'ignorais tout   [14]
le Bonheur que l'on peut ressentir, à rendre les autres
heureux. Merci Miemose.

---

132   *A* [Charles]] Bernard   138   *A* [Blandine]] Lorraine
134   *B* Oh!] *om.*   141   *B* miemose] Mimose
135   *A* [Blandine]] Lorraine   143   *B* Miemose] Mimose

Chapitre III.
. L'Ecole .

LES VACANCES merveilleuses, qui nous avaient données
à tous, de nombreux jours de soleil, de Joie et de Bonheur,
5   allaient Bientôt prendre fin.
 J'étais allée à plusieurs reprises avec [Charles]
et [Blandine], aux coteaux de sable doré, et à cette sourse,
à qui j'avais vouée un veritable culte. Tandis que mon frère
et ma sœur échafaudaient maisons et chateaux dans les
10 sables d'or fin, Assise près de la source, aux pieds même
des coteaux, je passais des heures entières à regarder,
sans me lasser, retomber en cascades argentées, l'eau si
claire et si limpide de la Source. Les parois du Bassin
naturel qui recevaient l'eau jaissante[42] étaient // d'argile   *[15]*
15 Bleu, l'eau filtrait à travers de petites pierres aux
formes variées et aux couleurs multicolores. La source
déversait, le trop plein de son eau, dans un ruisseau
qui parcourait les prairies, et qui se perdait au loin,
dans les fermes envoisinantes[43]…
20   À tant d'années de distance Il me semble encore
entendre, le murmure cristallin de la source, qui charmât,
mes premières années, et qui représentait pour moi, à
cette époque, le plus Beau joyeau[44] de notre ferme. Sans
doute, j'aimais Beaucoup jouer dans les coteaux de sable ;
25 mais j'avais une prédilection marquée, pour la source. J'y
revenais sans cesse, et je ne me lassais jamais de la
contempler. Aux jours de chaleur accablante, si souvent,
son eau pure et glacée m'a désaltérée……………
Mais Helas !!! Trois fois Hélas. Les vacances s'achevaient,
30 et fallait[45] // dire : « Adieu » aux joies champêtres de l'été. *[16]*

---

6 *A* [Charles]] Bernard
7 *A* [Blandine]] Lorraine
10-11 *A* Assise près de la source, aux pieds
    même des coteaux ; (assise près de la

source au pied même des côteaux),]
répétition mise entre parenthèses et exponctuée
après changement de stylo à bille
26 *B* lassais] laissait

Les derniers jours d'Août emportaient, dans un tourbillon
vertigineux, des heures merveilleuses passées au sein
d'une riche nature où nous respirions, à pleins poumons,
l'air pur et vivifiant de nos montagnes...............

35   Au début de cette année 19-12, la rentrée des
classes avait lieu invariablement, le 2 septembre[46] hormis
que le 2 septembre tombât un Dimanche. Le 2[4] mai de la
même année, avait enrégistré mon sixieme anniversaire de
naissance. La maternelle, n'existant pas au début de ce

40 dix-neufvième siècle[47], j'avais enfin atteins[48] l'âge requis
pour mon admission à l'école du village, en première année.
Ce changement de vie, m'apportait tout ensembles, une
joie et une profonde anxiété, où la peur de l'inconnu avait
sa grande part. L'étude, cette soif d'apprendre ce que

45 j'ignorais, // eûrent[49] pour moi, dès l'âge le plus tendre,   [17]
un attrait irrésistible Les jours qui précédèrent la
rentrée, furent des jours d'activité debordante pour toute
la famille. Une animation inusitée tenait, grands et
petits sur pied. Enfin le grand jour de la rentrée des

50 classes, arrivât Un soleil radieux, en ce deux (2)
septembre, versait en nos cœurs, l'espoir d'une année
scolaire fructueuse. Charles avait fait son entrée au
Collège[50], pour la cinquième année[51]; [Blandine], de cinq
années mon aînée, devait assumer la responsabilité de me

55 surveiller, et de prendre grand soin de moi.
    Chemin faisant, la main dans la main de ma grande
sœur, j'écoutais attentivement ses conseils et ses
avis.
N'oublie jamais, Mimose, me disait-elle, que l'étude est

60 la chose la plus importante de notre vie. Et que dès le
début de l'année scolaire, nous devons avoir // un but   [18]
bien déterminé, celui d'arriver la première en classe[52].
la meilleure! C'est compris?... Tout de même, [Blandine],
la meilleure, la première... je suis si petite et je n'ai

---

34   *B* vivifiant] vévifiant
37   *A* 2[4]] 23 : *corr. par* S *comme il se doit*
      (*voir chap.* IV, 9)
52   *A* Charles] *en interligne au-dessus de*
      Bernard *raturé*
53   *A* [Blandine]] Lorraine

54   *B* années] ans
62   *B* d'arriver la première en classe]
      d'arriver première de classe
63   *A* [Blandine]] Lorraine
64   *B* la meilleure, la première... je] la
      première... la meilleure je

65 que six (6) ans.

Qu'importe l'âge me répondit-elle, Vouloir c'est pouvoir!!! et moi, je veux être fière de toi.

Ces paroles se gravèrent dans ma petite tête, à jamais, et avec ce goût inné de l'étude, (naturel chez moi)
70 elles m'assurèrent pour cette première année et les futures années scolaires, le plus Beau des succès. Les jours de Septembre chaque matin, sac au dos, la main dans la main de ma sœur [Blandine] cotoyant la rivière Batiscan marchant à grands pas le pont de traverse[53], nous arrivions
75 enfin à l'école située sur un plateau élevé, envoisinant l'Eglise. L'heure du midi, les récréations étaient accueillies avec joie par la gente écollière[54]. et j'étais d'un entrain exhubérant[55] // participant à tous les jeux,   [19]
chantant à pleine voix ma joie de Vivre. Le son de la
80 cloche mettait fin à nos ébats. Nous prenions nos rangs deux par deux, et regagnions nos places en silence. La prière dite, mes yeux fixés à ceux de l'Institutrice[56], je ne voulais rien perdre de ses explications et tous mes efforts, avaient un but bien déterminé, Réussir coûte que
85 coûte et arriver à la fin de l'année la *meilleure* la
première.

Le grand jour de la distribution des prix arrivât. Cette cérémonie imposante était présidée, par le Curé de notre paroisse. Toutes les élèves, Les cheveux en Tresses, ou en
90 Boucles flottantes sur les épaules, vêtues de Blanc, comme des premières communiantes, attendaient avec anxieté, les résultats scolaires de cette première année. La troisième année eût la première nomination des prix[57] ensuite, ce fût la deuxième année, et Enfin la première année, celle des
95 toutes petites. Que l'attente m'avait parue longue!!!.... // Au milieu, d'un silence impressionnant, La voix de notre   [20]
pasteur S'élevât : Première Année :... « 1ᵉʳ Prix d'Ecellence,

---

66   *B* me répondit-elle] *om.*
73   *A* [Blandine]] Lorraine
      B [Blandine]] *om.*
81   *B* et regagnions] et nous regagnions
82   *B* mes yeux fixés à ceux de l'Institu-
      trice] les yeux fixés sur l'institutrice
85-86 *B* la *meilleure* la *première*] la première,
      la meilleure

87   *B* distribution] distrébution
92   *B* les résultats scolaires de cette pre-
      mière année] les résultats de cette
      première année scolaire
93   *B* nomination] distrébution
97   *B* Première Année : ... « 1ᵉʳ Prix
      d'Ecellence, pour] « Première année
      pour

44

pour maximum des points obtenus durant l'année et une très
Bonne conduite. »
100   « Décerné à l'élève Marie-Rose (Mimose) j'avançai, et,
tremblante d'émotion, je reçus des mains de M[r]. le Curé,
Un livre rouge à tranche dorée, qui me parût Enorme. Le
titre était incrusté sur la couverture en lettre d'Or[58].
Et sur la demande de M[r] le Curé je lus à Haute voix sans
105   hésitation

           « La Soif de l'Or »[59].

Notre Pasteur, après m'avoir félécité[60] me dit, que si je
continuais à m'appliquer à l'étude, j'irais loin........
Au Bas de l'escalier, ma sœur [Blandine] m'attendait. ô
110   Mimose me dit-elle. Tu as gagné le 1er Prix. Et quelle
joie pour Papa et maman. Comme ils vont être fiers de toi.
Allons viens vite avec moi, leur apprendre la bonne //
nouvelle. Ainsi se terminait ma première année d'école.   [21]
Les vacances merveilleuses nous laissaient entrevoir des
115   Horizons nouveaux; des perspectives de Bonheur, de repos
et de delassement.

98-99   *B* une très Bonne conduite. »] une   109   *A* [Blandine]] Lorraine
        bonne conduite 1er prix d'Excellence   *B* [Blandine]] *om.*
100   *B* (Mimose)] *om.*   114   *B* merveilleuses] *om.*
104-105 *B* sans hésitation] *om.*

Chapitre IIII
Tragédie de vacances.

Avec quelle joie, mes frères et sœurs, et moi-même, avions
rangés livres, cahiers et crayons, sur les tablettes de la
5   grande armoire de la salle à Diner. Devant nous, deux longs
mois de detente, de joies champêtres, d'ébats joyeux au
contact intime d'une nature verdoyante et l'air pur et
vévifiant des Laurentildes
Le vingt-quatre mai 19-13[61] avait enrégistré, cette année là,
10   mon septieme anniversaire de naissance. Toute à la joie, de
compter, cette année de plus, qui m'ouvrait l'entrée de la
deuxieme année en septembre prochain; j'ignorais alors, que
durant la période de ces vacances, un évènement tragique //
et terrifiant, au sein de notre famille, devait assombrir   [22]
15   ma jeune vie, d'un souvenir douleureux[62] et innoubliable. Il
était de tradition chez nous, à chaque été, au début du mois
d'Août, ma Grand'Mère avait pour mission de nous conduire
(les aînés) Chez oncle Achille (un frère de mon père) et
tante annie, qui demeuraient dans la paroisse voisine[63]
20   distansée[64] de sept (7) milles de notre paroisse. Durant ce
mois de Juillet qui précédait, ces dix jours de vacances, si
ardamment désirés, Le soir, dans nos chambrettes, au repos
dans les draps frais de Lin, tissés par les doigts habiles
de ma grand'mère le sommeil, ne voulait pas venir. et les
25   conversations, à voix basse, allaient leur train. [Blandine],

---

2   *A* Tragédie de vacances] *ajouté ulté-*
rieurement au-dessus de Chapitre IIII
3   *B* joie, mes frères et sœurs, et moi-
même] joie sœurs, frères et moi même
9   *B* Le vingt-quatre mai 19-13] Ce 24
mai 1913
B cette année là] *om.*
10   *B* Toute] Tout
17   *A* mission de nous conduire] mission
(de nous conduire) de nous conduire :

répétition sans doute annulée par les
parenthèses
18   *B* Achille (un frère de mon père) et]
Achille frère de mon père et
19   *A* dans] *ajouté en interligne*
B paroisse voisine] paroisse voisine St-
Adelphe
21   *B* dix jours de] *om.*
22   *B* désirés] désirées
25   *A* [Blandine]] Lorraine

comptait les jours, nous faisait une description féerique et
imagée, de ce séjour chez la meilleure des tantes, qui nous
reçevait, les bras ouverts, tout, comme, si nous avions
été, ses propres enfants. Et un oncle (Ici ma sœur //
30   Emitait la voix guttirale et grave de notre Oncle Achille)   [23]
       « Bonjour mes enfants.......
Je suis heureux de vous revoir!!!
Il faudra, durant votre séjour ici, Vous amuser tout plein,
et aussi à l'occasion, aider votre tante qui à Beaucoup
35   à faire! »
       Un oncle si Bon!!! Si Bon!!!
       À Intervals[65] réguliers, la voix de la Gitane, s'élevait,
s'adressant à [Charles], qui occupait la chambre voisine : ....
[Charles], dors-tu?... Non, je ne dors pas répondait mon
40   frère. Bon, Alors, tu as entendu tout ce que je viens de
dire? Oui, oui, [Blandine], ô tu sais, je voudrais que ce
jour de départ, fût demain matin. Et moi donc!!!........
       À mon tour, j'élevai la voix, et demandai timidement
[Blandine], j'aie septh[66] (7) ans maintenant, suis-je assez
45   grande pour vous accompagner, chez oncle et tante Achille?...
Et la déçevante phrase, qui tant de fois m'avait peinée
depuis mes cinq ans. // Retentit une fois de plus à mes   [24]
oreilles..
       « Miemose, tu es trop petite....... mais l'an
50   prochain, je te promets. « *Parole d'honneur* », que tu seras
des nôtres pour cette merveilleuse vacance chez nos parents.
Tu auras, alors huit (8) ans, tu seras assez grande.
       Le cœur gros, la voix angoissée, je répliquai. ...
ô [Blandine], toute une année encore.... Comme ça prend
55   du temps ça grandir!!!... La voix de [Blandine] s'élevât
de nouveau.... Et maintenant, dormons tous, Bonne nuit!!!
Et faites de Beaux rêves!!!...........................
....

26	A comptait] *en surcharge à* comptaien		B [Blandine]] *om.*
	B comptait] comptant	44	A [Blandine]] Lorraine
30	A notre] *ajouté en marge immédiatement*	45	B et tante] *om.*
	à gauche de Oncle	47	B cinq] 5
38	A [Charles]] Bernard	51	B pour cette merveilleuse vacance
39	A [Charles]] Bernard		chez nos parents] *om.*
40	B Bon] *om.*	54	A [Blandine]] Lorraine
41	A [Blandine]] Lorraine	55	A [Blandine]] Lorraine

Ce jour tant désiré, arrivât Enfin..............
60 Il y avait, en l'Eglise paroissiale, en cette dernière
semaine de Juin[67], les quarante heures[68] (Adoration de quarante
heures consécutives au T. Saint Sacrement) Sur la demande
de mes parents, [Blandine] et [Charles], s'étaient confessés,
et avaient communiés avec ferveur, mettant, sous la
65 protection // de Dieu, la belle promenade en perspective.   [*25*]
Les derniers jours qui précédèrent le départ, mirent
toute la maisonnée en effervescense. La voix autoritaire
de la Gitane, dictait à chacun et à chacune, sa part de
travail, dans les préparatifs de ce voyage important.
70 L'ainée de la famille, ma sœur Lucinda[69], devait rester à
la maison, Remplaçant ma Grand'Mère, dont l'aide précieux
allait tellement manqué, à ma Mère, pour aider aux travaux
de la ferme et prendre soin des touts petits..............
La veille du départ, Grand'Mère s'attardait dans
75 les chambres de [Blandine] et de [Charles]. Elle leur fît
ses recomma[n]dations. Le Cadran en mains elle règlât la
sonnerie pour cinq heures, le départ devant avoir lieu à
six heures le lendemain matin. Tout était pît. Le lever
matinal se fît dans le plus grand silence afin de ne
80 déranger personne. Quand je m'éveillai, le Soleil très
Haut dans // le Ciel bleu, éclairait ma chambrette de tout   [*26*]
l'éclat de ses rayons d'Or. je m'habillai en Hâte, et
courus aux chambres de [Blandine] et de [Charles]. Leurs
lits étaient faits, d'une façon impeccable. Tout était en
85 ordre. La chambre de Grand'Mère était vide, les voyageurs
étaient partis
Partis!!! Vers la lumière, le Bonheur et la
Joie!!!

62	*B* T. Saint] Tres Saint	75	*A* de [Blandine] et de [Charles]] de
63	*A* [Blandine] et [Charles]] Lorraine		Lorraine et de Bernard
	et Bernard	76	*A* recomma[n]dations] recomma-
67	*B* autoritaire] autauritaire		dations : *corr. d'après B*
69	*B* les préparatifs] la préparation	77	*B* cinq] 5
70	*B* L'ainée] L'aîné	78	*B* six] 6
72	*A* pour aider] pour (*en interligne*) *et* r		*B* pît] prêt
	de aider *ajoutés ultérieurement*	81	*B* bleu] *om.*
	B pour aider aux travaux] pour les		*B* chambrette] chambre
	travaux	83	*A* de [Blandine] et de [Charles]] de
74	*B* départ] dépar		Lorraine et de Bernard

Hélas!!! Trois fois Hélas!!! . . . .
90 Sait-on jamais ce que le lendemain d'un beau jour, peut
renfermer de déséllusion, d'imprévus et de peines
amères?. . . . .
Les heures qui suivirent, s'écoulèrent pour moi
avec une lenteur désespérante; et je ne cessais de répéter
95 à Maman fort occuppée :
ô Que je M'ennuie!!!. . . . .
Que c'est ennuyant de s'ennuyer!!!
. . . .
Ma Mère me dit en souriant que le « je M'ennuie » était
100 suffisant pour expliquer mon état d'âme. Et qu'il n'était
pas nécessaire d'ajouter. //
: « Que c'est ennuyant de s'ennuyer!!! » :   [27]
Le lendemain le soleil ne se montrât point.
L'atmospher était lourd, de Gros nuages sombres
105 s'amoncellaient à l'Horizon, présageant l'orage. Je descendis
dans la cuisine Quérir le grain, que je voulais distribuer
aux pigeons de la cour. En passant près de la cage de notre
gentil petit Canari, je remarquai que l'oiseau charmant
n'avait pas mangé et qu'il tenait sa tête Baissée. ô ça
110 Alors! me dis-je, est-ce que par Hazard[70], il s'ennuirait
lui aussi? et je continuai mon chemin. . . . .
. . . .
Il n'était pas onze heures lorsque j'entrai à la
maison, et je trouvai ma Mère, dans un état de surrexcitation
115 qui ne lui était pas Habituel. Viens vite Miemose, me dit-elle,
Quelqu'un a ouvert la cage de l'oiseau, et il s'est enfuit
vers le jardin, viens vite nous aider à le Rattrapper.
Nous courûmes en direction des pommiers. // Sur la plus   [28]
Haute Branche, le petit oiseau battait des ailes, lançant
120 à tous les échos, un cri plaintif qui faisait mal à entendre.
Je l'appelai des noms les plus tendres, le suppliant
de descendre Alors, cessant son cri, il descendit de Branche
en branche, et vînt se blottir dans le tablier de maman
grand ouvert. Avec précaution, Maman replaça, l'oiseau

89   *B* Trois fois Hélas!!!. . . . . .] *om.*   113-114 *B* lorsque j'entrai à la maison] *om.*
96   *B* M'ennuie] m'ennui   115   *B* Viens vite Miemose, me dit-elle]
100   *B* expliquer] exprimer   *om.*
104   *B* de Gros] de de gros   116   *B* l'oiseau, et] l'oiseau me dit-elle et

125   tremblant dans sa cage, et refermât la porte.
        Mon père entrait avec le personnel, employés de
la ferme, Le repas S'achevait dans un silence impressionnant.
L'oiseau à certains intervals lançait son cri plaintif, et
refusait toute nourriture. j'aidai Maman à desservir la
130   table et à faire la vaisselle. Puis je sortis, et j'allai
m'appuyer sur la clôture de perches, en bordure d'une pente
douce au pied de la-quelle venaient mourir les vagues
écumantes de cette belle Rivière, que j'aimais tant. Je ne
sais pourquoi, l'eau exerçât sur moi dans mes jeunes
135   années // une véritable fascination, Mais cette fois, en   [29]
regardant les vagues agitées par le vent, j'eus tout à
coup l'impression pénible que l'eau devenait très foncée,
presque noire et je frissonnai. En entrant, je courus à
la cage du petit oiseau.
140   Il était couché, les ailes repliées et les yeux
fermés. Ouvrant la petite porte, je fis le geste de le
prendre mais je reculai... et je compris qu'il était
mort..............
        À mes cris, Maman accourût ô Mon Dieu, dit ma
145   Mère, le pauvre petit est mort, je ne suis pourtant pas
supertissieuse dit maman, mais vois-tu Mimose, cet oiseau
faisait partie de la famille, et je crains que sa mort
soit le présage d'un malheur. Enfin! Espérons que je me
trompes.
150   Il était exactement deux heures de l'après-midi.....
.... //
Une chaleur lourde, humide rendaient oppressante, cette   [30]
fin de jour sans soleil. Les hommes avaient quittés les
champs de bonne heure et effectuaient les travaux d'urgence
155   à l'intérieur de la grange, en vue du placement de la
prochaine récolte de foin.
        Il pouvait être quatre heures. Tous mes crayons de
couleurs éparpillés sur la table, je m'appliquais à
reproduire aussi exactement que possible, l'image du petit
160   oiseau que nous aimions tant et qui nous avait quittés

---

131   *A* clôture] t *en surcharge à un* c [?]   142   *B* reculai] raculai
134-135 *A* dans mes jeunes années] *ajouté*   146   *A* supertissieuse] *lecture incertaine*
            [?] *en bas de page*   157   *B* quatre] 4
138   *A* noire] le e *a été ajouté*   158   *B* couleurs] couleur

pour toujours.

La sonnerie de la porte d'Avant résonnât tout à coup dans le silence, et j'entendis Maman qui allait ouvrir, et faisait entrer une personne qu'elle fît passer au Salon.

165   Miemose dit-elle où es-tu?.....
je suis ici à la cuisine, Maman. Vas vite chercher ton père aux Bâtiments, M^r. le Curé[71] est ici et désires lui parler.
je courus aussitôt et Reviens bientôt avec mon père..... //
Que ce passât-il dans ce colloque intime de ces deux hommes,   [31]
170   dont les voix assourdies, nous parvenaient comme un murmure lointain?.....

Ma Mère, tout en vaquant aux préparatifs du souper familial était nerveuse, elle essuyait son front couvert de goutelettes de sueurs et sa lassitude s'accentuait davantage
175   dans l'attente prochaine d'un Bébé[72].

Enfin! Après un temps qui nous parût très long, le vieux prêtre[73] reprit en sens inverse le chemin qu'il venait de parcourir....

Et mon père... entrant dans la cuisine S'assit sur
180   une chaise sa tête entre ses mains.......................

Il était si pâle!... Un tel désarroi altérait cette figure d'homme que Maman alarmée s'écriât!!!
Mais que ce passe-t-il donc?... Parles... Serais-tu malade?... et pourquoi M^r. le Curé était-il ici il y a
185   quelques instants?... Mon père levât les yeux sur cette compagne de sa vie, qu'un amour // profond et réciproque,   [32]
unissait à lui.....

Helas! ce prêtre qui vient de nous quitter, m'a chargé d'une mission bien pénible, celle de te dire que
190   Dieu frappe notre famille d'une bien grande épreuve.

Les eaux traîtresses de la Rivière Batiscan, a fait[74] cet après-midi une victime de plus... en la personne de notre fils [Charles]!!!...........................

[Charles] n'est plus, et son corps repose à cette
195   heure dans le lit de cette Rivière maudite, qui nous l'as pris[75]......

---

163   B   Maman] ma mère
165   B   Miemose dit-elle où] Mimose ou
177   B   reprit] repris
180   B   ses mains] les mains
192   B   en la] dans la

193   A   [Charles]] Bernard (Charles *ajouté ultérieurement en surcharge aux points de suspension qui suivent* Bernard)
194   A   [Charles]] Bernard

Jamais! Devrais-je vivre cent ans je n'oublierai
cette minute. Mon père m'ouvrit ses bras. Je m'y refugiai
en sanglottant. Les larmes sillonnaient la figure Ravagée
200 de ma Mère.
Quelle force d'Âme tenait debout cette Chrétienne qui (en
dépit d'une si grande douleur) acceptait l'épreuve venant
de Dieu???.........
Enfin, elle parlât, une énergie farouche faisait
205 Briller ses magnifiques // Yeux Bruns. « Charles n'est plus »   [33]
« soit » Mais il me faut mon enfant ici et le plus tôt
possible.
L'heure n'est pas au désespoir mais à l'action.....
Mon père se levât. Je te promets, que dès maintenant, tout
210 sera mis en œuvre pour retrouver notre fils je vais avertir
les domestiques de préparer dans le salon, la chambre
mortuaire et le Brancard[76] où son corps sera exposé. Moi, je
franchirai seul, les septh milles, qui séparent la paroisse
voisine de la nôtre. Seul? s'écriât Maman!
215 Oui! seul! répondit mon père, Mais, je te jures que
je reviendrai avec Charles à mes côtés...................
Les travaux de la ferme furent suspendus, et les domestiques
s'empressèrent d'exécuter avec respect les ordres du patron,
sur qui le malheur s'était appesantit, annéantissant Brusque-
220 ment, tous les espoirs qu'il avait fondés sur la tête de ce
fils Bien-aimé..... // Le cheval cendré fût attelé sur une   [34]
voiture assez grande que l'on nommait l'« *Express* »[77], et mon
père reçevant les guides des mains du domestique, s'éloignât
en toute Hâte Le temps pressait, et toute minute était d'une
225 importance capitale. Mon père informé de l'endroit de
l'accident (par notre Curé, qui, à son tour avait appris
la triste nouvelle du curé de la paroisse voisine) se rendit
sur le Bord de la rivière Batiscan. Le Curé de la paroisse,
le médécin étaient sur les lieux et regardaient au loin un

---

205   A Charles] *en interligne au-dessus de*
       Bernard *raturé*
213   A (21) *en interligne au-dessus de* septh
       B septh] 7
216   A Charles] *en interligne au-dessus de*
       Bernard *raturé*
217   B et] *om.*
224   B était d'une] avait une

225-226 B l'endroit de l'accident (par notre
         Curé, qui, à son tour] l'endroit par
         notre Curé ou l'accident avait eu lieu
         qui à son tour
227   B nouvelle du curé de la paroisse
         voisine) se rendit] nouvelle par le Curé
         de St-Adelphe, se rendit
229   B et regardaient] ils regardaient

230   canot que gouvernaient lentement oncle Achille et son fils
aîné. Ils tournèrent en rond, à l'endroit ou Blandine mes
cousins et mes cousines, avaient vu paraître, pour la
dernière fois l'infortuné Charles. Mon oncle avait fabriqué
un grappin avec trois crochets de fer Recouverts de Branches
235   de sapin Vert, et mon cousin qui tenait dans ses mains,
l'extrémité de la courroie du Grappin descendu dans l'eau,
devait // avertir mon oncle, dès que le Grappin   [35]
rencontrerait un obstacle.......................
Mon oncle Ramait toujours lentement quant tout à coup,
240   son fils lui dit « Père! Quelque chose est accroché au
Grappin... Tiens Bon, lui dit mon oncle... j'arrives........
Alors, il tirât vers lui, l'obstacle accroché à un des
crochets de fer du Grappin et... à la surface de l'eau
agitée parût le corps de mon frère, que le grappin avait
245   Happé, par la jambière de son maillot de Bain. Mon oncle et
son fils le hissèrent jusqu'au canot et se dirigèrent vers
le Rivage, se frayant difficilement un passage, dans la
Rivière pleine de Billots[78] à cette époque de l'année. Le
médécin pratiquât la Respiration artificielle et tous les
250   soins, qui pouvaient se donner à un noyé, en pareille
circonstance Mais Hélas! Tout fût inutile. Le médécin
rendit le verdique[79] que la mort remontait à deux heures de
l'après-midi... et il était sept heures. // Le prêtre   [36]
ayant donné l'absolution au moribond[80], avec l'aide des
255   personnes présentes, mon père installât son fils dans la
voiture, et entreprit avec lui le chemin du retour......
....

À la maison, dans l'attente du convoi funèbre, Ma
mère, comme une automate, accomplissait les tâches
260   journalières. Je l'aidai, avec ma sœur ainée Lucienda, à
préparer les petits pour les mettre au lit; et moi-même,
brisée de fatigue et d'émotion j'entrai dans ma chambre
pour prendre un peu de repos. Je fermai les yeux et je revis

---

231   A Blandine] *en interligne au-dessus de*
       Lorraine *raturé*
233   A Charles] *en interligne au-dessus de*
       Bernard *raturé*
242   B vers lui] à lui
248   A billes *raturé en interligne au-dessus de*
       Billots *mis entre parenthèses*

253   B sept] 7
255-256 B mon père installât son fils dans
       la voiture, et entreprit] mon père
       coucha son fils dans le fond de la voi-
       ture et, le cœur brisé, entreprit
260   B ma sœur ainée Lucienda] ma sœur
       Lucinda

265 le petit oiseau, dont la vie frêle, s'était éteinte, à la
même heure, où Charles quittait cette terre, pour l'Eternel
séjour..
Avait-il eût l'intuition du malheur, qui planait
sur notrè famille?
....
270 Depuis ce jour, j'aie gardée pour tous les oiseaux
un profond respect, et aussi une crainte supertitieuse.
Coïncïdence?..... Ou effet d'un // pur Hazard?..... Chaque   [37]
fois qu'un oiseau est venu battre des ailes, et frapper
avec insistance le Grand vitrail de notre maison d'habitation,
275 ce fût chaque fois la certitude d'un malheur, d'un accident.
....
Le lendemain, à l'aube je m'éveillai, et le silence
inusité de la maison m'impressionnât. Ma Mère entrât sans
Bruit dans ma chambre. Mes premières paroles furent :
280 Maman! Ont-ils retrouvés Charles?...............
....
Oui, me dit-elle, il est en Bas je vais t'aider à
faire ta toilette et à t'Habiller, et nous descendrons.....
Ma main dans la main de ma Mère, je fis mon entrée dans ce
285 salon garni de drapperies noires. Sur des tables de chevet,
chaque côté de la couche funèbre, des cierges allumés,
éclairaient la figure de mon frère, et répandaient sur les
murs et les meubles assombris, une clarté douce et diaphane.
Dans une secoupe de crystal était de l'eau bénite et une
290 petite // Branche de sapin. Qu'il était beau Charles,   [38]
dans son plus bel habit Ses mains jointes sur son chapelet
dans ses doigts entrelaçés. La mort avait figé sa figure
d'adolescent (treize ans) sans en altérer les traits. De
ce premier contact avec la mort, mes sept ans ont gardé,
295 un souvenir innoubliable.
Et de ce jour, avec les explications de ma mère,
j'aie compris et accepté, que dans la vie, à l'heure que

---

265 A Charles] *en interligne au-dessus de*
Bernard *raturé*
275 B d'un malheur, d'un accident] d'un
malheur et d'un accident
280 A Charles] *en interligne au-dessus de*
Bernard *raturé*
283 B à t'Habiller] à l'habiller

285 B garni] gani
290 A Charles] *transcrit dans la marge vis-*
à-vis de Bernard *raturé*
291 A sur] *en interligne au-dessus de* dans
raturé
293 B d'adolescent] d'adolesçant

Dieu choisie, chaque être humain doit dire adieu à la vie
terrestre, pour entrer dans l'Éternité, de la vie de l'âme
300   immortelle et que dans tout Berceau, Germe une tombe. Le
lendemain le corbillard, (Landeau funèbre), attelé de deux
superbes chevaux noirs, recouverts d'une natte de soie
noire, vinrent se ranger devant notre maison qui faisait
face à la Rivière Batiscan.
305   Les frères des écoles Chrétiennes, Directeur en
tête et tous les élèves du collège, compagnons de classe
de Charles, traversèrent le grand pont. pour venir
accompagner une dernière // fois, l'élève qu'ils avaient   [39]
connu et estimé. Suprême témoignage de Simpathie!!!.....
310   À chaque maison, les fermiers dans leurs Habits
du Dimanche, se joignaient au défilé, pour suivre jusqu'à
l'Eglise, la dépouille mortelle.
     En cette année 19-12, existait dans nos villages,
et nos campagnes Canadiennes, le siecle[81] de la fraternité
315   Le malheur des uns, groupait les autres autour d'une
famille éprouvée et on se retrouvait ensembles comme une
grande famille.
     Grand'Mère et Blandine furent de retour pour le
service religieux Grand'Mère était désespérée, et Blandine
320   semblait pétrifiée par ce malheur soudain, qui lui enlevait
son frère préféré. Tout est de ma faute disait ma Grand'Mère
en pleurant, Je leur ai donné moi-même la permission d'aller
se Baigner, oubliant l'inexpérience des enfants (confiés à
ma garde), en natation. Hélas je ne me le pardonnerai
325   jamais. // Ainsi se terminait dans le dœuil cette tragédie   [40]
de vacances.

---

298   *A* choisie] *ou* choisis [*?*]
307   *A* Charles] *transcrit dans la marge vis-*
      à-vis de Bernard *raturé*
318   *A* Blandine] *en interligne au-dessus de*
      Lorraine *raturé*
319   *A* Blandine] *en interligne au-dessus de*
      Lorraine *raturé*

321   *B* ma] *om.*
323-324   *B* l'inexpérience des enfants
      (confiés à ma garde), en natation]
      l'inexpérience en natation des enfants
      confiés à ma garde
325   *B* se terminait dans le dœuil] se ter-
      minait dans la douleur et le dœuil

Chapitre V (5)
— Une amie Loyale .

Les vacances s'achevaient, et les exigences de la
vie journallière, avaient replacés tous et chacun, dans la
5   vie normale et Routinière d'Antan…
U[n] soir, mon père, le repas du soir terminé,
s'assit près du foyer dans son Grand fauteuil, après
avoir allumé sa pipe nous annonçât d'une voix grave et
lente, que nos voisins de droite, avaient ce jour même,
10   vendu leur ferme. Aussitôt les questions fusèrent de tous
côtés….. A Qui?… Des Canadiens Français?… Une nombreuse
famille?….. Du Bon monde, j'espère, ajoutait Maman…..
Mon père laissât passer quelques minutes qui nous parurent
longues, tellement était grande notre curiosité. Notre
15   voisin a vendu sa ferme à une famille de Montréal. M^r.
J. A. Lescorbeau[82] a passé la majeure // partie de sa vie,   [41]
conducteur sur les chars[83] et il est maintenant à sa
retraite. Sa famille se compose de son épouse Mme. J.A.
Lescorbeau, de leur fille unique[84], mariée à un policier de
20   Montréal, et Mère de deux filles, Giberthe[85] 12 ans et
Fernande[86] 7 ans. Cette famille, fatiguée de la vie agitée
et Bruyante d'une Grande Cité, espère trouver la paix, la
Sérénité, les joies et les bonheurs, de la vie champêtre
de nos belles campagnes. Dès la semaine prochaine, nous irons,
25   votre mère et moi, leur rendre une vésite de convenance[87],

---

3-4   *B* et les exigences de la vie journal-
       lière, avaient replacés tous] et la vie
       journalière avait replacé tous
6   *A* U[n]] U : *corr. d'après B*
16   *A* J.A. Lescorbeau] *en interligne au-*
       dessus de X raturé
18-19 *A* J.A. Lescorbeau] *en interligne au-*
       dessus de X raturé
18-22 *B* son épouse (…) Grande Cité] son
       épouse madame Lescorbeau leur fille
       unique mariée par un second mariage

à Monsieur J.A. Bernier policier à
Montréal, deux filles Gilberte Savignac née du premier mariage 12 ans
et Fernande Bernier 7 ans née du
dernier mariage. Fait partie aussi de
leur famille Mademoiselle Antoinette
Mercier qui remplit chez ses parents
le rôle de servante bénévole. Cette
famille fatigué de la vie bruyante et
agitée d'une grande Cité
23   *B* Sérénité] sérinité [?]

56

leur souhaiter la Bienvenue, et les assurer de nos services
de bon voisinage, à l'occasion. Dans l'énumération que
mon père venait de faire des membres de cette nouvelle
famille, un nom m'avait vivement impressionné
30   Fernande! Sept ans (7)!!!
Ça alors! une amie en perspective Ce soir là, le sommeil
ne voulait pas venir, sans cesse ma pensée S'envollait vers
cette petite fille de mon âge // J'éprouvais une grande   [42]
Hâte de la connaître. Cependant, la dernière semaine du
35   mois d'Août, nous apportait avec la fin des vacances,
l'effervescense des préparatifs de la rentrée des classes.
Le Samedi soir tout était finit, Livres et Cahiers, crayons
qui dormaient depuis deux mois sur les tablettes de la
Grande armoire de la salle à diner, avaient repris leur
40   place respective dans les sacs bouclés.
       Ce même soir, au crépuscule le timbre de la porte
d'entrée resonnat dans le Silence. Mes parents introduirent[88]
au salon nos nouveaux voisins qui venaient nous rendre
vésite. la famille était au complet. Le Grand'Père J. A.
45   Lescorbeau très chic dans son uniforme Bleu marine, garni
de Boutons dorés et sa casquette de conducteur, était un
homme Jovial et très gai, qui par ses propos amusants,
sût mettre // Tout le monde à son aise.   [43]
Gilberte et Fernande passèrent à la cuisine, et nous
50   fîmes connaissance. [Blandine] et Gilberte échangèrent
une cordiale poignée de mains, tant qu'à[89] Fernande, elle
vint à moi les Bras ouverts nous nous embrassâmes comme
deux petites Sœurs, Fernande était Blonde comme les blés
et avait de magnifiques yeux Bleus mais ce qui faisait son
55   plus Grand charme, c'était son rire clair et cristallin,
et sa franchise. De ce jour nous devinrent des amies
inséparables. La Soirée se terminait, trop vite à notre
gré, et les deux familles se quittèrent dans un atmosphère
de bonne humeur et de Bonne entente qui devait se maintenir
60   dans les années futures...........

---

31   B amie] *en interligne au-dessus de* une   *la page* 43
37   B et] *om.*   50   A [Blandine]] Lorraine
44-45 A J.A. Lescorbeau] *en interligne*   55   A cristallin] *en interligne au-dessus de*
       B J.A. Lescorbeau] *om.*   argentin *raturé*
48   A Florida Bernier *transcrit au haut de*

Septembre avait apporté, le retour à l'école,
chaque matin. Gilberte et Fernande s'arrêtaient chez nous
et ensembles avec [Blandine] et moi // nous parcourions le   [44]
chemin qui nous séparait de l'école du village, en bavardant
65   et en sautillant. À cette heure matinale, les oiseaux
chantaient leur joie de vivre, la Batiscan dormait sous
un soleil doré. et nous étions heureuses, autant que
pouvaient l'être, quatre petites écollières, sans souci du
lendemain, et satisfaites, des Joies du présent. L'étude
70   représentait toujours pour moi un interet passionnant.
Cette soif d'apprendre ce que j'ignorais, de savoir toujours
davantage, grandissait en moi.
      J'avais insisté auprès de l'Institutrice que[90]
Fernande soit ma compagne de classe, et partage avec moi
75   mon banc à deux places. Sur promesse que[91] nous serions
très sages toutes les deux, j'obtins cette faveur. Aux
Récréations et à la demi-heure qui succédait au goûter
du midi, ma petite amie // était d'une gaieté extra-ordi-   [45]
naire Elle présidait tous les Jeux et son rire clair
80   résonnait comme un clairon. Je la vois encore Juchée
sur un Banc, à ses côtés deux petites filles se tenant
par la main. Elle représentait ainsi : « Le Duc d'Orléans »
et deux de Ses gardes. Devant ces trois personnages
Royaux, se tenaient par la main deux élèves plus âgées
85   qui représentaient la Tour et qui chantaient : ....

      La Tour prends garde[92] (Bis)
      De te laisser Rabattre.

      ....

      Nous n'avons garde (Bis)
90   De se laisser Rabattre.

      ....

      J'irai me plaindre (Bis)
      Au Grand Duc d'Orléans.

      ....

95   Allez vous plaindre (Bis)

---

63   *A* [Blandine]] Lorraine
      B avec [Blandine] et moi] avec ma
      sœur et moi-même
76   *B* très] *om.*
      B j'obtins] j'obtiens
79   *B* Elle présidait tous] Elle présédait

à tous
81-82 *B* se tenant par la main. Elle repré-
      sentait ainsi : « Le Duc] se tenaient par
      la main elle qui représentait « Le Duc
95   *A* Allez] Al *en surcharge à* Gr (*premières*
      lettres de Grand, *début du couplet suivant*)

Au Grand Duc d'Orléans.

.... //

Grand Duc mon Prince (Bis)   [46]

Je tombes a vos genoux.

100   ....

Mon capitaine mon colonel

Que me demandez-vous?...

......................,

Deux de vos Gardes (Biss)

105   Pour abattre La Tour.

....

Allez mes Gardes (Biss)

Pour Abattre la Tour.

Alors, les gardes royales se jetaient avec fureur sur les

110   gardes de la Tour, et Fernande, oubliant son titre Royal

de « Grand Duc d'Orléans » : descendait à son tour et Buchait[93]

à tour de Bras, pour abattre « La Tour »....................

Le son de la cloche mettait fin à ce Jeu Belliqueux. Nous

prenions nos rangs en silence et Fernande me disait tout

115   Bas ô Non!!! Pas encore la classe?.....................

Je comprends aujourd'hui que la seule chose qui

mettait une ombre à[94] notre amitié, // était notre dévergense   [47]

d'idée au sujet de l'étude. Hélas!!! Fernande n'aimait pas

l'étude. Elle manifestait aucun intérêt pour tout ce que

120   notre institutrice enseignait, et les devoirs à la maison,

étaient pour elle un véritable cauchemar

Combien de fois, l'ais-je aidé sans toutefois,

parvenir à fixer son attention, Pour ma petite amie la vie

était un jour de fête continuel. Elle aurait voulut, rire

125   chanter, s'amuser sans cesse. La joie habitait en elle.

Ô Miemose me disait-elle, Que la vie est belle!!! Et que

le Bon Dieu a crées de belles choses. Les oiseaux, les

fleurs au couleurs variées, le Ciel si Bleu et cette

magnifique Rivière, La Batiscan, que nous cotoyons matin

130   et soir, tu sais miemose j'adore cette campagne, dont il

---

101   *B* colonel] colonel (bis)   126   *B* Miemose] Mimose

104   *B* (Biss)] (bis)   128   *B* au couleurs] aux couleurs

107   *B* (Biss)] (bis)   *B* Bleu] beau

108   *B* Pour Abattre la Tour] Allez mes   130   *B* miemose] Mimose

        gardes pour abattre la Tour

n'y a pas si longtemps j'ignorais le charme, la Beauté et
même l'existence................................... //
Ainsi les jours, les semaines et les mois passaient   [48]
rapidement et nous fûmes bientôt au mois de décembre. Une
135   agitation fébrile, nous agitait, il y avait de la joie
dans l'air

La terre parée de sa blanche parure d'Hermine
s'ascosiait[95] à nos projets de la grande fête de Noël
toute proche.

140   Penses donc, me disait Fernande, le premier Noël
que mes parents et moi, allons passer à la campagne.......
Dis miemose ils sont beaux les Noëls de campagne?.........

Ô Fernande! Ils sont merveilleux... Et la Messe
de Minuit donc... une féérie tu sais...

145   À onze heures et demi, les cloches de notre Eglise
sonnent à toute vollée, invitant les paroissiens à venir
célébrer, la naissance de l'Enfant-Dieu. Dans la cour de
chaque fermier, // les chevaux attelés, piaffaient   [49]
d'impatience, et prenaient enfin la route, traversant le
150   grand pont et montant la côte aride[96] de l'Eglise. Mais, tu
sais petite amie, le plus impressionnant c'était la musique
argentine des grelots... car chaque voiture en possédait
un set, qui au trot des chevaux, résonnait gaiement dans le
silence impressionnant de la nuit. L'Eglise pourtant très
155   grande, pouvait à peine contenir la foule. La paroisse
entière était présente[97]

Minuit!!! hommes, femmes et enfants, se prosternent
pour adorer Jésus Enfantelet et le Chœur de Chant[98] entonne
le cantique solennel de :

160   « Minuit Chretiens »[99]...........................

Fernande les mains jointes m'écoutait avec ferveur, ne
perdant pas un mot. Mon Grand'Père aussi aura des chevaux,
dit-elle, un traîneau et un set de grelots tout neufs. // Et   [50]
nous irons ensembles à la Messe de Minuit. ô Miemose! Si

---

141   *B* à la campagne] en campagne   151   *B* c'était] c'est
142   *B* miemose] Mimose   152   *B* possédait] possède
147-148 *B* la cour de chaque fermier] la   153   *B* résonnait] résonnent
       cour des fermiers   155   *B* pouvait] peut
148-149 *B* piaffaient d'impatience, et pre-   156   *B* était] est
       naient] piaffent d'impatience et   164   *B* Miemose] Mimose
       prennent

165 tu savais comme j'aie Hâte
    Et moi donc.....................................
 Après la messe, mes parents invitèrent nos voisins, à partager
 avec nous, le Réveillon de Noël. La dinde traditionnelle[100]
 trônait au centre de la table et maman et ma Grand'Mère
170 s'étaient surpassées dans la confection des tourtières,
 Ragoût aux Boulettes, Pomme de terre Doré, tête fromagée,
 Beignes Tartes à la farlouche etc… etc................
 Après le Réveillon tous passèrent au salon, où un arbre de
 Noël tout scintillant de lumières multicolores, nous parut
175 une Splendeur. La Gitane avait été choisit pour distribuer
 les cadeaux de Noël, enrubannés au pied de l'arbre. Chaque
 présent, prestement développé, provoquait une explosion de
 Joie. // Gilberte et Fernande reçurent des mains de Blandine, [51]
 un cadeau fort apprécié, avec mention sur la carte de Bon
180 Vœux
   : « De vos meilleurs amies
   Blandine et Miemose : »

 Elles remercièrent toutes deux avec effusion. On se séparât
 fort tard; et nos voisins insistèrent pour que notre famille,
185 aille saluer l'aurore du nouvel an et prendre le petit
 déjeuner avec eux. Bien entendu, Blandine et moi devrons[101]
 accompagner nos parents. Quelle Joie!!!................
 ....
 La dernière nuit de l'année Berçât nos rêves et nos espoirs
190 d'enfants heureux, et aussi notre désir ardent du lendemain
 tout proche, pour la joie, en perspective, à partager avec
 nos bons voisins!!!..........
   La demeure de M. et Mme J.A. Lescorbeau resplendissait

---

165 *B* j'aie] j'ai
167 *B* mes parents] mes (*en surcharge à*
   nos) voisins (*ce mot raturé*) parents
172 *B* Tartes] tarte
175 *B* La Gitane] Blandine
176 *B* enrubannés] enrubannées
178 *A* Blandine] *en interligne au-dessus de*
   Lorraine *raturé*
179-180 *B* Bon Vœux] bons vœux
181 *A* Blandine *en interligne au-dessus de*
   vos meilleurs
   B meilleurs] meilleures

182 *A* Blandine] *en interligne au-dessus de*
   Lorraine *raturé*
   B Miemose] Mimose
186 *A* Blandine] *en interligne au-dessus de*
   Lorraine *raturé*
186-187 *B* devrons accompagner]
   accompagneraient
193 *A* J.A. Lescorbeau] *en interligne au-*
   dessus de X *raturé*
   B M. et Mme J.A. Lescorbeau] M. et
   Madame Lescorbeau

195 de petites ampoules électriques aux couleurs les plus
variées. // Dans le foyer d'énormes Bûches d'Erable   [52]
petillaient joyeusement, et lançaient des Cascades
d'étincelles, retombant sur un lit de Braises rouges : l'Arbre
de Noël était une véritable féerie. Le Grand'Père très digne
dans son uniforme marine à Boutons dorés, nous fît passer
200 dans la salle à dîner pour le petit Déjeuner

      Le père de Fernande et Gilberte en congé avait
rejoint sa famille. Il versât le vin dans les coupes et
tous trinquèrent au succès et à la bonne réussite de la
nouvelle année.
205   Sur la Blanche corniche du foyer[102], trônait une
peinture admirable, faite par Madame Lescorbeau Grand'Mère
de Fernande........

      La vieille année était représentée par un vieillard
courbé, affaisé, ployant sous le poids des mois, des
210 semaines, // et des jours…. Il agonisait pendant qu'à   [53]
l'Horizon, tout au Haut du tableau, dans le reflet Rose
et lumineux de l'aube naissante, un Chérubin blondinet aux
yeux Bleus, représentait le nouvel an, avec son cortège de
Joies, de peines, d'espoirs et d'incertitudes[103]…………

215   Après la récitation du Bénédicité[104], le repas fût
des plus Joyeux. j'avais pris place à la Gauche de Fernande,
à la droite de ma petite amie était son père qu'elle adorait.
Nous passâmes au salon, une cousine[105] de la famille,
remplissant les fonctions de servante bénévole, nous servît
220 le café. Mon père fût prié de chanter quelque chose. Alors
il entonnât de sa voix grave ce chant de circonstance :

« Mon Dieu Bénissez la nouvelle année »[106]
Rendez Heureux nos parents, nos amis.
Elle est toute à Vous et nous est donnée
225 Pour mériter le Paradis (Bis)………………//

---

199   *A* son] *en interligne*
      B marine] *om.*
201   *B* et Gilberte] *om.*
206   *A* Lescorbeau] *transcrit dans la marge*
      de gauche vis-à-vis de X *raturé*
211   *B* tout au Haut du tableau] *om.*
218-219 *B* une cousine de la famille, rem-
      plissant les fonctions de] une cousine
      Antoinette remplissant le rôle de

220   *B* Alors] *om.*
225   *B* le Paradis (Bis)……..] le Paradis
      (Bis) On se sépara enchanté et le
      Grand'Père en souriant malicieuse-
      ment nous dit : « J'espère mes enfants
      que vous avez pris de bonnes résolu-
      tions pour cette année qui commence
      et que surtout il faudra les tenir.

Chapitre VI (6)
Adieu à l'école...
Entrée au Couvent.

CHAQUE SOIR les garçons et les filles, faisaient route
ensembles les uns de retour du collège et les autres de
5   l'école du village, et pendant que Blandine et Gilberte
continuaient leur chemin ensembles, Blandine allant reconduire
Gilberte jusqu'à la grille de fer forgée qui fermait l'entrée
de la grande allée de la propriété de nos voisins. Tant qu'à
Fernande, elle s'arrêtait [107] chez nous pour téléphoner à sa
10 mère, afin d'obtenir la permission de rester avec moi pour
partager la collation du soir mais surtout pour monter en
Haut dans la chambre de Grand'Mère, et y ecouter les contes
merveilleux, qu'elle savait si bien raconter en filant la
laine de nos moutons. Cette année là, le Grand'Père de nos
15 deux amis, Mr Lescorbeau, avait eut de longs entretiens
avec mon Père // au sujet de l'installation d'une ligne
téléphonique qui nous donnerait l'avantage si précieux
d'un téléphone à Domicile. Il faut dabord le demander,
faire application disait Mr Lescorbeau, Qui ne demande
20 Rien ne reçoit Rien...................................

Mon père contactât les cultivateurs des fermes
environnantes leur démontrant les avantages du téléphone,
et que ça serait [108] de plus un bon moyen de faire honneur au
progres. La réponse fut catégorique. Non! Non! et Non...
25 répondirent-ils. Les obligations de la survie de nos

---

2   A Adieu à l'école... Entrée au Cou-
    vent.] *ajouté ultérieurement en rouge au*
    haut de la page 54
4   B et] *om.*
5   A Blandine] *transcrit dans la marge de*
    gauche vis-à-vis de Lorraine *raturé*
6   A Blandine] *en interligne au-dessus de*
    Lorraine *raturé*
7   B forgée] forgé
8-12 B nos voisins. Tant qu'à Fernande
    (...) et y ecouter] nos voisins. Fer-
    nande s'arrêtait chez nous et partageait
    avec moi la collation du soir et nous
    montions dans la chambre de
    Grand'Mère pour y écouter
15 A Lescorbeau] *en interligne au-dessus de*
    X *raturé*
    B deux amis, Mr Lescorbeau, avait]
    deux amies avaient
19 A Lescorbeau] *en interligne au-dessus de*
    X *raturé*

nombreuses familles et nos moyens financiers très limités
ne nous permettent pas cette dépense. Cependant Mr Lescorbeau
et mon père, avec l'assentiment de couvrir les dépenses
exigées pour cette installation dispendieuse[109] eurent gain
30 de cause. Le téléphone existait au village Mais du Côté
[o]pposé, dans les fermes Séparées du village par la
Rivière // Batiscan, Mr Lescorbeau et mon père furent les   [56]
seuls à posséder un appareil téléphonique. Quelle Joie!!!
et surtout Quelle U[t]ilité!!!..........................
35   Dans la Grande cuisine Grand'Mère nous attendait
avec la collation qu'elle nous avait préparée. Elle donnait
à chacun et à chacune une tartine la Grandeur du pain[110] Ganie[111]
d'une épaisse couche de crème douce, soupoudrée[112] d'une
généreuse portion de sucre d'Erable confectionné à notre
40 Erabellière[113]. C'était simplement delicieux. La voix de
Grand'Mère s'élevait alors :
        Allons mes enfants, j'ai arrêté mon Rouet et suis
descendue, exprès pour vous préparer cette collation, Il
faut remonter vite à ma chambre avec vos tartines, car le
45 temps est trop précieux pour le perdre. Nous n'en avons
pas le droit. Fernande en nous sui-//vant mordait à belles   [57]
dents dans sa tartine, disant qu'elle n'avait jamais
mangé rien de si bon. Un Grand tuyau du plancher de parquet
de la chambre au plafond[114] donnait à la chambre de Grand'Mère,
50 une chaleur douce et uniforme, qui en faisait la chambre
la plus confortable du Haut. Grand'Mère s'installait à son
Rouet, donnait un tour de main à la grande Roue son pied
battait la cadense sur le marche-pied du Rouet qui
ronronnait doucement. Assis en demi-cercle sur le parquet

---

27 *A* Lescorbeau] *en interligne au-dessus de*
X *raturé*
29 *B* pour cette installation dispen-
dieuse] *om.*
31 *A* [o]pposé] apposé : *corr. d'après B*
32 *A* Lescorbeau] *en interligne au-dessus de*
X *raturé*
B Batiscan, Mr Lescorbeau et mon
père furent les seuls] Batiscan nous
fûmes nos voisins et nous les seuls
34 *A* U[t]ilité] Ulité : *le premier* t *a été
corrigé en* 1 *par surcharge*

37 *B* Ganie] garnie
38 *B* soupoudrée] saupoudrée
40 *B* C'était simplement] c'était tout
simplement
43 *B* cette collation] ce goûter
45 *B* en] *en interligne au-dessus de* n' *et*
avons
46 *B* Fernande en nous suivant mordait]
Fernande nous suivait en mordant
48 *B* tuyau du plancher] tuyau de
plancher
A de parquet] de *en surcharge à* du

55 nous réclamions à grands cris Un conte!!! un conte!!! un
conte Elle se gourmait, hum!! hum!!! Mais quel conte
voulez-vous que je vous raconte?..... À L'unisson, mes
frères, Fernande et moi répondions
    « La Montagne E[n]chantée »[115]

60 Alors.... Silence mes enfants. Et de sa belle voix aux
intonnations // profondes elle racontait ce conte (« Il   [58]
était une fois... ») qui nous transportait dans un monde
féerique, irréel où il était question de Dragon, de montagne
enchantée avec Source qui coulait l'Or pur[116] en place d'eau,
65 de pommiers à pomme d'argent et d'oiseaux parlants. Mes
frères engourdis par la douce chaleur de la pièce
s'endormaient sur la fin du conte. Mais Fernande et moi,
les yeux Brillants ne manquaient[117] pas une parole. La voix
de ma Mère se faisait alors entendre!

70   Grand'Mère, les enfants, descendez le souper est
servit. Entre temps les parents de mon amie avaient
téléphoné pour lui demander de se préparer Un domestique
venait la chercher avec le poney à la crinière Blonde. Et
ainsi chaque soir c'était un nouveau conte.... Richard le
75 Cordonnier, Aladin // ou la lampe merveilleuse   [59]
    « Rends-moi mon Bonnet Carré »
    Tit Poucet ... Peau d'Ane etc etc... Barbe Bleue[118] etc
etc et les semaines se succédaient avec cinq jours bien

55-56 *B* cris Un conte!!! un
    conte Elle] cris un conte! un conte elle
59   *A* E[n]chantée] Echantée : *corr. d'après*
    B
65   *B* pomme] pommes
    B parlants. Mes] parlants etc... etc...
    Mes
74   *B* ainsi] *om.*
76   *B* Rends-moi] rendez-moi
77   *B* Tit Poucet...] *om.*
    B Peau d'Ane etc etc... Barbe] Peau
    d'Anne Barbe
77-78 *A* Barbe Bleue etc etc] *ajouté ulté-
    rieurement en surcharge à une série de points
    de suspension*
    B Un soir ajouté en interligne au-dessus
    de etc... etc. et Lucienda ajouté dans la
    marge de gauche de la page 43, à laquelle*

*sont fixés par un trombone cinq feuillets dont
le premier porte au recto la note suivante :*
Un soir Lucienda fut appellé à remplacer Grand'Mère qui avait dû S'ab-
senter pour quelques heures. Après
nous avoir distribué notre goûter habituel ma sœur nous demanda de la
Suivre dans la chambre de Grand'Mère
ayant disait-elle un conte nouveau à
nous raconter
    Ce conte est intitulé
    « Rends moi mon bonnet carré »
Filles et garçons se rangèrent en
cercle par terre pour écouter ce conte
que nous n'avions jamais entendu
conté : *Les quatre feuillets suivants donnent, au recto et au verso, le texte de ce conte
qu'on lira à l'*Appendice II (*p.* 200)

remplis pour la Gente ecollière.

80   Lentement l'hiver capitulait sous les rayons d'un
soleil ardent. Et la saison du Renouveau printanier, nous
faisait entrevoir dans un avenir assez rapproché, les
vacances prometteuses de Joie, de Bonheur et de liberté......
La fin de l'année scolaire avait classée Blandine première
85 et moi-même, première de ma classe Gilberte et Fernande,
etaient classées toutes deux les dernières. L'orgœuil de
Gilberte en avait souffert, mais Fernande ne s'en faisait
pas pour si peu. Son rire résonnait Clair et Joyeux. Vois-
tu Miemose me disait-elle je n'aime pas l'étude et il faut
90 une élève pour occupper le dernier rang, autant que ça soit
moi // Les vacances sont arrivées, tout le Bonheur, la joie   *[60]*
qui nous attendent, tu te rends compte?.... Et mon cher
papa que j'aimes tant qui doit venir passer ses vacances
avec nous en mi Juillet[119]. Quelle Joie de le Revoir!!! Vois-
95 tu Miemose je ne partages pas, et surtout Je ne comprends
pas ton amour de l'étude et de l'école. Moi l'étude ça ne me
dit rien. C'est dommage, mais c'est ainsi.

       Grand'Mère avait donné à son Rouet, un repos bien
mérité. Ma Mère avait besoin de son aide pour les travaux
100 ménagers, la ferme était en pleine activité à la venue de
la belle Saison, Nous avions repris les randonnées au
côteaux de Sable doré et à ma Source de prédilection. Avec
la compagnie de Gilberte et de Fernande, nous organisions
chaque jour un pic-nic au rocher Blanc du côté opposé aux
105 coteaux de Sable. // Nous faisions un feu pour cuire les   *[61]*
œufs, et même certain jour nous faisions des Gauffres.
Fernande s'appliquait à les lancer dans l'espace et les
faire retomber dans le poêlon intactes. Alors sa joie
éclatait et elle criait j'aie Réussie.... pendant que dans
110 le lointain l'écho repondait « Réussie... Réussie ».........
Arroser de Sirop d'Erable, ces Gauffres nous parraissaient
délicieuses.
       Le père de nos deux amies, étant arrivé pour ses

---

84   A Blandine] *en interligne au-dessus de*
        Lorraine *raturé*
86   *B* etaient classées toutes deux les]
        étaient toutes deux classées les
89   *B* Miemose] Mimose
94   *B* avec nous] *om.*

95   *B* Miemose] Mimose
100 *B* était] étant
109 *B* criait j'aie Réussie... pendant]
        criait « j'ai réussi... j'ai réussi »
        pendant
113 *B* de nos deux amies, étant] de Fer-
        nande étant

115 vacances, chaque jour, c'était de longues promenades en
cannot sur la Rivière Batiscan. Nous nous arrêtions sur une
île pas très loin de chez nous[120], nous sortions du canot tout
notre attirail de pêche. Silencieux, la pêche à la ligne
commençait dans la longue attente de la capture du poisson
qui ne mordait pas toujours. Quand le soleil descendait à
120 l'Horizon, nous retournions à la ferme, emportant le produit
de notre pêche pour le souper. Les distractions ne manquaient
pas // cœuillette des fraises de champ et plus tard celles   [62]
des pommes de Rainette, des cerises du jardin, le temps
passait trop vite à notre gré. Les vacances s'achevaient Nous
125 n'étions pas retourné chez oncle Achille, et à l'invitation
pressante de tante Annie Grand'Mère avait répondu : Non Annie
pas cet été, le souvenir trop récent du drame de l'été
dernier, assombrirait trop fortement la joie de ce Revoir!!!...
plus tard, oui, plus tard nous organiserons ces rencontres
130 de vacances devenues presque une tradition.—

Et de nouveau, Septembre vit les arbres se parer
de fœuilles aux couleurs les plus variées, un vent automnal
joncha le sol de cette toison Or et Orange,
Le Collège et l'école du village ouvrirent leurs portes à
135 la gente écolière, qui sac au dos, s'acheminait en ce deux
(2) septembre avec un peu de mélancolie vers la reprise
des // Etudes. Gilberte et Blandine étaient toutes deux   [63]
dans la même classe, mais Fernande répétait son année
scolaire précédente, ayant obtenue une trop faible moyenne.
140 Nous fûmes donc séparées pour les heures d'études. Mon amie
restât dans la classe d'en Haut et je descendis dans la
classe d'en Bas. L'institutrice souhaita la Bienvenue aux
nouvelles élèves, nous demandant de bien travailler et de
bien s'appliquer[121] car nous aurions à lutter avec deux élèves
145 très très forte sur toutes les matières[122] et qui de plus avaient
été 1ère et 2eme de la classe alternativement toute l'année.
Je revoyais avec joie, ma petite amie aux heures de récréation,
mais en classe je travaillais avec ardeur, pour, au moins

---

117 *B* pêche. Silencieux, la] pêche silen-
     cieusement la
122 *B* celles] celle
123 *B* de Rainette, des cerises] de rainette
     des groseilles des cerises

137 *A* Blandine] *en interligne au-dessus de*
     Lorraine *raturé*
141 *B* d'en Haut] du haut
142 *B* d'en Bas] du bas
146 *B* 2eme de la classe] deuxième de classe

être sur un pied d'égaleté[123] avec ces deux champignonnes[124] de
150   l'étude.... et bientôt... et y eût trois (3) élèves qui se
disputèrent d'arrache-pied l'honneur du 1er rang se
remplaçant à tour de rôle Il était difficile de dire qui
était la meilleure. À vrai dire nous étions d'égale force
toutes les trois. //
155   Un jour Pamela[125] et Rose-Eva[126] me parlèrent longuement : ...[64]
         Sais-tu Miemose que tu es très forte?...... et
que nous sommes très surprises de tes succès, et surtout que
tu aies obtenue à maintes reprises cette place de 1ère de
classe que nous n'aurions cédé à aucune autre ... sauf à
160   toi...
         Sauf à Moi répondis-je...........................
C'est que voyez-vous moi aussi j'aime l'étude j'aie pour le
moins autant d'ambition, que vous pouvez en avoir toutes
les-deux. Pamela un peu vexée, me lançat ces paroles
165   déconcertantes : « Ô Moi! tu sais, j'étais certaine que le
Bon Dieu accordait beaucoup plus de talent, et d'aptitudes
intélectuelles aux enfants des villes et des villages, et
que les enfants de la campagne étaient moins favorisés sous
ce rapport. Voilà j'allais[127] répondre assez sèchement, je n'en
170   eue pas le temps L'intitutrice qui avait entendu la
remarque de Pamela se joignit à // nous. Mes chers enfants   [65]
dit-elle en regardant Pamela, vous faites une magistrale
erreur en croyant que les enfants des villes et des villages
sont plus favorisés au point de vue Intelligence talents,
175   aptitudes à l'étude etc etc... que les enfants de la
campagne. N'oubliez pas, Rose-Eva et Pamela, que Miemose
a deux ans de moins que vous, et cependant, je ne crois
pas me tromper en vous disant, qu'elle sera acceptée pour
marcher un mois au Catéchisme[128] en préparation de sa communion
180   solennelle[129]. La cloche sonnait la fin de la récréation. Nous
prîmes nos rangs en silence, mais Pamela eût le temps de me
souffler à l'oreille d'une voix que la colère faisait
trembler :
         « Ne sois pas si sûre de toi Miemose. Avant d'être

---

153   *B* étions d'égale force toutes les trois]
         étions toutes trois d'égale force
155   *B* Pamela et Rose-Eva] Rose-Eva et
         Pamela
169   *A* Voilà] *ajouté ultérieurement entre*

rapport *et* j'allais
B rapport. Voilà j'allais] rapport
voilà! j'allais
176   *B* Miemose] Mimose
184   *B* Miemose] Mimose

185   accepté tu auras à passer l'examin de M^r le Vicaire et tu
sais s'il est Sévère, Ah Non! Crois-moi, tu n'as pas encore
gagné la partie. je haussai les épaules : Sait-on jamais?...
« *Qui Vivra Verra* »... // Environ un mois après cet entretien   [66]
la classe de l'après-midi venait de commencer. L'institutrice
190   demanda aux grandes de se placer en rang devant son pupitre.
Nous nous levâmes notre Division comptait 12 élèves. Cette
fois Pamela était la 1ere Rose-Eva la troisième et j'étais
la deuxième. Les autres Suivaient. Notre institutrice posait
les questions et nous devions répondre correctement. Elle
195   nous regardât longuement et nous dit : La question que je
vais vous poser, j'aie Souvenance de vous l'avoir déja posée
au debut de l'année scolaire. (Nous etions au mois de mai).
j'espère que vous n'avez pas oublié la Réponse
      Pamela fût la 1ere interrogée

200   « Où aura lieu le Jugement dernier »?................

La consternation se peignit sur le visage de Pamela, elle
demeura muette, pendant qu'une rougeur subite, enflammait
ses joues. // Allons Pamela, faut-il que je vous répète la   [67]
question? Elle murmura Je ne sais pas....... Et vous
205   Miemose?, je baissai la tête et repondis : je ne sais pas
moi non plus, je ne me souviens pas.
Alors Rose-Eva?...
Moi non plus je ne sais pas.
l'une après l'autre la question fût posée à onze éleves.
210   Quand l'institutrice interrogeât la 12ème élève, Marie-
France[130] celle qui à l'année longue, occuppait la dernière
place elle répondit d'une voix Basse mais distingue :
      « : Le dernier Jugement aura lieu
      Dans la Vallée de Josaphat[131] : »
215   Très bien Marie-France, passez la 1ère de la classe.
Quelle humiliation pour nous..... Pamela et Rose-Eva
éclatèrent en sanglots. À force de volonte et aussi
d'orgœuil, je parvins à retenir les larmes prê[t]es à

---

189   *B* L'institutrice] l'intitutrice
192-193 *B* la 1ere Rose-Eva la troisième et
        j'étais la deuxième. Les] la première,
        j'étais la deuxième et Rose-Eva la
        troisième les
197   *B* (Nous etions au mois de mai).] *om.*

198   *A* Réponse] Ré *en surcharge à* qu
      <= question [*?*]>
199   *B* 1^{ʳᵉ}] première
205   *B* Miemose] Mimose
218   *A* prê[t]es] prêles : *corr. d'après B*

Jaillir L'institutrice félicita chaleureusement Marie-
220 France, la Seule qui avait su se souvenir de la bonne
réponse et qui toute gênée, nous dépassant toutes, allait //
occupper la 1ere place. Marie-France était une élève de la   [68]
campagne. Le mois de mai s'achevait et la visite de M^r le
Vicaire[132] pour l'examin de Catéchiste[133] était annoncée pour
225 le 30. Tout ce mois, mon gros catéchiste sous le Bras,
j'étudiais avec ardeur. Le grand jour arriva enfin L'abbé
Girard nous dit Bonjour avec un large sourire, nous nous
levâmes avec respect. Asseyez-vous, mes enfants je suis
très heureux de vous rencontrer pour vous préparer à la
230 chose la plus importante de votre vie, votre communion
Solennelle. Je désires vivement, que toutes, vous passiez
avec Succès l'examin du Catéchiste que je vais vous faire
subir tantôt, et n'oubliez pas que les élèves méritantes[134] et
de l'examin et du mois de préparation qui suivra, seront
235 admises au Couvent[135] en Septembre prochain, les Religieuses,
Filles de Jesus, exigent la communion Solennelle pour l'entrée
au Couvent // L'entrée au Couvent… le Rêve de ma vie!!!   [69]
Les questions commencèrent aussitôt, les réponses venaient
assez rapidement, quelquefois hésitantes et parfois l'élève
240 interrogée ne trouvait pas un mot à répondre. Alors M^r le
vicaire s'adressait à moi, et je repondais sans hésiter à
toutes les questions et aussi pour celles qui ne savaient
pas. j'avais une connaissance approfondie de mon catéchiste,
Pamela et Rose-Eva aussi d'ailleurs, elles avaient répondu
245 correctement à toutes les questions Deux élèves seulement
avaient échouées. L'abbé Girard les accepta quand même à
cause de leur âge assez avancé leur donnant en même temps
la chance de se reprendre dans le mois de préparation qui
avait nom : « marcher au catéchiste ». Quel âge as-tu me
250 demanda l'Abbé Girard?… je repondis que j'avais eue 9
ans le 24 de même mois. Tu es la plus jeune de toutes les
élèves admises. te sens-tu de force de tenter l'épreuve?
je regardai l'institutrice qui me souriait // Oui   [70]
répondis-je avec fermeté je ferai tout mon possible pour
255 toujours savoir mon catéchiste. Alors c'est bien

---

221   B qui] i *en surcharge à* e   226   A L'abbé] L *en surcharge à* N [?]
222   B était] é *en surcharge à* o   251   B 24 de même mois] 24 du même
225   B gros] *om.*   mois

l'ouverture du cours de Catéchiste aura lieu le 3 juin de
10 heures à midi, et de une heure à 3 heures tous les jours,
excepté le Samedi et le Dimanche. J'étais au septieme Siècle[136]
j'avais été accepté et j'avais passé l'examin avec succès.
260 Je me joignis à Pamela et Rose-Eva qui s'étaient rapprochées
de moi, depuis l'aventure de Marie-France. Nous avions subies
un échec humiliant nous trois, et cette fois Mademoiselle
Sait tout comme on se plaisait à me nommer parfois n'avait
pas su....... Nous etions devenues trois bonnes amies. Au
265 cour de cette année scolaire, Fernande avait obtenu de ses
parents la permission d'arrêter[137] chez nous, deux jours par
semaine, le Mardi et le Jeudi. Avec nos tartines de Crème
et de Sucre d'Erable // nous montions toutes deux à la   [71]
chambre de Grand'Mère. Nous avions grandis et Grand'Mère
270 nous avait raconté à peu pres tous les contes qu'elle savait.
Alors elle remplaça, cette année là les contes par des chansons,
     Grand'Mère avait une très belle voix, et elle trouva
en nous, deux auditrices très intéressées, et fort
impressionnables. Les garçons avaient décidés, que puisque
275 Grand'Mère ne racontait plus de contes (les chansons les
intéressant moins) d'aller jouer au grand air, libres de
toute entrave.
     Je vais vous chanter mes petites filles une chanson
Vérédique, quelque chose comme un fait vécu. Mais pour que
280 vous en compreniez bien le sens, je vais tout dabord vous
raconter son histoire. La chanson porte le nom de :
               « Complainte de Cadieux »[138]...
Et cette chanson a été écrite par Cadieux lui-même, sur une
écorce de Bouleau. Or Voici :..... //
285 Cadieux et sa famille, habitait un endroit, sur les Bords   [72]
de la Rivière Outaouis[139], appelé « Petit Rocher »[140]. Durant l'été,
il traitait avec les sauvages, pour le compte des marchands
de Montréal, et l'hiver il faisait la chasse, et aussi la
pêche, pour Subvenir aux besoins de sa famille, Mais à cet
290 epoque l'ennemi juré du peuple était les Iroquois. Un jour,

---

257 B une heure] 1 heure
262 B humiliant] humilliant *corrigé en*
     humiliant *après rature du premier* 1
264 A amies. Au cour] amies. Cette (*ce*
     mot raturé) Au cour

B amies] *après ce mot* B *va à la ligne et*
transcrit ici le passage correspondant à A
384-400 (*voir infra p.* 74-75)
271 B des chansons] les chansons
288 A la pêche] a *de la en surcharge à* e

un jeune indien, arrivât en courant, disant les Iroquois
sont à trois milles En grande Hâte, les Habitants de la
petite Bourgarde remplirent les canots d'écorce de provisions
et de munitions, et eux mêmes Femmes, hommes et enfants
295 S'embarquèrent dans les canots afin de fuir les Iroquois.
Cadieux et un jeune indien demeurèrent en arrière, afin de
retarder les Iroquois. Pendant trois jours Cadieux se sauvât
des Iroquois[141]. Le jeune Indien qui l'accompagnait fût tué.
Tous avaient fait le trajet sur la Rivière Outaouis // et   [73]
300 avaient sautés les rapides des (7) sept chutes. Cadieux se
cachait dans les Bois, et se nourrissait de fruits
sauvages et de racines, de peur que les iroquois voient
la Boucanne[142] de son feu. Après treize (13) jours de navigation,
les familles Sauvages étaient rendues au port saines et
305 Saufs[143]. Et voilà, en grandes lignes l'histoire de Cadieux,
et maintenant mes enfants, écoutez bien la Complainte de
Cadieux! Et de sa belle voix, au doux ronronnement du
Rouet qui l'accompagnait en Sourdine, elle entonnât le
1er couplet :...

310   Petit Rocher de la Haute Montagne
           Je viens finir ici cette campagne.
           Ah! Doux échos, entendez mes soupirs
           En languissant je vais Bientôt mourir

           Petits oiseaux vos douces Harmonies
315   Quand vous chantez me rattachent à la vie
           Ah! Si j'avais des ailes comme vous.
           je s'rais heureux avant qu'il fût deux jours. //

           Seul dans ces Bois, que j'ai eu des Soucis   [74]
           Pensant toujours à mes si chers amis
320   je demandais, Hélas! sont-il noyés

---

299   A fait le] *raturé au bas de la page* 72 *et*   Chapitre (6) (Suite).
      retranscrit au bas de la troisième page de   300   B sept] s *en surcharge à* 7 *raturé*
      couverture dans le prolongement de Tous   304   B port] fort
      avaient   306   A la Complainte] a *de* la *en surcharge*
      A fait le trajet sur la Rivière Ou-   *à* e
      taouis] *transcrit au bas de la troisième page* 310   B *numérote chacun des couplets en chiffres*
      de couverture et repris, avec un s *à* fait, *au*   *arabes*
      haut de la page 73 (*début du deuxième*   316   A j'avais des ailes] j'avais comme vous
      cahier), *après l'indication suivante* :   (*ces deux mots raturés et mis entre paren-*
           Adieu à l'école, entree au Couvent   *thèses*) des ailes

Les Iroquois les auraient-ils tués.

Un de ces jours que m'étant éloigné
En Revenant je vis une fumée.
je me suis dit Ah Grand Dieu qu'est ce ceci[144]?
325   Les Iroquois m'ont-ils pris mon logis.

Je me suis mis, un peu en embuscade
Afin de voir si c'était un Ambassade[145]
Alors je vis, trois visages français
M'ont mis le cœur, d'une trop grande Joie

330   Mes genoux plient ma faible voix s'arrête.
Je tombe Hélas, à partir ils s'apprêtent
Je reste seul, pas un qui me console
Quand la mort vient par un si grand Désole[146].

Un loup hurlant vint près de ma cabane.
335   Voir si mon feu, n'avait plus de Boucanne
Je lui ai dit, Retire-toi d'Ici.
Car par ma foi, je perc'rai tes Habits[147] //

Un noir Corbeau, voltigeant[148] à l'aventure   [75]
Vint[149] se percher, tout près de ma toiture
340   Je lui ai dit, mangeur de chair humaine
Va t'en chercher, autre viande que mienne.

Va-t'en là-Bas, dans ces bois et marais.
Tu trouveras, plusieurs corps Iroquois
Tu trouveras des chairs aussi des os
345   Va t'en plus loin laisse-moi en repos.

Rossignolet, va dire à ma maîtresse
À mes enfants qu'un adieu je leur laisse
Que j'ai gardé, mon amour et ma foi.
Et désormais faut Renoncer à moi.

350   C'est donc ici, que le monde[150] m'abandonne
Mais j'ai recours, en vous ô Sauveur[151] des Hommes
Très Sainte Vierge, ô[152] m'abandonnez pas
Permettez-moi d'mourir entre vos Bras.

....

322   *A* Un de ces] Un des ces : *corr. d'après*   *B* perc'rai] percrai
     B   *A* tes] *en surcharge à* ton [?]
337   *A* perc'rai] *en surcharge à* percerai   351   *B* ô] om.

355   Deux jours plus tard, en cherchant dans les Bois,
Les trois Canadiens, virent une chose étrange Une fosse,
à peine creusée, et au dedans, le corps encore frais de
Cadieux Ses mains étaient croisées sur sa poitrine et
tenaient une écorse de Bouleau // Voici ce qui était   [76]
360 arrive, Cadieux, après avoir vu les trois Français,
s'était découragé. Faible et désespéré, il comprit que
la mort ne tarderait pas à venir Alors il préparât sa
sépulture, il creusa une fosse peu profonde, avec ses
mains, il planta une croix à la tête, ensuite il écrevit sa
365 dernière complainte. Il se coucha dans sa tombe et S'Habrilla[153]
de Branches et de feuilles mortes. Certains ont prétendus,
que Cadieux ne savait pas écrire, mais comme tous les
voyageurs intrépides de son temps, Cadieux sans être très
instruit, savait écrire. D'ailleurs, à cet époque, c'était
370 la coutume pour les voyageurs de composer et de chanter des
chansons durant leur long trajet en Canot
et voilà..

    Grand'Mère se tût, et deux petites filles éplorées,
secouées de sanglots s'abattirent sur ses genoux ô Grand'Mère,
375 comme elle est triste l'Histoire de Cadieux; et surtout
d'ajouter Fernande que c'est vraiment arrivé, un fait Vrai
de Vrai. Mais oui, cette Histoire est tout ce qu'il y a de
plus vrai Hélas!!!, Mais allons, allons mes petites filles //
Il ne faut pas pleurer comme cela, Demain soir, je vous   [77]
380 chanterai une joyeuse chanson, qui vous fera rire et
vous donnera envie de danser. Fernande, essuyant ses yeux,
son rire clair et cristallin, résonna dans la chambre de
Grand'Mère..
    Le mois de préparation à la communion solennelle
385 (Marcher au Catéchisme) S'achevait, et le dernier jour l'Abbé
Girard me décernait le diplôme d'Honneur pour les filles; et
chez les garçons, ce diplôme fût décerné à Philippe[154] neuf (9)
ans comme moi[155]. Il était de taille si petite, que cette

---

366   *B* Certains] Certain
372   *A* et voilà] *ajouté ultérieurement en*
     surcharge aux premiers points de suspension
     B et voilà] *om.*
381   *B* envie de danser] envie de rire et (*ces*
     deux mots mis entre parenthèses) dancer
384-400 *B* Le mois de préparation (...)

amitié Réciproque] *passage déplacé et*
situé après Nous etions devenues trois
bonnes amies (*voir supra, A* 264,
p. 71)
385   *B* (Marcher au Catéchisme)] *om.*
387   *B* Philippe neuf (9) ans] phélippe 9
    ans

année là, au collège, dans une pièce de Théâtre, il avait
390 été choisi, pour remplir le rôle du « Petit Poucet » —
    En ce jour mémorable qui m'ouvrait toutes grandes
les portes du Couvent en Septembre prochain je me rendis
à l'école, rendre vésite à mon Institutrice[156], lui faire
part de mes succès en catéchisme, et lui faire mes adieux.
395 Elle Habitait au dernier étage de l'école avec sa Mère, et
me reçût avec Bonté. ô Miemose, me dit-elle tu me rends
bien heureuse, et tu me donnes aujourd'hui une très grande
Joie. Sois bonne et intéressée à l'étude // comme tu l'as   [78]
toujours été. Je te donnes en Souvenir, ce Bracelet d'Or,
400 Porte-le il est le gage de notre amitié Réciproque

Note.
L'histoire de Cadieux m'a été racontée mot pour mot, telle
que décrite dans le chapitre -6-VI. par ma très Chère
405 Grand'Mère. Elle est authentique, et Veridique me disait-
elle. j'ignore si il s'y est glissés quelques erreurs et
si la chanson (Complainte) est exacte.
    j'aie transmis à mes enfants cette histoire de
Cadieux qui m'avait si fort impressionnée lorsque j'étais
410 enfant.
.... Miemose ....

---

389 B dans une pièce de Théâtre] *om.*
390 B rôle du] rôle de
393 B mon Institutrice, lui] mon insti-
     tutrice pour lui
396 B Miemose] Mimose
400 B Porte-le] *om.*
     A Réciproque] *ajouté ultérieurement*
     B Réciproque] *après ce mot, B va à la
     ligne et écrit :* Chapitre 7. — Fin de
     vacance endœuillée.
        Au cours de cette années scolaire
     (...) (*voir supra,* A 264, *p.* 71)

404 B dans le] *répété*
     B chapitre -6-VI. par] chapitre 7 par
405 B Veridique] vérédique
407 B la chanson (Complainte) est] la
     complainte est
408-410 B j'aie transmis (...) enfant] j'ai à
     maintes reprises chanté cette chanson
     à mes enfants et je déplores de ne
     pouvoir reproduire ici les notes mu-
     sicales qui la compose.
411 B ....Miemose.......] -Mimose-
     Marie-Rose Girard —

Chapitre VII (7)
.- Fin de vacance endœuillée[157]. -.

ET DE NOUVEAU les Vacances, si ardamment désirées,
nous ouvrirent bien grandes, les portes de la liberté, des
5   ébats à l'air pur et vévifiant de nos montagnes. En ce début
de Juillet le père de Fernande avait obtenu ses vacances
plus tôt, et ce fût, pour mon amie et moi des jours
merveilleux de Joie et de Bonheur : Promenades en canot,
pêche à la ligne Jeux variés, Fernande était d'une activité
10 debordante, et d'une Gaieté folle. Son père l'idôlatrait,
et ma petite amie, aimait son père de toute la force de
son cœur aimant
        Après le départ de ce dernier, nous reprîmes
l'ascension des coteaux de sable, le chemin de la source,
15 Chaque jour, entre midi et une heure, nous organisions un
pic-nic, c'est-à-dire le déjeuner sur le Rocher Blanc. Des
œufs frais de la ferme, des pommes de terre des Radis du
jardin, des petits oignons vert des morceaux de poulet de
notre poulailler Nous faisions cuir[158] le tout sur un feu
20 de Braises ardentes, dans un foyer que nous avions construit
nous même avec les pierres de formes variées, éparpillées,
pele-mêle autour du Rocher Blanc. Et pour dessert Pain de
Ménage, Sucre d'Erable Haché fin // et une jatte de crème   [80]
douce. Et tous ces aliments delicieux nous venaient de
25 notre ferme et de l'Erablière..........................
        Un soir en descendant les coteaux, une odeur
parfumée, nous Chatouilla agréablement les narrines. ô Que
ça sent bon me dit Fernande!!! Mais Qu'est-ce que cela?...
        ô c'est Grand'Mère, lui répondis-je qui fait cuir

1-2   *B déplace ces indications et les situe im-*   coutume et ce fut
      médiatement avant Au cours de cette   14   *B* de sable, le chemin] de sable et le
      année scolaire (…) (*voir supra, A*   chemin
      Chapitre VI, 264, *p.* 7 1), *qui marque,*   17-18 *B* Radis du jardin] radis de notre
      pour B, le début du Chapitre 7   jardin
7   *B* plus tôt, et ce fût] plus tôt que de 29   *B* ô] *om.*

30   le pain de Ménage dans le Grand four que Grand Père[159] a
construit avec des pierres et de l'argile Viens voir,
Nous entrâmes, Grand'Mère le visage enflammé, par la
température de la pièce surchauffée, s'apprêtait justement,
à sortir le pain du four avec une Grande palette de Bois

35   Blanc. On cuisait vingt-quatre gros pains de ménage à la
fois, dans ce four et même à l'occasion il y avait place
pour un Grand Chaudron de fèves au lard et un Rôti de
lard frais.
       ô Grand'Mère?... s'ecriat Fernande laissez-moi

40   essayer de sortir le pain moi-même? je vous en prie?
Grand'Mère en nous surveillant acquissât[160] pour la sortie
du four de quatre Pains chacune, et le reste, elle s'en
chargeât. ô Regardes me dit Fernande, Ce pain qui sent si
bon est tout doré. // et à moi, il me donne une faim de   [81]

45   loup. Et à moi aussi, Rien qu'à le sentir j'en ai le
Goût. Grand'Mère avec un gros pain Chaud se dirigeait vers
la cuisine d'été, nous la suivîmes. Alors avec le grand
couteau, elle nous tranchât, une épaisse tartine, mais
sur les tartines, en place de[161] crème et de Sucre d'Erable,

50   ce fût cette fois du Bon beurre frais que ma mère faisait
avec la crème sûrit juste à point......................
ô Que c'est bon, disait Fernande en fermant les yeux, et
en claquant sa langue en signe de satisfaction gourmande.
       Dans la cour, le domestique de la ferme voisine,

55   et le Poney à la crinière Blonde attendaient Fernande.
       Bonsoir Miemose... Bonsoir Fernande! À Demain!!!
Accoudée à la clôture de perches, en bordure de la Rivière,
j'écoutais decroître lentement le bruit des sabots ferrés
du Poney Blond, pendant que le crépescule noyait d'ombre,

60   les êtres et les choses...............................
       Gilberte et Blandine, devenaient deux Grandes filles
sérieuses. Blandine, élève du Couvent se préparait à la
prochaine rentrée a obtenir le diplôme Académique qui

---

35   B vingt-quatre] 24
38   B lard] porc
42   A quatre] (*en rouge*) *en surcharge à*
       chaque *et surmonté du chiffre* 4 (*en rouge*
       également)
       B quatre] 4
56   B Miemose] Mimose

61   A Blandine] *en interligne au-dessus de*
       Lorraine
       B Gilberte et Blandine] Blandine et
       Gilberte
62   A Blandine] *en interligne au-dessus de*
       Lorraine

etait le plus haut dégré que nos bonnes religieuses
65 enseignaient à cette époque. // Gilberte avec un niveau
d'études de deux années plus basses que [Blandine] était
aussi élève du Couvent.

   Les jours s'ecoulaient rapidement en cette fin de
Juillet. Fernande ne venait plus tous les jours chez nous.
70 Je me rendis chez elle, mais ma petite amie était pâle, et
toujours fatiguée. Bref, ce n'était plus l'enfant Joyeuse
et pleine d'entrain que j'avais connu.

   Mais Qu'as-tu donc Fernande?....................
Serais-tu malade?...................................
75   Invariablement elle me repondait :

   Je ne sais pas... je suis si fatiguée et j'ai toujours
mal à la tête. Ses parents mandèrent le médécin qui, apres un
serieux examin se montra assez inquiet de l'etat deprimé de
ma petite amie et lui ordonna de garder le lit. Une forte
80 fièvre se déclara. Fernande oppressée, les yeux Hagards
delirait et ne reconnaissait plus personne, Le médécin
voyageait tous les jours, luttant âprement contre cette fièvre,
qui, en dépit des médicaments et des ordonnances rigoureusement
observés ne baissait pas. Le médécin me permit de la voir de
85 loin, car, disait-il c'était con[t]agieux J'eus peine à
la reconnaître. //
Elle répétait sans cesse... j'aie chaud. j'aie soif...
Papa... Miemose où êtes-vous?....

   Le dixième jour, un Samedi Soir, le timbre de la

[82]

[83]

---

64   B haut] h *en surcharge au* a
      B religieuses] sœurs
66   A [Blandine]] Lorraine
70   B rendis] rendais
84   B baissait pas. Le médécin] baissait
      pas. Un jour n'y tenant plus je me
      rendis chez nos voisins le médécin
85   A con[t]agieux] conlagieux : *corr.*
      d'après B
88   B Miemose] Mimose
89   A Le dixième jour, un Samedi Soir (*ce*
      dernier mot en interligne), le] *raturé ul-*
      térieurement (*sans doute au moment où*
      l'auteur préparait la version B [*voir ci-*
      après]) *et remplacé dans la marge par* Le
      10ème jour/ Le Samedi matin a (*ce mot*
      raturé) le (*immédiatement à gauche de*

timbre de la porte) / 9 heures
B Le dixième jour, un Samedi Soir,
le timbre] Le 10ème jour un samedi
matin vers 9 heures Le prêtre le sacristain et un enfant de Chœur passèrent en voiture sur le côté opposé du
village avec le Bon Dieu à chaque
maison l'enfant de Chœur sonnait une
clochette d'argent les femmes les
hommes et les enfants sortaient sur les
galeries agenouillés le front courbé une
prière s'élévait pour l'âme chrétienne
qui recevrait le sacrement d'Extrême
Onction et qui dans quelques heures
peut-être aurait quitté le monde pour
entrer dans l'éternité bienheureuse....
et l'âme de cette amie de mes neuf ans

90   porte d'entrée résonnat dans le silence…. C'était M^r
     Lescorbeau qui venait nous annoncer que Fernande venait de
     mourir et il demandait à ma mère de bien vouloir venir
     rendre les derniers services de l'ensevelissement à leur
     petite fille chérie. Chemin faisant, il dit à Ma Mère, que
95   son père[162] avertit par un télégramme était arrivé la
     veille…………………………………………
          Le lendemain, le cœur broyé de chagrin mes parents
     me conduisirent chez nos voisins. Le domestique nous ouvrit
     les Grandes portes de fer forgé. Nous marchions en Silence
100 dans l'allée bordée de chaque côté de magnifiques saules
     pleureurs, et nous gravîmes le grand escalier qui nous
     conduit au deuxième étage. À la porte d'entrée, se balançait
     doucement au gré d'une bise[163] légère, un voile de crêpe noir.
     Nous entrâmes Fernande était exposée dans le grand salon.
105 Les lourdes portières de velours vert foncé et les persiennes
     fermées. laissaient la piéce dans une douce pénombre. Seuls
     les cierges allumés éclairaient ma petite amie, qui, parée
     des vêtements // Blancs de sa première communion, les mains   [84]
     jointes sur son Chapelet Blanc était belle comme un Ange.
110 Ses longs Cheveux Blonds, tombaient en cascade sur ses
     frêles épaules. À genoux sur le prie-Dieu, je pleurais de
     tout mon cœur, cette amie de mon enfance, qui avait partagé
     mes joies et mes peines et avait reçue mes confidences les
     plus intimes.
115   Deux semaines plus tard, la terrible maladie qui
     avait emportée Fernande, terrassait Gilberte à son tour
     Cette fois le médécin élut domicile chez nos voisins. La
     même fievre maligne, torturait Gilberte, elle delirait se
     debattait sans cesse contre des fantômes imaginaires. ô

était celle de Fernande ô mon Dieu!!!
.. allait-elle donc mourir si jeune
comme Charles?… toute la journée le
cœur serré comme dans un étau ma
pensée ne quitta pas Fernande et
quand le soir de ce jour descendit sur
la terre j'entrai dans la chambre de
Grand'Mère je m'agenouillai à ses
côtés pour réciter la prière du soir.
Prions avec ferveur Mimose me dit-
elle pour que le Bon Dieu accorde espoir et résignation à nos voisins

quo[i]qu'il advienne ta petite amie est
bien malade et je crois que seul un
miracle peut la sauver. L'horloge
égrèna les douze coups de minuit et le
timbre

90   B C'était Mr Lescorbeau] C'était le
     Grand'Pere Monsieur Lescorbeau
91   A Lescorbeau] *en interligne au-dessus de*
     X
107-108 A parée des vêtements] parée de
     (*corrigé en* des) *ses* (*raturé*) vêtements
119 B ô] oh!

79

120   Non!! disait le médécin, Grand ami de la famille ce n'est
      pas possible, coûte que coûte je serai le plus fort, et je
      vainquerai[164] ce mal terrible. Mais Hélas!!!.. Le neuvième
      jour, la fièvre tombât.... Gilberte, les yeux Hagards,
      les narrines pincées comme celles d'une mourante Halletait,
125   le spectre de la mort se dressait devant elle : Le médécin,
      la tête dans ses mains, semblait désespéré Gilberte! me
      reconnais-tu?...
      Oui docteur, mais allez vite je vous prie chercher maman,
      Grand'papa Grand'//Maman, cousine[165], vite le temps presse,   [85]
130   je vais aller rejoindre Fernande et je veux leur faire
      mes adieux. Tous en silence, entourèrent le lit de la
      moribonde. Alors dans un sursaut d'énergie, elle demanda
      de l'asseoir[166] avec les oreillers de dentelles dans son dos...
      Sa voix saccadée resonnat... vite vite disait-elle et à
135   chacune et chacun elle donna la main et un baiser d'adieu...
      Quand sa mère se penchat sur elle, l'Enfant agonisait... ce
      fût la fin. Sa mère lui ferma les yeux
            Ainsi, dans l'intervalle de trente jours, La mort
      avait fauché deux jeunes filles au printemps de la vie.................
140   Le désespoir de la Mère, faisait mal à voir. ô
      Pourquoi Mon Dieu?... Pourquoi? Me les avoir enlevées toutes
      les deux. Que vais-je devenir?.....
            Il ne m'est plus possible maintenant d'avoir d'autres
      enfants.... je devais[167] comprendre que plus tard, ces paroles
145   désespérées : « Il ne m'est plus possible maintenant d'avoir
      d'autres enfants ». Sur la demande de la Mère de Fernande je
      porteai des vêtements de dœuil six mois.

---

123   *B* Gilberte] *om.*
124   *B* mourante Halletait, le spectre]
      mourante elle haletait le prêtre mandé
      en hâte franchit le seuil de cette mai-
      son pour administrer à Gilberte le
      sacrement des mourants le spectre
125-135 *A addition griffonnée dans la marge
      (sans doute au moment où l'auteur pré-
      parait la version B [voir ci-dessus]) :* le
      prêtre / mandé / en hâte / franchit / le
      sœuil de cette / [85] maison / pour
      la / 2ᵉᵐᵉ fois / pour y / administrer / le
      Sacre / ment / d'extrême (*raturé*) /
      onction (*raturé*) / des / mourants.

126   *B* semblait désespéré] semblaient
      désespérés
128   *B* je vous prie] *om.*
129   *B* Grand'papa] Grand'Père
      B cousine, vite le temps] cousine
      Antoinette le temps
133   *B* dentelles] dentelle
134   *B* saccadée] saccadé
135   *B* et chacun] et à chacun
146   *A* de la Mère] Mère *en interligne au-
      dessus de* demande *raturé*
147   *B* porteai [?]] portai
      B dœuil six mois] deuil durant six
      mois

Un autre évenement, en cette fin de vacances devait
assombrir mes dix ans et atténuer la joie de ma première
150   année de couvent dont l'ouverture devait avoir // lieu très   [86]
prochainement. Les vacances s'achevaient. Sous l'ombre
bienfaisante des Grands arbres qui bordaient les deux
côtés de la route, nous marchions en silence Blandine et
moi Regardes dis-je à Blandine, le soleil est resplendissant
155   de clarté lumineuse, les oiseaux dans les arbres chantent à
qui mieux mieux leur joie de vivre et voilà que nous sommes
aussi tristes l'une comme l'autre[168]. Hélas! à qui le dis-tu?....
Ces derniers jours de vacances se terminent pour nos voisins
et pour toi et moi dans le dœuil et les larmes. ô Miemose,
160   comme elles vont nous manquer nos deux chères petites
amies.... je n'ose pas y penser.
Et de plus sait-on jamais ce que nous réserve demain?
d'autres déceptions peut-être?..... ô Blandine M'ecriais-je
les larmes aux yeux Ne trouves-tu pas que nous avons eues
165   plus que notre part de tristesse?
Si... Miemose... mais j'aie peur et je suis
angoissée.....................................
et je voudrais qu'aujourd'hui ne finisse jamais........
Le lendemain de ce jour, les pressentiments de ma sœur
170   devaient se réaliser. //
Depuis un an, l'aînée Lucienda (moins intéressée à l'étude   [87]
que [Blandine] et moi) suivait un cours de couture chez la
couturière du village. Elle partait le matin avec son
goûter et revenait vers quatre heures. [Blandine] avait
175   obtenu le poste d'Institutrice à la paroisse voisine[169] de la
nôtre. Son rêve se réalisait (c'était aussi le mien),
éduquer les enfants confiés à sa garde, former leurs âmes,

---

153   *A* Blandine] *en interligne au-dessus de*
Lorraine
154   *A* Blandine] *en interligne au-dessus de*
Lorraine *raturé*
157   *B* tristes] triste
159   *B* Miemose] Mimose
163   *A* Blandine] *en interligne au-dessus de*
Lorraine
166   *B* Si... Miemose... mais] Si Mimose... si... mais
A j'aie] je (e *raturé*) aie peur
167   *A* angoissée] angoissée : *corr. d'après*

B
169   *B* Le lendemain de ce jour, les] Plus
tôt que nous l'aurions voulu les
171-172 *B* Lucienda (moins intéressée à
l'étude que [Blandine] et moi) suivait
un cours] Lucienda moins intéressée
que Blandine et moi aux études avait
quitté l'école pour prendre un cours
172   *A* [Blandine]] Lorraine
174   *B* quatre] 4
A [Blandine]] Lorraine
176   *B* nôtre. Son] nôtre St-Sévérin son

81

les diriger vers un idéal sublime dans la foi Chrétienne,
c'était pour la Gitane, une véritable vocation. Ma Mère et
180   ma Grand'Mère fûrent très occuppée à la préparation du
linge et aussi des victuailles pour une semaine, car à cette
epoque l'ecole des villages était ainsi devisée. La moitié
de l'ecole était la classe avec ameublement scolaire, et
l'autre moitié était la cuisine et la chambre à couché avec
185   meubles rudimentaires. Un mur avec porte de communication
séparait ces appartements de la classe. [Blandine] devait
ouvrir sa classe le deux (2) Septembre. De mon côté, je
faisais aussi mes préparatifs pour mon entrée au couvent.
Ma grande sœur, Lucienda, avait tenu à confectionner
190   elle-même mon costume de couvent. Il consistait en une juppe
par plis[170], en serge Bleu marin[171] et une Blouse matelot[172] avec
soutache de satin blanc au collet // et aux poignets. Ce   [88]
costume[173], très chic d'ailleurs, ne devait se porter que le
Dimanche. Il y avait aussi, les couvertures de lit, oreiller,
195   pyjamas savon etc etc, car apres le souper les religieuses
exigeaient que les externes retournent coucher au Couvent,
dans le Grand dortoir avec les pensionnaires. Ainsi chaque
matin nous prenions nos rangs pour la messe de six heures
à l'Eglise.

200   Ensuite il fallait aussi préparer mes petits frères,
pour le Collège situé juste en face du Couvent
Quel travail énorme, tous ces préparatifs apportaient à
mes parents qui ne savaient plus ou donner de la tête et
soupiraient après la rentrée des classes.

205   Une semaine nous séparait de ce jour Et ce fût un soir
(mémorable entre tous) que Ma mère nous conviat, Blandine
et moi, au salon familial. Lucienda en Haut, préparaient
mes frères pour la nuit tout était silencieux, seul le

---

182   *B* epoque l'ecole des villages] époque
      les écoles de village
183   *A* l'école] *en surcharge à* la cole
184   *B* et la chambre] avec chambre
184-185 *B* avec meubles rudimentaires] *om.*
186   *A* [Blandine]] Lorraine
188   *B* aussi] *om.*
189   *B* grande] *om.*
190   *B* de couvent] du couvent
     B une juppe] une ample jupe

191   *B* marin] marine
193   *B* très chic d'ailleurs] d'ailleurs très
    chic
194   *B* lit, oreiller] lit les oreillers
195   *B* pyjamas savon] pyjamas robe de
    chambre savon
197   *B* dans le Grand dortoir avec les
    pensionnaires] *om.*
206   *A* Blandine] *en interligne au-dessus de*
    Lorraine *raturé*

Cric-crac de la Berceuse de Grand'Mère qui se Berçait
210 dans la pièce voisine, venait rompre ce silence impressionnant
  Ma mère la voix hésitante et le regard triste nous
dit : Votre père m'a chargée de vous faire part de sa
dernière décision, c'est à dire qu'après mûre // Réflexion   [89]
il a décidé, de vendre la ferme paternelle[174]. Un silence
215 suivit ces paroles. Mon cœur battait à un Rymte[175] anormal
Il a fait l'acquisition au village d'une très spacieuse
et jolie maison. Elle est si grande que la façade, c'est à
dire un des appartements sera loué à la Post-Office et l'autre
sera occuppé, par la Banque Canadienne Nationale et il nous
220 restera amplement de place pour toute notre famille. De plus
cette maison est située tout près de l'Eglise, et toi
Miemose, il n'y aura que l'Eglise et le presbytère, qui te
sépareront de ton couvent. Lucienda sera aussi rapprochée
de son cours de couture, à peine une demi-Rue, et les petits
225 frères seront aussi tout près de leur collège qui est situé,
comme vous le savez, en face du couvent, Vous aurez aussi
l'avantage, de prendre chaque jour le repas du midi à la
table familiale. Et Voilà.............................
  Une semaine suffira j'espère pour le déménagement
230 et l'installation à notre nouvelle demeure, Ainsi si mes
prévisions sont justes, tout devrait être prêt pour coucher
à la maison du village le 1er soir de la rentrée des classes.
  Mais Maman! s'écriât Blandine // Il doit y avoir   [90]
une raison à cette décision de mon père?..... Il n'est pas
235 homme, à décider, un projet de si grande importance à la
légère, Le Bien ancestral, la ferme qui nous donne la presque
totalité de nos produits alimentaires, le toit qui nous a
vus naître............
  ô, m'écriais-je à mon tour, et nos arbres magnifiques,
240 et les coteaux de sable doré... et la Source... et le Rocher
Blanc... Il nous faudra dire adieu à tout cela?... Sans
espoir de retour???................................
  ô Non! Non et Non. je ne veux pas je ne veux pas.......
  Ecoute Miemose, je dois vous expliquer, et pour

---

220 *B* de place pour toute] de la place   233 *A* Blandine] *en interligne au-dessus de*
     pour loger toute   Lorraine *raturé*
222 *B* Miemose] Mimose   243 *B* ô]Oh!
225-226 *B* qui est situé, comme vous le   244 *B* Miemose] Mimose
     savez, en face du couvent] *om.*

245 répondre à la question de Blandine, Oui il y a une raison
majeure à cette décision de votre père. Vous avez constaté,
sans doute, que en dépit d'une nombreuse famille, tous à
venir jusqu'à ce jour, nous avons vécus ici, dans une
aisance plus que confortable, même, qu'il est arrivé parfois,
250 à vos petites amies de l'ecole de vous dire « ô Vous autres
ce n'est pas comme nous, vos parents sont riches,
Installation du Téléphone // à la ferme, entrée au couvent   [*91*]
assez dispendieuse pour Blandine et pour toi Miemose et
même assez d'argent pour vous faire donner des leçons de
255 piano à toutes les deux, et faire de vous de vraies
Demoiselles ô pour sûr, vos parents sont bien plus riches
que les nôtres..
        Non, Vraiment, il n'était pas question de Richesse,
et si comme, nos voisins fermiers, nous avions comptés que
260 sur les revenus de notre petite ferme, notre position
financière, n'aurait pas ete meilleure que la leur.
Mais Voici :......................................
Devant l'insuffisance des revenus de la ferme, votre père
décida de faire le commerce des moutons. En ces temps la,
265 le marché de Montréal, donnait un prix exhorbitant pour la
chair du mouton, spécialement de l'agneau. Votre père, aidé
des domestiques, parcourait les campagnes et achetait des
fermiers les moutons vivants par centaine et par mille
têtes. Ansuite, avec deux Boûchers expérimentés, de
270 Montreal. ils conduisaient à l'Abbatoir tous ces moutons et
les préparaient pour le shipement par Express, destination,
marché de Montréal. Le Gérant exigeait un travail parfait,
pas une incisure[176] au couteau ou une égratignure sur la chair
des agneaux // en vente. Or, Voici.... il y a environ un   [*92*]
275 mois, le marché de Montréal, a connu une Baisse alarmante,
et votre père a enrégistré[177] sur les derniers shipments, une
perte considérable. En même temps il apprit du Gérant, que
cette Baisse se maintiendrait, pour une période indéterminée.
Alors votre père a décidé d'abandonner Ce commerce et de

---

245   A Blandine] *en interligne au-dessus de*   256   B ô] *om.*
      Lorraine *raturé*   264   B En ces temps la] en ce temps-là
246   B majeure] mageure   267   B parcourait] parcouraient
253   A Blandine] *en interligne au-dessus de*   268   B les moutons] des moutons
      Lorraine *raturé*   B par centaine] par centaines
      B Miemose] Mimose   274   B en vente] *om.*

280   vendre la ferme pour élire domicile au village et Voilà.
....

      L'autre côté du mur le Cric-crac de la Berceuse de
Grand'Mère se faisait entendre au ralentit. J'étais
Boulversée, je traversai le salon en courant. Grand'Mère
285   les Bras ouverts, m'attendait. Ma chère petite fille me
dit-elle en me serrant Bien fort sur son cœur, comme tu as
du chagrin Mais cette fin de vacance est vraiment déprimante
pour toi, mais crois-moi Miemose, après la pluie, le beau
temps, un rayon de soleil viendra dissiper ces sombres
290   jours et dans nos cœurs, l'espoir renaîtra comme une fleur
au matin. ô Non Grand'Mère, jamais! jamais je // n'aimerai   [93]
la maison du village. Mon cœur?... Il restera ici avec les
souvenirs de mon enfance. Je m'endormis, brisée de fatigues
et d'émotion, et je n'étais pas la seule à qui ce changement
295   innatendu, apportait amertume et regrets..................

---

280   *B* élire] élir

Chapitre VIII (8)
La Guerre 19-14

LES PRÉVISIONS de ma mère se justifièrent, Dans le
Brouhaha du déménagement, j'errais comme une âme en peine
5   dans les lieux que je chérissaient et qui me rappellaient
une enfance si heureuse. Mon pere avait vendu la ferme
paternelle. Mais il s'était réservé une petite ferme située
à deux milles de chez nous, et a qui[178] nous avions donné le
nom de l'Erablière c'était là que se fabriquaient chaque
10   printemps, le Sirop et le sucre d'Erable Mon père était
trop froncierement[179] cultivateur pour abandonner completement
de cultiver[180]. De plus, sur l'emplacement de notre nouvelle
propriété, il y avait un ancien magasin (Syndicat) qui
avait été converti en grenier, à l'étage supérieur pour con-
15   server le foin, et l'étage inférieur en étable où il y
avait place pour deux vaches et une paire de Cheveaux. Tout
au fond // était aménagée une porcherie et un petit   [94]
poulailler qui nous permettait de garder douze poules.
Ainsi mon père avec cette petite ferme miniature assurait
20   a sa famille, les aliments les plus nutritifs le lait, la
crème, le Beurre, les œufs et la viande.
        Le premier soir de la rentrée des classes, la
famille couchât sous le nouveau toit… excepté Moi………
Avec quel Bonheur, ce soir là, je couchai dans le grand
25   dortoir, dans mon petit lit tout de Blanc Habillé entourée
de mes petites compagnes et des religieuses, dont je devais
partager la vie… jusqu'à la fin de mes études. Ainsi,
dans cette demeure, qui serait jamais mon chez moi, au
moins je n'aurais pas à y coucher pour dix mois, et aux
30   grandes Vacances, je partagerais la chambre de Blandine.

---

5   B rappellaient] rapelaient   lit (en interligne) blanc entourée
18   B douze] 12   29   B dix mois] 10 moix
23-24 B excepté Moi…… Avec quel   30   A Blandine] en interligne au-dessus de
       Bonheur, ce soir là] om.   Lorraine
25   B lit tout de Blanc Habillé entourée]

Mes frères avaient acceptés avec joie, ce changement de
vie, qui leur faisait diversion avec la vie Routiniere de
la ferme. Mon père n'ayant pas assez de travail à l'Erablière,
avait accepté l'emploi de Sacristain, et fût admirablement

35 Secondé par mon frère Albert plus jeune que moi de deux ans.
Celui-ci sonnaient les cloches pour les messes // matinales,   [95]
l'Angelus, et aussi à l'occasion le Glas des morts, il
était d'une activité inlassable, et mon père appréciait
beaucoup ses services. À son anniversaire, mon père lui

40 avait donné une belle montre d'argent avec chaine. C'était
tout un cadeau. Lucienda finissait son cours de couture, et
pouvait maintenant confectionner les vêtements de la famille.
Blandine arrivait le vendredi soir, passer[181] la fin de semaine
chez nous. De plus, mon père avait pris l'agence de la

45 compagnie « Légaré »[182] très en vogue à cette époque. Ainsi, une
activité débordante, assignait à chacun sa tâche journallière,
et la vie continuait dans l'aisance et le comfort, que
procurent le travail et la Satisfaction du devoir accompli.
Chaque Dimanche après-midi profitant de notre congé,

50 nous traversions Blandine et moi, le grand pont qui traversait
la Batiscan, et nous allions Revoir la ferme qui nous avait
vu naitre, et avait abrité nos rêves d'enfant heureux. Les
nouveaux propriétaires[183], très Hospitalliers, nous invitaient
à partager le repas du soir. Au retour, nous nous arrêtions

55 chez nos anciens voisins, et là avec compagnes et compagnons //
avec quelle joie, nous invoquions le passé qu'on venait à   [96]
peine de quitter Nous contions des histoires, et la gaieté
petillait, aussi claire et vibrante, que la joyeuse flamme
du foyer, Nous devions retourner à la Maison du village

60 pour neuf heures précis[184], (et dans ma famille on ne Badinait
pas avec la discipline) les Aurevoir Vous reviendrez encore,
s'échangeaient de part et d'autre; Jules[185], un garconnet de
quatre ans mon aîné, me glissait à l'oreille : Tu sais Miemose,
moi je te trouve bien chanceuse, d'être maintenant, une

33	*A* L'Erablière] L' *ajouté ultérieurement* (*en rouge*)	43	*A* Blandine] *en interligne au-dessus de* Lorraine *raturé*
35	*A* Albert] *ajouté ultérieurement en interligne*	49	*B* après-midi] *om.*
		50	*A* Blandine] *en interligne au-dessus de* Lorraine *raturé*
39	*B* anniversaire, mon père] anniversaire de naissance mon pere	52	*B* heureux] *om.*
40	*B* avec chaine] *om.*	63	*B* Miemose] Mimose

65 villageoise, une élève du Couvent, une vraie demoiselle
Quoi!!!... et puis... je suis content que tu nous ait gardé[186],
un si bon souvenir, je regardai longuement le petit compagnon
avec qui j'avais fait route si souvent, au temps pour moi,
de la petite école, et pour lui du collège, et lui répondis :

70 « ô Jules le plus heureux de nous deux... c'est Toi!!!...
Crois-moi car je suis sincère mon cœur est resté à la maison
paternelle, mes pensées?... Avec vous tous amis si chers. À
la mai-//son du Village, je ne m'adopterai jamais.... tu   [97]
m'entends Jules?.... Jamais!!! Jamais!!!...............

75   La voix de Blandine s'élevat dans la pénombre : Allons
Miemose tu viens?... Vite nous serons en retard Chemin
faisant, Blandine me parlait de sa mission d'Institutrice,
et combien elle aimait les élèves, confiés à sa Garde. Je
veux les former, en faire de vraies femmes, qui sauront

80 garder les traditions ancestrales, des femmes avec une foi
profonde, et que, dans leur vie future... Dieu soit toujours
le premier servit. Et moi aussi Blandine, je veux un jour
être ce que tu es aujourd'hui................................
        Les journeaux apportèrent bientôt des nouvelles

85 allarmantes. La Guerre était déclarée[187]. Notre village, nos
campagnes si paisibles, allaient devenir le Théâtre d'un
grand Boulversement. Le parti au pouvoir[188] déclara le service
militaire obligatoire et les jeunes gens furent appellés à
passer l'examin militaire pour aller défendre la Mère-Patrie.

90 Le petit nombre à contre-cœur se soumit, mais la majorité
de ces jeunes refusèrent d'Obéir // et se cachèrent dans   [98]
les Bois. À la tombée de la nuit, les chefs de famille,
lanterne en mains allaient Ravitailler les fugitifs, en
provisions et en munitions. Le jour, les soldats parcouraient,

95 nos villes et nos villages pour le recrutement. Les déserteurs
bien décidés de ne pas obéir, à cette loi qu'ils trouvaient

---

69   *B* et lui répondis] et je lui répondis
72   *B* si chers] très chers
73-74 *B* tu m'entends] tu entends
75   *A* Blandine] *en interligne au-dessus de*
        Lorraine *raturé*
76   *B* Miemose] Mimose
77   *A* Blandine] *en interligne au-dessus de*
        Lorraine *raturé*
82   *A* Blandine] *en interligne au-dessus de*

Lorraine *raturé*
83   *A après* aujourd'hui.......] une une
        Institutrice (*les deux derniers mots ont été
        raturés*)
88   *A* jeunes] j *en surcharge à* g
91   *B* d'Obéir et se] d'obéir à l'enrole-
        ment et se
95   *B* nos villes et nos villages pour] nos
        villes nos villages et campagnes pour

injuste, devinrent agressifs, et échangèrent des coups de
fusil. Bref, le danger devint si Grand, pour les émissaires
du service militaire obligatoire, qu'ils cessèrent d'importuner
100   ceux qui refusaient de se soumettre, et enfin le calme revint
dans nos villes et nos villages Pour ma famille mes frères
étaient trop jeunes pour être appellés au service militaire,
ils continuaient leurs études au collège et moi au couvent
je travaillais avec ardeur, à la préparation de mon diplôme
105   Académique j'aimais Beaucoup les religieuses et mes compagnes
de classe. Mais j'avais un fichu de caractère. Très orgueilleuse,
si je croyais être dans mon droit, je voulais toujours avoir
le dernier mot et cette manière d'agir, me valût souventes
fois de sévères punitions //
110   Cependant en cette dernière année scolaire de mes études[189],   [99]
un Dimanche après-midi, mes doigts tâchés d'encre
nécessitaient un bon nettoyage au Lavabo, par Hasard, Sœur
François d'Assise notre surveillante, se trouva à mes côtés
pour se laver les mains. Marie-Rose me dit-elle, vous préparez
115   cette année vos examins, en vue du diplôme Académique? Oui,
ma sœur... et vous désirez les passer avec succès?... ô Ma
Sœur si je le désires? comment pouvez-vous me poser une telle
Question?..
C'est que voyez-vous mon enfant, pour arriver a obtenir ce
120   que vous désirez si vivement, le Bon Dieu exige de vous un
sacrifice, Basé sur votre ferme volonté... Et lequel,
demandais-je avec anxiété?... Il vous faut mon enfant,
absolument changé votre caractère... du tout au tout.... Au
lieu de cultiver avec amour vos petits défauts. Il faudra
125   vous appliquer sérieusement à les corriger. La Réussite
finale de vos études, est à ce prix.... et elle me laissa
à mes reflexions. Ce court entretien fût pour moi une
vèritable révélation j'avais seize ans[190] il était temps que
je mâte[191] mon orgueil et que je me corriges // Des[192] ce même   [100]
130   jour je fis des efforts surhumains pour améliorer mon

100-101 *B* le calme revint dans nos villes et
         nos villages Pour] un calme relatif
         s'établit dans notre paroisse et aux
         environs accordant un peu de répit aux
         fugitifs. Pour
108   *B* et] *om.*
110   *A* dernière] dernier *ajouté dans la*

marge supérieure au-dessus de dernière
112-113 *B* Sœur François d'Assise] sœur St-
         François d'Assise
126-127 *B* et elle me laissa à mes réflexions]
         om. (ces mots ont été raturés par S *en* A)
128   *A* seize] 15 *en surcharge*
         B seize] seize

89

caractère. Sans doute, ça ne fût pas toujours facile.....
il y eût des Hauts et des Bas...... mais j'apportai à ce
changement personnel, tant de Bon Vouloir, que, petit à
petit les punitions s'espacèrent, je m'appliquais[193] davantage
135 à mes études, je remontais dégré par dégré dans l'estime
des religieuses qui n'étaient pas insensibles à mes efforts
et en mon cœur se glissa l'espoir, que je passerais ces
fameux examins....

Ce printemps là[194], nous eûmes la vésite au Couvent
140 de notre Bon Pasteur[195]. Il adressa la parole aux élèves en
Groupe, et nous dit qu'il était le messager d'une nouvelle
qui devait nous rendre très heureuses. Je laisse ce message,
dit-il, à R[ev.] Mère Supérieure; elle vous en fera part
elle-même, apres mon départ. La porte à peine refermée,
145 sur notre Curé, qui s'éloignait à grands pas, nous
entourâmes Sœur Alain-// Marie pour lui demander : ... Mais [101]
Qu'est-ce que c'est la Surprise?... Est-ce une bonne
nouvelle?.... La Bonne Sœur souriait, se faisant un peu
prier devant notre impatiente curiosité...... Enfin! Elle
150 parla... Oui mes enfants, nous dit-elle, C'est une surprise
de Pâques... Vous savez que cette année, une température
idéale favorise la fabrication du sucre et du Sirop d'Erable
très tôt... M[r] le Curé, toujours si bon a eut la merveilleuse
idée d'invité toutes les religieuses, et toutes les élèves,
155 pensionnaires et externes, à une fête au sucre. Cette fête
aura lieu le lundi de Pâques[196], à l'Érabliere qui appartient
aux parents de Miemose. Des cris de Joie, des applaudissements
frénétiques accœuillirent cette nouvelle je me sentis tout
à coup, très fière que la fête ait lieu chez nous. Il nous
160 faudra marcher pour aller et pour le retour. Demandons à
Dieu mes enfants, un soleil Radieux et un Ciel sans nuage
pour cette belle journée en perspective. Mon père avait tout
préparé..... Tournée, pour recueillir l'eau d'Erable avec la
petite Jument pommelée Gris argent. Feu ardent avec de grosses

---

137   *B* en mon] dans mon
142   *B* devait] devrait
      A après très heureuses] Le R[ev] Père
      Curé (*ce dernier mot a été raturé et* Joyal
      ajouté au-dessus). Il adressa la parole aux
      élèves en groupe. Il nous dit être le
      messager d'une nouvelle qui devait

nous rendre très heureuses (*B omet cette*
répétition)
      B ce message] le message
153   *B* M[r] le Curé] R[ev] Curé Joyal
154   *B* d'invité toutes les religieuses]
      d'inviter les religieuses

165   Buches d'Erable pour // Bouillir l'eau d'Erable dans quatre   [*102*]
compartiments se changeant automatiquement apres plusieures[197]
heures d'ébullition. Le Quatrième compartiment, contenait
l'Eau d'Erable, convertit en Sirop épais et Doré. Ensuite,
mon père emplissait a moitié de Sirop d'Érable, le Grand
170   Chaudron de fer noir, et à l'indication d'un Thermomètre,
mon père faisait d'abord la Tire qu'il étendait sur la neige
immaculée, et enfin, dernière opération le Sucre[198], qu'il
emmoulait[199] dans un moule de une livre. Il faisait aussi des
œufs de sucre, Eglise et école Meniature en sucre d'Erable.
175   Les religieuses, natives de France, qui n'avaient jamais
vues, un tel spectacle, étaient au comble de l'Émerveillement.
Mr le Curé, participant à la fête toute la journée, fût un
véritable Bout-en-train[200]. Mon père sur la demande de Sœur
St Alain-Marie entonna de sa belle voix, la chanson :

180   Catherine-Martin veut s'y marier[201] (Bis)
       Avec l'engagé de Mr le Curé (Bis)

Enfin ! Nous prîmes le chemin du Retour, Harrassées de
fatigue mais si heureuses de cette fête à l'Érabelière.
Nous remercions avec effusion, Mr le Curé qui avait //
185   défrayé le coût financier de cette splendide journée.....   [*103*]
Cependant, quatre années concécutives 19-14 — 19-18, la
Guerre avait fait ses ravages, semant la mort jonchant le
sol de Blessés, offrant le spectacle navrant de la ruine
et de la désolation, quand une nouvelle débordante de Joie
190   et d'espoir parvînt à notre village

        : « La Guerre était finie ».

Le jour de l'armétiste[202] était fixé. L'Allemagne capitulait
dans une honteuse défaite, Son chef Hitler[203] de désespoir,
mettait fin à ses jours par un suicide, laissant derrière
195   lui son peuple consterné et désemparé.
      Une joie délirante S'emparait de tous, et

---

167   *B* Le Quatrième compartiment] le
4ème département
170   *B* Thermomètre] termomètre
173   *A* un moule] des moules *ajouté ulté-*
rieurement en surcharge (*B* un moule)
A après livre] chacun *ajouté ultérie-*
rement en interligne (*B omet* chacun)
174   *B* en sucre d'Erable] *om.*

181   *B* Mr le Curé (Bis)] M'sieur le Curé
(bis)
     B va à la ligne et ajoute etc... etc...
184   *A* avait] *en surcharge à* avaient
     B qui avait] que avait
192-195 *B* Le jour de (...) désemparé] *om.*
     (*passage raturé en A par S qui précise dans*
la marge Guerre de 1939-1945)

campagnards et villageois manifesterent Bruyamment leur
allégresse. Les cloches sonnaient à toute Vollée, Adultes
Adolescents et enfants marchèrent en procession dans les rues
200 du village, tambour en mains, celebrant le retour de la
Paix. Les soldats revenaient, plusieurs d'entre eux infirmes,
si changés..... qu'ils en étaient méconnaissables.

     Et.... Hélas... Le fléau // impitoyable de l'Après   [104]
Guerre, « La Grippe Espagnole »[204] s'abattit sur le Canada tout
205 entier, faisant plus de victimes que la Guerre avait pu
faire en quatre ans...

     Dans notre famille, une seule, Lucienda avait été
atteinte Elle fût isolée dans sa chambre pour dix jours,
et seuls, le médécin et ma mère avaient accès auprès d'elle;
210 pour lui prodiguer les soins que son état réclamait Sa
forte constitution triompha de ce mal terrible, Dans cet
épédémie qui n'épargnait presque personne. Ma bonne
Grand'Mère, accompagnée de notre voisine, se dépensèrent
avec un devouement sans borne au soin des malades et des
215 agonisants et à l'occasion, elles ensevelissaient les
morts, qui se succédaient à un Rhymte alarmant Le curé de
notre paroisse, avait interdit à mon frère de sonner les
cloches.... c'était vraiment trop déprimant. Presque en
face de notre maison, le père et la mère[205] d'une famille de

---

197   *A* Bruyamment] u *en surcharge à un* y
201-202 *B* infirmes, si changés] infirmes et
       si changés
209   *B* avaient] avait
212   *A* presque] *en interligne*
213   *B* notre voisine, se] notre voisine
       madame Fortunat Lafontaine se
214   *B* au soin] aux soins
216-217 *B* Le curé de notre paroisse, avait]
       Monsieur le curé avait
219-228 *B* notre maison (...) jamais eue
       d'enfants] notre maison vivaient
       Monsieur et madame Henri Lafon-
       taine parents d'une famille de sept (*en*
       surcharge à six) enfants après neuf jours
       de fievre ardente et de délire la mère
       mourût un dimanche matin et le père
       expira le soir de ce même jour vers
       neuf heures. L'aînée Bertha et Rolland
       furent adoptés par les parents mater-

nelle, Jules une famille du village
Monsieur et madame Arthur Côté.
Aurore fut adopté par M[r] et madame
Joseph Gagnon de la Reine Abitibi,
Rose-Eva et Antoine furent recueillis
par monsieur et madame Fortunat
Lafontaine oncle et tante des enfants
et enfin (*ces deux mots répétés puis raturés*)
la dernière Claire une adorable petite
fille de trois ans très blonde et aux
yeux bleus fut adopté par Monsieur et
madame Octave Dessureault (Fédéa
Vallée) ma marraine ce couple n'avait
jamais eu d'enfants et la dernière petite
fille de cette famille éprouvée entra de
[*sic*] ce foyer comme un rayon de soleil... Ils en firent une jeune fille tres
distinguée très éduquée et un jour
institutrice elle devait plus tard unir
sa vie par les liens sacrés du mariage à

220   sept enfants, furent atteints de la grippe… Apres neuf
jours de fievre ardente et de délire, la // Mère mourût   [105]
à neuf heures du matin et le père à neuf heures du soir.
L'ainée, une fille Bertha fût adopté avec un de ses frères
Rolland par les grand'parents maternels, les autres furent
225   adoptés par les villageois. la dernière une adorable petite
fille Blonde aux yeux Bleus, Claire fût adoptée par ma
marraine Madame Octave Dessureault[206] qui n'avait jamais eue
d'enfants.

230   Et ce fût de nouveau les vacances dans un avenir
assez rapproché. Les rares survivants de la Grippe Espagnole,
sur des chaises longues, sur les galeries, dans les parterres,
renaissaient à l'espoir du recouvrement de la santé. À la
ville voisine. j'avais obtenue avec mes compagnes, le diplôme
235   Académique avec Grande distinction. Ainsi marchant sur les
traces de Blandine je serais donc, moi aussi, Institutrice???….
       En cet été de Juin, 19-21 Lucienda[207] allât passer deux
mois aux Etats-Unis chez oncle Emile frère de mon père. Tante
Aldéa étant très malade, elle devait en prendre soin, ainsi
240   que de sa famille // Quand elle revint chez nous, elle était   [106]
fiancée[208]. Par une coincidence assez étrange dans le même
intervalle, Blandine, à son tour se fiançait avec un jeune
homme de bonne famille[209]. Le mariage de mes deux grandes
sœurs, eût lieu le même matin[210], en l'Eglise paroissiale.

---

un jeune homme très bien enfant
d'excellents parents Monsieur et madame David (Deaf) Folly et elle devint
madame André Folly après quelques
années de résidence à La Reine Abitibi
ils élirent domicile à Shawinigan-Falls
et ils appartiennent une considérable
Quincaillerie très propre [*sic*]. Ainsi
ces enfants comme des oiseaux tombés
du nid trouvèrent des foyers confortables où ils furent estimés et aimés
profondément.

223   A Bertha] *ajouté ultérieurement en interligne*

224   A Rolland] *ajouté ultérieurement en interligne*

226   A Claire] *ajouté ultérieurement entre* Bleus *et* fût

227   A Madame Octave Dessureault]

ajouté ultérieurement en interligne

229   A Vers l'inconnu (*répété*) *ajouté ultérieurement* (*voir infra, p.* 101)
    B   Chapitre 9. — Vers l'inconnu.

236   A Blandine] *en interligne au-dessus de* Lorraine *raturé*

237   B En cet été de Juin] En ce mois de juin

238   B aux Etats-Unis chez] aux Etats-Unis Amérique chez

240   B de] *en surcharge à* sa

242   A Blandine] *en interligne au-dessus de* Lorraine

243   B de bonne] de très bonne
    B famille] famille Monsieur Joseph Fortin

244   B paroissiale] paroissiale de St-Stanislas

245 je demeurais la seule fille à la maison avec mes parents et
mes 4 frères. Chaque jour, je parcourais les colonnes du
journal local, « Le Nouvelliste »[211] pour faire mon choix d'une
paroisse pas trop éloignée de chez moi, où :
Institutrice diplomée demandée » m'ouvrirait le debut
250 de ma carrière. Mais rien de sérieux n'avait encore retenu
mon attention
j'attendais.....................................
Quand un Dimanche au prône, notre curé vînt nous
dire que le sermon serait dit par un prêtre colonisateur[212]
255 Toute la famille avait pris place dans le Banc qui portait
le Numero 8, un gros No. 8 Gris argent. Ce Banc avait vu
passer bien des Générations.
Mon frère Sacristain, se dirigeait vers // la chaire, qu'il   [*107*]
roulait toute la largeur du Chœur pour la placer pres de
260 la grosse colonne de gauche. Quand je vis ce prêtre très
grand, tout de noir Habillé avec son collet romain d'un
blanc neige, qui tranchait sur la sombre soutanne, et
gravissait les marches d'un escalier tournant, le conduisant
à la chaire..
265 Intuition féminine???............................
Pressentiment???................................
Mon cœur se serra, saisit comme à l'approche d'un malheur,
je ne savais pas pourquoi, mais, avant même qu'il commence
son sermon... j'étais angoissée Enfin! il parla... Sa voix
270 aux intonnations profondes s'éleva. Il s'adressait
spécialement aux chefs de famille qui avaient plusieurs
grands garçons. Tous, disait-il ne peuvent être des intellec-
tuels, des hommes de science, prêtre, docteur, avocat, archi-
tectes ou professeurs... Beaucoup d'entre eux, seront
275 appellés à la profession si noble de cultivateur.... Il ne
faut pas oublier, mes frères, que le cultivateur est le
nourricier du genre humain. Mais dans ces belles paroisses
de la province de Québec, où les fermes sont défréchées à
la Grandeur[213] // Il est presque impossible, à un père de six   [*108*]

245-246 *B* mes parents et mes 4 frères] mes
       parents, Grand'Mère et mes frères
246 *A* 4] *en interligne*
248 *B* chez] *en interligne*
255-257 *B* Toute la famille (...) des Gé-
       nérations] *om.*

267 *A* saisit] *en interligne*
      B Mon cœur se serra, saisit comme]
      Mon cœur se saisit comme
273-274 *B* architectes] architecte
277-278 *B* belles paroisses de] belles pro-
      vinces (*ce mot raturé*) paroisses de

280 à huit garçons d'y établir convenablement, ses fils. je
suis ici pour vous parler, des belles fermes de la province
Ontario[214]. Fermes de 160 acres de superficie, avec bois pour
le commerce et bois de chauffage. Sans doute il reste grand
de terrain à défricher et à essoucher, mais le sol est si
285 fertile la-Bas, que dans vingt ans, les gens qui auront
obtenus du gouvernement, des lots à prix modiques seront
devenus trop riches..... C'est mon opinion et je suis
sincère Bref, il fit l'eloge de ces fermes lointaines du
Nord Ontario, et sût faire Briller aux yeux attentifs de
290 l'auditoire, le meilleur côté de la médaille.... Par des
excursions à tarif réduit de moitié, les intéressés,
pouvaient se rendre compte eux-mêmes, des avantages réels
de cette contrée mervelleuse. Le prêtre colonisateur parla
longtemps encore... Enfin! Il Bénit les fidèles, et la
295 messe s'achevât dans un silence solennel.

Ce Dimanche, au dîner mon père, commenta avec force
détails le sermon du prêtre étranger // Il était enchanté...   [109]
et nous dit qu'il ferait parti du premier train d'excursion
pour aller voir les fermes de l'Ontario... une porte à l'espoir
300 s'ouvrait pour lui, d'y établir mes frères, ses quatre
fils[215]. je levai les yeux sur ma Grand'Mère, qui Baissait
la tête, je vis des larmes dans les yeux de ma Mère... je
repoussai mon assiette... je n'avais plus faim
ô Mon Dieu!!! L'heure venait-elle de sonner, où
305 dans un avenir assez rapproché, je devrais rompre les
derniers liens, qui m'attachaient si fortement à ma petite
Patrie, Quebec, ma chère Province, si fidèle aux traditions
ancestrales...
Mon village... Mon couvent ce qui avait été la
310 ferme paternelle. L'Erablière.......................
ô Mon Dieu! Pourquoi, en dépit de mon orgueil m'avoir
donné un cœur si tendre.... si attaché à tout ce que j'aime
ici-Bas?...
Un Silence inusité, succéda à ce repas du Dimanche
315 d'ordinaire si joyeux. Grand'Mère en déservant la table me

---

288-289 B lointaines du Nord Ontario]
lointaines de l'Ontario
292 B réels] om.
297 A R^{ev} Père Bourassa *ajouté dans la*

marge
312 B tendre.... si attaché à] tendre une
âme si attachée à

95

dit : Miemose, je n'aie pas besoin de ton aide aujourd'hui va prendre un peu d'air frais. ô Merci Grand'Mère // Aujourd'hui [*110*] surtout, j'aie tant Besoin de m'evader, de me promener seule... seule avec Dieu!!!

320

Automatiquement, mes pas me portèrent vers la ferme paternelle Berceau de mon enfance. La journée était magnifique! Splendide!!! Mais dans mon cœur la tempête était déchainée. une véhemente protestation contre cette décision de mon père
325 de s'expatrier montait en moi, je traversai le grand pont, des larmes brûlantes obscursissait ma vue, un morne désespoir m'assiegeait.... je levai les yeux, la maison était devant moi. Au faîte des arbres géants qui bordaient le chemin dans une double rangée une Bise légère agitait les feuilles
330 dans un doux murmure. De mes deux Bras, j'enlaçai un de ces arbres ma joue collée à l'écorce rugueuse je demande à Dieu de m'accorder le calme, la résignation, le courage d'accompagner les chers miens vers cette contrée lointaine, qui me causait un si Grand effroi.
335 Tout était compromis pour moi Ma vocation d'institutrice???...............................
Hélas! je savais trop bien qu'à cet époque (19-22) la langue anglaise était la langue officielle, et mes connaissances en anglais, étaient trop // Lémitées, pour que je puisse   [*111*]
340 remplir avec satisfaction, le programme scolaire du Ministère d'Education de l'Ontario.
Alors??? Qu'allais-je devenir???

....
J'entrai dans la cour. La nouvelle propriétaire

---

318   *B* de m'evader, de me] de m'évader et de me
323-325 *B* mon cœur la tempête (...) je traversai] mon cœur une véhemente protestation s'élevait contre la volonté de mon père et la tempête était déchainée... je traversai
324-325 *A* une véhemente protestation contre cette volonté (*ce mot à demi raturé*) décision de mon père de s'expatrier montait en moi] *ajouté ultérieurement en interligne et dans la marge de gauche*

325   *B* grand] *om.*
327   *B* m'assiegeait.... je levai] m'assiégeait...... Etait-il possible qu'au nom du respect filial que je devais à mon père je devrais obéir et suivre ma famille au pays de l'exil?.... je levai
331   *B* arbres ma joue] arbres. La joue
337   *B* qu'à cet époque (19-22) la] qu'a cet époque 1922 la
      A cet] *en interligne au-dessus de* cette *raturé*
338   *B* était] étant

96

345 m'offrit d'entrer. Merci Madame lui dis-je... je désires
seulement avoir la permission de monter jusqu'aux coteaux
de sable, voir une dernière fois la source... le Rocher Blanc...
　　　Mais oui, mademoiselle... c'est un plaisir. Vous
connaissez le chemin?
350 　　　Si je le connaissais!!!...
　　　Alors ouvrant la Barrière je gravis la montée seule
avec mes pensées. je me dirigeai vers les coteaux de sable
doré, et je descendis vers la source. Le goblet d'argent
etait toujours accroché à une Branche d'Arbre, je bus avec
355 délices l'eau claire et rafraichissante de ma source de
prédilection ensuite franchissant le petit pont j'escaladai
la pente aride qui conduisait au Rocher Blanc. Tout y était
intact. Le foyer autour duquel nous nous étions réunis tant
de fois Blandine mes frères, Gilberte et Fernande pour nos
360 joyeux Pic-nic...
Je repris enfin le chemin du retour // disant un adieu　　　[112]
définitif à tout ce qui avait fait le Bonheur de mes jeunes
années. je repassai lentement devant les maisons
d'Habitations de mes si chers amis, mais je ne m'y arrêtai
365 pas... Mon cœur était trop lourd.....
　　　Deux jours après, assis dans la Véranda, je Brodais
avec application des roses rouges sur une nappe Blanche
Quand j'entendis la voix de ma Mère Miemose? un téléphone
pour toi... j'accourus aussitôt. C'était ma Sœur Superieure,
370 Mère St-Alain Marie, elle s'informa de ma santé, ce que je
faisais et elle me donna rendez-vous au Couvent pour trois
heures de l'après-midi, ayant disait-elle à m'entretenir
d'un sujet de la plus Haute importance. je lui promis d'être
exacte au Rendez-vous. J'étais un peu perplexe... Que me
375 voulait-donc Sœur Supérieure?... Je revêtis mon costume
de Couvent Quand je franchis le sœuil de cette maison
d'éducation, où j'avais passé les plus belles années de ma
vie, une profonde émotion, s'emparât de moi. Mère St-Alain-
Marie me reçut avec Bienveillance dans son // Cabinet de　　[113]
380 travail. Asseyez-vous ma chère enfant... Ainsi vous êtes

345	*B* je] *om. devant* désires		Lorraine *raturé*
353	*B* vers la] à la	375	*B* Sœur] mère
357	*B* qui conduisait] que conduisait	376	*A* de Couvent] de *en surcharge à* du
359	*A* Blandine] *en interligne au-dessus de*	379	*B* Cabinet] bureau

parvenue ma chère petite fille, au carefour des chemins…
et vous Hésitez… devant la route à prendre pour entrer
dans la vie réelle???……………………………

    ô Ma sœur! Je suis Boulversée!!!…

385   Oui! je vous comprends, j'aie Ouïe dire que
votre père a l'intention de S'expatrier avec sa famille, et
que son but, surtout, est d'établir vos frères sur les fermes
du Nord Ontario….. et d'en faire des fermiers?…

    C'est cela ma sœur, le sermon du prêtre colonisateur,
390 dimanche dernier a été pour lui une revélation, et a résout
un problème ardû[216] concernant l'avenir de mes frères. Oui sans
doute Marie-Rose, et je vois assez bien son point de vue…
Mais il y a Vous mon enfant. Qu'allez-vous devenir dans tout
cela?… Vos deux grandes sœurs Lucienda et Blandine ont
395 choisit la voie commune du mariage. Elles sont maintenant
toutes les deux dans la vie réelle, et vous mon enfant, vous
avez en mains un passeport, ce diplôme Académique que vous
avez obtenu avec grande distinction. Un avenir Brillant s'ouvre
devant vous………………………………………… //
400 Miemose… N'avez-vous jamais songé de vous faire religieuse [*114*]
un jour???………………………………………

    Non, vraiment ma sœur, je n'aie jamais eue cette
idée. Certes je fûs tres heureuse ici… Mais de là a être
appellée à la vocation religieuse?… Non… vraiment je
405 n'y aie jamais songé………………………………
La communeauté vous accœillerait à Bras ouverts, et les
filles de Jésus seraient fières de compter dans leur rang
une élève d'Elite.…

    Prenez tout le temps de réfléchir à tout ce que je
410 vous ai dit…

    Mais, ma sœur je n'aie que seize ans, il me faudrait

---

390   *B* dimanche dernier] *om.*

392   *B* Marie-Rose] Mimose

394   *A* Blandine] *en interligne au-dessus de*
      Lorraine *raturé*

395   *B* commune du mariage. Elles]
      commune « le mariage » elles

396   *B* toutes les deux] toutes deux

397   *B* en mains un passeport] en main un
      passe-port

400   *A* Miemose] *en interligne au-dessus de*
      Marie-Rose *raturé*

400-401 *B* Miemose… N'avez-vous jamais
      songé de vous faire religieuse un
      jour???……] Marie-Rose! n'avez-vous
      jamais songé à vous faire religieuse?…
      la question me prenait au dépourvue
      et je m'accordai quelques minutes de
      réflexion…

411   *A* seize] 16 *en surcharge à* 15 *en inter-*
      ligne au-dessus de seize *raturé*
      B seize] seize

l'assentiment de mes parents.... Oui sans doute parlez-en à
vos parents, et Revenez me voir. Je vais prier bien fort
pour vous.

415   Encore une fois, j'allai rejoindre Grand'Mère, à qui
je racontai tout ce que Sœur Supérieure m'avait dit. ô
dites Grand'Mère que dois-je faire?...... Les clairs yeux
bleus de ma Grand'Mère chercherent les miens ô ô me dit-elle.
Réalises-tu ma petite fille, que devenir Religieuse, c'est
420 une vocation à laquelle il faut l'appel de Dieu... C'est
très serieux // tu sais. Cette fois Miemose, ta question   *[115]*
me dépasses, C'est avec ta mère qu'il faut en discuter le
pour et le contre. Crois-moi, vas sans tarder lui confier
ce qui te préoccuppes. je rejoignis ma mère.... Je lui
425 expliquai les faits Quand j'eus fini de parler elle me
regarda longuement. Ecoute-moi bien me dit-elle, ton père
a décidé un changement qui me brise le cœur mais j'acceptes....
je laisserai ici les ancêtres, nos morts au cimetière, parents
et amis, mais je n'y laisserai pas la seule fille qui me
430 reste. Toi!!! Je veux surtout que tu comprennes bien que
je n'aie pas l'intention d'être une entrave à tes projets
ou à ta vocation (Si vocation il y a) mais à seize ans tu
es trop jeune pour décider de ta vie, jusqu'a date, tu n'as
connu que l'école, le couvent, les études..... Dorénavant,
435 ca sera différent, tu entreras dans la vie réelle, tu
connaîtras le monde, et si apres quelques années tu désires
encore entré au couvent, tu reviendras ici je te laisserai
libre. Tu as bien compris?.....
Oui Maman, et je crois que vous avez parfaitement raison. //
440 Les événements se précipitèrent. Au retour de son deuxieme   *[116]*
voyage d'excursion mon père nous apprit qu'il avait acheté
une belle ferme dans un petit village de la province Ontario.
ce village portait le nom de Notre-Dame des Oliviers. Genier.
en consideration du premier colon defricheur Monsieur Olivier
445 Genier. Tous nos efforts se concentrèrent au déménagement.

---

413   *B* vos] *en interligne au-dessus de* mes
    raturé
424   *B* ma mère.... Je] ma mère et je
432   *A* seize] 15 *en surcharge*
    B seize] seize
443-445 *A* ce village portait le nom de
    Notre-Dame des Oliviers. Genier. en
    consideration (*ce mot au-dessus de* sou-

venir *raturé*) du premier colon defricheur Monsieur Olivier Genier] *ajouté*
ultérieurement en interligne et dans la
marge de gauche
444   *B* en consideration du] en l'honneur
    du
445   *B* au déménagement] dans le
    déménagement

Quand tout fût fini, mon père et mon frère, le sacristain,
s'embarquèrent les premiers avec tout le ménage et les
animaux, la famille devait suivre une semaine après.
    Cette semaine fût employée à visiter nos parents
450 et amis.
    Les derniers jours se passèrent chez tante Annie,
elle etait maintenant seule pour continuer la tâche ardue
d'élever Mes cousines et mes cousins, la grippe Espagnole,
ayant ravi à leur affection le cher oncle Achille. Au
455 moment des Adieux, tante Annie, s'adressant à ma Grand'Mère
lui dit : ô Grand'Mère, pourquoi ne demeurez-vous pas avec
nous? Vous êtes trop âgée pour suivre la famille dans ce
pays lointain et etranger....... Le cœur battant, j'attendais
la réponse de Grand'Mère.......
460   Je vous remercie bien Annie, cet offre vous honore
et me prouves une fois de plus votre bon cœur, mais ces
enfants je les ai élevés... et m'en séparer serait // Une   *[118]*
chose audessus de mes forces..... ils font partie de ma
vie et je veux rester avec eux jusqu'à la fin de mes jours.
465 Dieu merci, ma Grand'Mère chérie nous suivrait au pays
de l'exil.
    Le lundi matin nous prîmes le train qui devait nous
conduire vers une vie nouvelle, vers l'inconnu.

470   ô arbres gigantesques de mes forets ô Rubans d'eau
aussi limpide que l'azur des Cieux, qui enlacez d'une même
étreinte, tous mes souvenirs d'enfance..... Adieu..... car
désormais je n'évoquerai plus votre douce image, que dans un
passé déjà lointain......
475   ——————————

    Fin de ma première épisode, Ma vie de seize années
dans la Province de Québec. À continuer la deuxième tranche
de Ma vie en contrée etrangère.......

---

448   *B* famille] fam *en surcharge à* sema
       <= semaine>
      B après] plus tard
457   *B* âgée] âgé
461   *B* mais ces enfants] mais voyez-vous
      ces enfants
465-466 *A* Dieu merci, ma Grand'Mère
      chérie nous suivrait au pays de l'exil]
      ajouté ultérieurement en surcharge aux

points de suspension qui suivaient jours *et*
en interligne
467   *A* lundi] *en interligne au-dessus de*
      mardi, *lui-même en surcharge à* lundi
469   *B* Chapitre 10.
      Arrivée en contrée etrangère.
476   *B* Fin de ma première épisode, Ma]
      « Fin de la première épisode de ma
478   *B* en contrée etrangère.......] en la
      Province de l'Ontario ».

Chapître VIIII — (9)
.... Vers l'inconnu!!! ...

En ce lundi 8 août 1922[217], le siflet de la locom[o]tive
retenti marquant l'heure du départ. Grand'Mère ma mère et
mes frères étaient dejà installés dans un compartiment
spacieux et confortable. Penchee à la portière, le cœur
brisé, je regardais fuir le paysage // les fermes   [119]
verdoyantes, mon village la batiscan... St-Stanislas!!!
Berceau de mon enfance et de mon adolescence Adieu!!!
Aurevoir... puisse Dieu m'accorder l'ultime joie de vous
revoir un jour.
    Apres dix huit heures de trajet nous arrivâme
enfin à destination. Mon père très occupé à sa nouvelle ferme
avait envoyé à notre rencontre un de ses employés. Quelle
ne fût pas notre surprise, de reconnaître dans le jeune
homme souriant qui s'avançait vers nous Léo-Paul Delisle.
Cet enfant avait été adopté par les voisins de notre ferme.
madame Bernier qui apres la mort de ses deux filles chéries[218]
s'était penchée vers cet enfant issu d'une nombreuse famille

---

3   *A* lundi 8] *en interligne au-dessus de*
mardi 9 *raturé*
    A siflet] 1 *en surcharge à un* f
    B siflet] sifflet
    A locom[o]tive] locomative : *corr.*
d'après B
6   *A* Penchee] *en interligne au-dessus de*
Debout *raturé*
7   *A* fuir] *en interligne*
8   *B* verdoyantes, mon village] verdoyantes le décor féerique (*ces deux*
derniers mots en interligne au-dessus de
paysage *raturé*) mon village
9   *A* et] *en surcharge à une virgule*
10   *B* Aurevoir] *om.* (*ce mot, de même que le*
précédent, avaient été raturés par S *en* A)
10-11 *A* vous revoir] *en interligne au-dessus de*
revenir *raturé*

12   *B* de] *en surcharge à* du
    B arrivâme] arrivâmes
14   *B* à notre rencontre] à la [ma ?]
rencontre
    A rencontre] *en interligne au-dessus de*
arrivée *raturé*
15   *A* notre] *en surcharge à* ma
16   *A* vers nous] *ajouté dans la marge de*
gauche
    B vers nous] *om.*
17   *B* enfant avait été] enfant qui appartenait à la famille la plus nombreuse
de St-Stanislas avait été
18   *A* qui] *en interligne à gauche de* celle-ci
raturé
    B qui] *om.*
19   *B* issu d'une nombreuse famille] *om.*
    (*voir supra, variante* 17)

20   et l'avait élevé jusqu'à l'âge de 18 ans. Leo-Paul très
empressé nous procura un taxi ou nous primes place. Chemin
faisant il nous dit qu['June distance [de] huit milles
séparaient la ville de Cochrane de notre ferme située dans
le village de Genier. il nous dit aussi que mon père l'ayant
25   rencontré à la ville, l'avait embauché pour les travaux de
la ferme. étant sans travail depuis quelque temps déjà je
fus très heureux // d'accepter cet emploi et ce mardi 9   *[120]*
août 1922 8 heures du soir nous arrivâmes enfin à notre
nouvelle residences. Mon père et mon frère Albert nous
30   accuellirent avec joie. Un soleil radieux dorait une grande
pièce de blé ensemencée par l'ancien propriétaire de notre
ferme monsieur Olivier Genier. les ouvriers les frères
Genier achevaient la construction de notre maison d'habitation
qui nous parut de dimensions très restreintes. Les meubles
35   n'étaient pas encore placés et en ce premier soir de notre
arrivée deux chambres furent aménagées une pour Grand'Mère
et l'autre pour mes parents. mes frères et moi-même monterent[219]
au grenier de la grange et sur le foin recemment engrengé
et qui sentait bon nous fîmes nos lits à notre taille mes
40   frères s'endormirent d'un profond sommeil. j'éprouvais une
fatigue accablante, mais le sommeil était lent à venir.
La lune répandait une douce clarté sur cette chambre impro-
visée, au livre du passé je devais tourner la page, oh sans
doute j'y reviendrais souvent par la pensée, mais demain

---

20   *A* 18 ans] *en interligne au-dessus de* seize
ans
       B 18 ans] dix-huit ans
22   *A* une distance] *ajouté en interligne au-
dessus de* que *dont le* e *a été raturé*
       B qu['June distance [de] huit] qu'une
distance de huit
23   *B* séparaient] séparait
24   *A* *après* Genier] en ce mardi 9 août
1922 un soleil radieux *raturé*
25   *B* à la ville] en ville
30   *B* accuellirent] accueillirent
       B radieux] rad *en surcharge à* dor
<= dorait [?]>
31   *A* de blé] *en interligne au-dessus de*
d'avoine *raturé*
32-33 *A* les frères Genier] *en interligne*
34   *A* de dimensions très restreintes] *en*

interligne au-dessus de très petite *raturé*
35   *A* n'étaient] *en surcharge à* n'était
       B et] *om.*
       A en] *en interligne*
35-36 *A* de notre arrivée] *en interligne*
36   *A* une] *en interligne*
39   *B* et qui sentait bon] *om.*
       A nous fîmes nos lits] *raturé puis repris
en interligne au-dessus de* à notre taille *à
droite de* se firent *raturé, l'auteur ayant
voulu écrire* nos lits se firent à notre
taille *avant de revenir à sa première idée*
40-41 *A* j'éprouvais une fatigue] *en interligne
au-dessus de* Malgré une fatigue *raturé*
41   *A* mais] *dans la marge de gauche à la
place de* et *raturé dans la marge également*
42-43 *A* *après* improvisée] à la hâte *raturé*

45   serait un autre jour. une vie nouvelle allait commencé dans
un pays nouveau, si neuf ou tout était à faire. Si mon père
avait désiré recommencer la vie au premier dégré de l'échelle.
il était servi à souhait............................... //
Le soleil était haut à l'Horizon quand nous nous eveillâmes   [121]
50   nous avions bien dormi mais il y avait du pain sur la planche
et le travail nous attendait Mes frères avec entrain se
mirent à la besogne et j'apportai mon aide à Grand'Mère
et à ma mère dans le rangement du mobilier dans le meilleur
ordre possible. petit à petit on s'appliquait a reconstituer
55   l'atmosphere du Quebec en terre Ontarienne. Dans un coin à
droite de la salle à manger on installa le piano ainsi le
soir dans une détente nécessaire, nous pourrions continuer
de chanter les belles chansons canadiennes, ensuite la cuisine
et en haut une grande chambre pour les garçons, la chambre
60   de mes parents et je partageai la chambre de Grand'Mère.
Dans les jours qui suivirent nous vésitâmes ma mère et moi
le village. il y avait le presbytère et à l'étage superieur
était l'Eglise le Bureau de poste tenu par Monsieur Ferdinand
Genier qui tenait aussi l'épicerie du coin un peu plus loin
65   dans la concession 10 et 11 il y avait l'école. je la
vésitai et je fus agréablement surprise d'y découvrir sur
les rayons d'une bébliotèque des livres français. Quelle
joie. ainsi mes frères Claude, Victorin et Charles-Edouard
qui devaient retourner à l'école en septembre pourraient
70   apporter à la maison un volume par semaine // chaque soir   [122]
la lecture de quelques chapitres de ce volume aiderait la

---

45   *A* serait] *en surcharge à* sera
52-53 *B* aide à Grand'Mère et à ma mère
dans] aide à ma mère et à Grand'Mère
dans
58   *B* de chanter] à chanter
A ensuite] *en interligne*
58-59 *B* la cuisine et en haut] la cuisine avec
l'unique porte d'entrée et de sortie et
en haut
61-62 *B* suivirent nous vésitâmes ma mère
et moi le village] suivirent nous par-
tageames ma mère et moi nos moments de loisirs à visiter le village
62-63 *A* et à l'étage superieur était] *en interligne au-dessus de* en haut *raturé*

63   *A* le Bureau de poste] *en interligne au-
dessus de* la post office *raturé*
63-64 *B* l'Eglise le Bureau (...) un peu plus
loin] l'Eglise a laquelle nous avions
acces par un escalier tournant sur le
côté gauche dehors de la bâtisse. En
face de notre maison il y avait le bureau de poste ainsi que l'épicerie du
coin tenu par Monsieur et madame
Ferdinand Genier. un peu plus loin
64   *A après* l'épicerie du coin] pour ac-
commoder *raturé*
65   *A* il] *en surcharge à* et
70   *A* chaque soir] *transcrit dans la marge*

famille à secouer la melancolie à s'ad[a]pter enfin à cette
nouvelle province si différente de celle que nous avions
quittée. en ce premier été de notre séjour au nord Ontario,
75 sévissait une sécheresse excessive. qui mettait à sec presque
tous les puits pour résoudre ce problème ardu nous devions
nous procurer l'eau potable indispensable à notre existence.
à un lac le lac Dora[220] situé à deux milles du village. chaque
soir mon père et mon frère Albert attelaient la petite
80 jument a robe pommelée argent et la petite jument brune a des
traineaux sur lesquels étaient installés deux grosses tonnes
qui avaient servi autrefois à recœuillir l'eau d'erable à
l'erablière. devant le sucroit d'ouvrage que représentait le
transport de l'eau pour la maison et pour les animaux mon
85 pere decida de creuser un puits. les travaux commencèrent
les travailleurs avaient atteint une profondeur de 22 pieds
dans un sol aride et sec et toujours l'angoissante question
aurons-nous de l'eau?... demeurait sans solution. ce matin
la mon père qui avait chanté une grand'messe // dans la   [123]
90 petite Eglise de Genier fut très surpris d'y rencontrer
le prêtre colonisateur qui était de passage pour quelque
jours au presbytère de Genier. Après une cordiale poignée
de mains il s'informa de la santé de notre famille et comment
on s'arrangeait en ce pays neuf. Nous nous arrangeons assez
95 bien lui repondit mon père, le travail ne manque pas, mais

---

72   *A* la melancolie] *transcrit dans la marge*
      à côté de le cafard *raturé*
      A à rompre la monotonie des heures
      déprimantes *ajouté dans la marge sans*
      doute au moment où l'auteur préparait la
      version B
      B la melancolie à s'ad[a]pter enfin] la
      mélancolie à rompre la monotonie des
      heures déprimantes à s'adapter enfin
      A s'ad[a]pter] s'adepter : *corr.*
      d'après B
      A à s'ad[a]pter] à accepter (*ce mot*
      raturé) s'ad[a]pter
73   *B* province] contrée
76   *B* les puits pour résoudre] les puits de
      la région pour résoudre
      A problème ardu nous] problème
      ardu de l'eau (*ces deux mots raturés*) nous
77   *A* nous procurer] nous appri (*ce début*

      de mot raturé) procurer
80-81 *A* des traineaux] des sloops (*ce mot*
      raturé) traineaux
      B a des traineaux sur] à des traineaux
      (sloops) sur
83   *A* devant le] *en surcharge à* ces
      B sucroit] surcroit
      A sucroit d'ouvrage] *en interligne au-*
      dessus de inconvénients *raturé*
89   *B* grand'messe] grande messe
90   *A* de Genier] *en interligne*
91   *B* colonisateur qui] colonisateur (le
      responsable de notre exil)... qui
      B quelque] quelques
91-93 *A* le / responsable / de notre / exil
      ajouté dans la marge sans doute au moment
      où l'auteur préparait la version B
94   *B* en ce] dans ce

je suis actuellement aux prises avec la difficulté de
trouver de l'eau par cette sécheresse, il nous faut la
quérir assez loin aussi j'ai commencé le creusage d'un puits.
nous sommes a 22 pieds de profondeur et nous n'avons pas
100   encore d'eau. j'irai cet après-midi dit le prêt[r]e en vous
rendant visite. j'irai aussi voir vos travaux concernant ce
puits. Il vint nous vésiter et avec mon père il se rendit
à l'endroit ou les ouvriers creusaient toujours sans succès.
le prêtre regarda longuement ce trou beant et sec puis tout
105   a coup il dit à mon père : creusez encore deux autres pieds
et vous aurez de l'eau pour subvenir amplement à tous vos
besoins. Alors les ouvriers se remirent à creuser avec
ardeur deux autres pieds et l'eau surgit tout à coup du fond
du puits en trois grosses veines qui bouillonnaient. un cri
110   de Joie s'eleva de l'eau!!! nous avons de l'eau. Aussitôt
on descendit en hâte les pierres pour tapisser les parois
du puits il fallait // faire vite car l'eau montait rapide-   *[124]*
ment. Enfin! on posa la dernière pierre et un solide couvercle
et on installa une pompe de fer. Ainsi ce puits de 24 pieds
115   de profondeur se remplit jusqu'à la surface de la terre et
nous fourni une eau claire et limpide. Ce même soir la
récitation du chapelet en famille fût une prière d'action
de graces de reconnaissance pour cette faveur si appréciable
d'avoir enfin de l'eau. Cette source d'eau ne devait jamais

96-97 *A* de trouver] *en interligne au-dessus de*
    d'obtenir *raturé*
    B avec la difficulté de trouver de l'eau
    par cette] avec un problème ardu celui
    de nous procurer de l'eau potable par
    cette
97-98 *A* par cette sécheresse, il nous faut la
    quérir assez loin] *en interligne*
98   *B* assez] tres
    A aussi] *en interligne*
    B aussi] *om.*
100   *A* prêt[r]e] prête : *corr. d'après B*
    B prêt[r]e en vous] prêtre et en vous
102   *A* nous vésiter et] nous vésiter dans
    l'après midi (*ces trois mots raturés*) et
104   *B* le prêtre regarda] Il regarda
    A et sec] *en interligne*
106   *A* et] *en interligne*
107   *A* besoins. Alors] besoins et ce puits

(*ces trois mots raturés*) Alors
108   *A* du fond] *en interligne au-dessus de* des
    parois *raturé*
    B du fond] du fonds
109   *A* veines qui] veines d'eau (*ce mot
    ajouté en interligne puis raturé*) qui
    B veines qui bouillonnaient. un cri]
    veines bouillonnantes un cri
    A cri] crii [?]
110   *B* de l'eau!!! nous] De l'eau!!! De
    l'eau!!! nous
112   *A* faire vite] *en interligne au-dessus de* se
    hâter *raturé*
114-116 *A* d'eau / pure / et / salubre *ajouté
    dans la marge*
116   *B* fourni] fournit
117   *B* d'action] d'actions
119   *B* enfin] *om.*
119-120 *A* Cette source d'eau ne devait

120 manquer. un Dimanche monsieur le curé[221] après la messe me
demanda si je voulais bien accompagner sur l'harmonium les
chantres à la grand'messe du Dimanche et peut-être ajouta-t-il
pourrions nous pratiquer un chœur de chants avec un groupe
de jeunes filles de la paroisse pour la grande fête de Noël
125 j'acceptai avec plaisir chaque soir il y avait pratique de
chants chez nous au piano. toute cette jeunesse mettait de
la joie dans la petite maison. entre temps le Rev. père
Arpin premier curé de la paroisse de Genier fût remplacé
par un très jeune prêtre Rev. Rosaire Mathieu[222] il arriva
130 seul. sur la demande de ce dernier ma grand'mère accepta
d'élire domicile au presbytère pour lui faire la cuisine
et les travaux ménagers indispensables. // Monsieur le   [*125*]

---

jamais manquer] *en interligne*
B source d'eau ne devait jamais
manquer] source d'eau qui tenait du
miracle ne devait jamais tarir....
120 B un Dimanche monsieur le curé
après la messe me] Un Dimanche
après la grande messe Monsieur le
Curé me
121 B accompagner] accompagné
121-126 A je vous / avoue / Mademoiselle
/ que la / pensée / m'est venue / que
ajouté dans la marge
121-122 A l'harmonium les chantres]
l'harmonium le chant (*ces deux mots
raturés*) des (*corrigé en* les) chantres
122 B grand'messe] grande messe
123 B pratiquer] exercer
B chants] chant
124 A pour la grande fête de Noël *en
interligne*
A Afin de / célébrer / dignement / la
grande / fête de Noël *ajouté dans la
marge sans doute au moment où l'auteur
préparait la version B*
B la paroisse pour la] la paroisse ainsi
nous pourrions célébrer plus dignement la
125 B chaque soir il] Chaque soir avec les
jeunes filles que j'avais recrutées il
126 B chants] chant
B chez nous] *om.*

127 A *entre* maison. *et* entre temps] et la
messe de minuit fût un vrai succès.
Mes petites chanteuses avaient très
bien rempli leur rôle *raturé*
B maison. entre temps] maison et
donnait à la « Miemose Quebécoise »
moi le précieux avantage de prendre
racine en terre Ontarienne Tant qu'à
ma mère elle ne s'adaptait toujours pas
et sans doute ne s'adapterait jamais.
Ma Grand'Mère avec l'esprit de résignation qui la caractisait [*sic*] déclarait
qu'elle avait aimé d'emblée ce petit
village et qu'elle se sentait ici très
heureuse. Entre temps
128 B de Genier] *om.*
130-131 A accepta d'élire] accepta de lui
servir (*ces trois mots raturés*) d'élire
131 B d'élire] d'élir
132 A et les travaux] et entretenir le (*ces
deux mots raturés*) les travaux
B et les travaux] et vaquer aux
travaux
A et vaquer *ajouté dans la marge à la
hauteur de la ligne 130, sans doute au
moment où l'auteur préparait la version B*
A indispensables] *transcrit dans la
marge dans le prolongement de* travaux
ménagers
B indispensables] *om.*
A Monsieur] *en surcharge à* M[r] le

curé me demanda aussi s'il pourrait compter sur moi pour
les lavages et les repassages de la lingerie d'Eglise
135 je promis de lui rendre ce service et la vie continuait au
fil des jours les pluies abondantes de l'automne donnaient
à ce pays neuf un aspect sinistre la terre très forte en
chaux et argile se detrempait et collait à nos chaussures
C'était affreux une apres-midi, une pluie froide et glacée
140 fouettait les vitres mon frere Vic debout à la fenêtre
regardait le paysage d'un air desabusé tout à coup il se
tourna vers mon père et lui dit : Moi je ne sais pas pourquoi
on a donné à cette paroisse le nom de Notre-Dame des Oliviers?.
Mon père lui repondit et si on t'avait demandé de donner un
145 nom à cette paroisse quel nom aurais-tu choisi? Moi?... le
nom que j'aurais choisi aurait été Notre-Dame des souches....
tous rirent d'un bon cœur de cette boutade d'enfant. les
jours les semaines et les mois passaient rapidement bientôt
ça serait la grande fête de la Nativité. j'avais travaillé
150 bien fort avec les jeunes filles qui formaient le Chœur
de chant afin de faire de cette grande fête un veritable
succès A minuit juste mon père entonna le Minuit Chrétien,
j'accompagnais à l'harmonium. et quand la messe de l'aurore[223]
commenca mes petites chanteuses entonnerent les cantiques
155 de Noel[224], les Anges dans nos campagnes // il e[st] né le   [126]
Divin Enfant, ça bergers assemblons nous, le dernier solo
fut chanté par une jeune fille de onze ans Alice[225] qui était
douée d'une voix mélodieuse. elle chanta : « Ils cheminaient

---

133 A pourrait] *en surcharge à* pouvait
     B pourrait] pouvait
134 A de] *en surcharge à* du
135 B service et la vie] service bénévol et
     au fil des jours la vie
138 A et argile] *ajouté dans la marge à*
     gauche de se detrempait
     B et argile] *om.*
139 A C'était affreux] *ajouté dans la marge*
     à gauche de une apres-midi
140 B Vic] Victorin
141 A Sylvie / 5583 *transcrit dans la marge*
142 B tourna] retourna
143-144 B Oliviers?. Mon] Oliviers Ge-
     nier? » Mon
144 A et] *ajouté dans la marge à gauche de*
     si on

146 B aurait été Notre-Dame des
     souches... tous] aurait été celui de
     « Notre-Dame des Souches » tous
150 A avec les] avec mes (*ce mot raturé*) les
152 B succès A minuit] succès. Les
     cloches sonnaient joyeusement invi-
     tant les fidèles a venir célébrer dans
     l'humble petite Eglise de Genier la
     naissance du Sauveur. A minuit
     B entonna le Minuit Chrétien] en-
     tonna « Minuit Chrétiens »
155 A il e[st] né] il en né : *corr. d'après B*
157-158 A était douée] *en interligne au-dessus*
     de possédait *raturé*
158 A d'une] d' *ajouté devant* une
     A mélodieuse] *en interligne au-dessus de*
     extra ordinaire *raturé*

sans plainte[226] bien loin de Nazaareth....
160   Pendant que le Chœur chantait le refrain

      « Tu n'as point d'asile parmi les ingrats
      Dieu que l'on exil je te tends les bras
etc etc...

      Apres la messe Monsieur le curé vint me feléciter
165   ainsi que Monsieur et Madame McLean des anglais Catholique
qui me féliciterent chaleureusement et me dirent qu'ils
n'avaient jamais assisté à une aussi belle messe de minuit.
dans cette humble Eglise à genoux sur le prie-Dieu plus que
jamais je compris que Dieu était partout présent et qu'il
170   nous serait possible avec son aide de bâtir un avenir promettant[227]. Le réveillon fut joyeux et plein d'entrain Ma mère
et Grand'Mère s'étaient surpassées dans la confection des
mets traditionnels, qui, en ce premier reveillon en terre
Ontarienne nous rappelaient si vivement notre cher Quebec
175   tant regretté. Et 1922 ployant sous le poids des semaines
et des mois egrenait ses derniers jours.

      Moins de gaieté régnait dans la maison // Nous   *[127]*
n'étions pas encore adapté aux exigences de ce pays neuf
où il y avait tant à faire et le souvenir de notre village
180   natal etait trop vivace dans nos cœurs pour oublier. La
dernière journée de l'année etait arrivée mon père avait

B mélodieuse. elle] melodieuse. Alice
était une veritable cantatrice. elle
158-159 B « Ils cheminaient sans plainte
bien loin de Nazaareth....]
« Ils cheminaient sans plainte »
Bien loin de Nazaareth etc etc. »
161-163 B « Tu n'as point d'asile parmi les
ingrats
Dieu que l'on exil je te tends les bras
etc etc..............................]
« Tu n'as point d'asile
Parmi les vainqueurs (*ce mot raturé*)
ingrats
« Dieu que l'on exile
je te tends les bras etc etc.......
164   *A* Monsieur] *en surcharge à* M^r le
164-165 *B* feléciter ainsi que Monsieur et]
féléciter pour le succès de la messe de
Minuit. M^r et

165   *A* ainsi que] *en surcharge à* aussi
165-166 *A* Catholique qui] *en interligne*
B Catholique qui me féliciterent]
catholiques me félicitèrent
172   *B* et Grand'Mère] et ma Grand'Mère
A surpassées dans la confection des]
en interligne au-dessus de donné beaucoup de travail pour confectionner
tous les *raturé*
174   *B* rappelaient] rappellaient
175   *A* tant] *en surcharge à* re
176   *A* des mois egrenait] des mois et des
jours (*ces trois mots raturés*) egrenait
178   *B* adapté] adaptés
179   *B* où il y avait tant à faire] où tout
était à faire
180   *B* oublier. La] oublier.... « Moi! la
sentimentale au suprême dégré!!!
jamais je n'oublierais Quebec ». La

rapporté de la ville²²⁸ les bonbons et les fruits aussi la
boisson néccessaires pour cette grande fête du premier de
l'an. il n'oublia pas la chartreuse couleur vert emeraude,
185 boisson traditionnelle chez nous aux temps des fêtes. Les
heures s'ecoulaient lentement. mes freres eux-même étaient
mélancoliques et on se sentait seuls désemparés... quand
tout à coup aux douze coups de minuit des cris d'allégresse,
de joie des coups répétés frappés à la porte retentirent.
190 mon père alla ouvrir et tous nos voisins en chantant firent
irruption dans notre humble petite maison. Quelle joie!!...
on échangea les souhaits traditionels du jour de l'an. Mon
père versa la liqueur verte et la liqueur doré dans les
verres tous entourerent le piano et j'accompagnai les chansons
195 canadiennes du jour de l'an, chansons à répondre et refrains
savoureux de chez nous. Quand on pria mon père de chanter il
entonna de sa voix grave.

      « Mon Dieu benissez la nouvelle année //
      rendez heureux nos parents nos amis   *[128]*
200   Elle est toute à vous
      Et nous est donnée
      Pour meriter le paradis (bis)

      Mon père s'ecria, resumant la pensée de notre
famille
205 mes chers amis, quelle bonne surprise vous nous faites.
Mʳ Olivier prit la parole.

---

182   *B* rapporté] apporté
      B les bonbons et les fruits] les bon-
      bons, les fruits
182-183 *B* la boisson néccessaires pour cette
      grande fête du] les boissons necéssaires
      pour ce Grand jour du
183-184 *A* pour cette grande fête du pre-
      mier de l'an] *en interligne*
184   *B* il n'oublia pas] il n'avait pas oublié
      B couleur vert emeraude] couleur
      éméraude
185   *B* aux temps] au temps
186   *B* eux-même] eux-mêmes
187   *B* et] *om.*
189   *A* répétés] *ajouté dans la marge à gauche
      de* frappés
      B retentirent] retentir

190   *A* alla ouvrir et tous] alla ouvrir la
      porte *(ces deux mots raturés)* et tous
191   *B* humble] *om.*
192   *A* souhaits] *en surcharge à* vœux [?]
193   *B* doré] dorée
194   *A* verres] *en surcharge à* vers
198-199 *B* « Mon Dieu benissez la nouvelle
      année
      rendez heureux nos parents nos amis]
      « Mon Dieu bénissez
      La nouvelle annee
      Rendez heureux
      Nos parents nos amis
206   *B* Mʳ Olivier] Monsieur Olivier
      A Mʳ Olivier prit] Mʳ Olivier Genier
      (ce mot raturé) prit

Voyez-vous dit-il nous avons pensé que toute votre famille
se sentirait isolée et déprimée en ce premier jour de
l'année de votre sejour au Nord Ontario et c'est pourquoi
210   nous sommes venus vous apporter nos souhaits et vous assurer
de nos relations reciproques de bons voisinage. on chanta
et on trinqua jusqu'aux petites heures du matin. A l'horizon
dans un nuage rose 1923 faisait s[a] vesite sur une note
d'espoir. cette reception cordiale de nos voisins nous fit
215   chaud au cœur et fût pour nous tous un element de réconfort.
        Avant le déjeuner familial toute la famille prosternée,
les fronts courbés reçurent avec respect la bénédiction du
jour de l'an²²⁹ Mon père traça sur les fronts courbés le signe
de la Rédemption « je vous benis // au nom du Pere, du Fils   [*129*]
220   et du St. Esprit ainsi soit-il.............................
        Le premier hiver au nord Ontario fût long et
rigoureux : les hommes étaient assez occupés à soigner le
bétail aux ecuries et surtout à aller faire la coupe du bois
de chauffage en quantité suffisante pour cette saison hivernale.
225   mes frères, allaient à l'école, entre-temps. Le Curé Rosaire

---

208   A   et déprimée] *en interligne*
211   B   bons voisinage] bon voisinage
213   A   s[a] vesite] *en interligne au-dessus de*
       son apparition *dont le dernier mot a été*
       raturé
       B   s[a] vesite] son apparition
       A   note] n *en surcharge à* d
220   B   St. Esprit ainsi soit-il......] St.
       Esprit. Amen. »
221-229 B   Le premier hiver (...) Chaque
       soir]
              Chapitre 11.
       Premier contact d'un hiver long et
rigoureux. La terre était recouverte de
sa parure d'hermine un froid vif et sec
nous faisait apprécier les bons offices
du poêle de cuisine et d'une fournaise
à bois installée au centre de la petite
maison. Sur les avis de nos voisins qui
eux nous avaient devancés au nord la
principale occuppation de mon père et
de mes frères se concentra sur la coupe
du bois de chauffage coûte que coûte
nous devions entreprendre la lutte
contre septh longs mois sous les aus-
pices d'un climat inclément froid et

tempêteux. Et quand le soir groupait
la famille autour d'un feu pétillant qui
repandait une chaleur uniforme mon
père nous disait avec un sourire en-
courageant « Eh bien mes enfants en
dépit de la froide saison ne sommes
nous pas confortables dans notre petite
maison? »... Claude mon frère aux
cheveux bouclés lui répondait : « Oui
sans doute mais moi papa j'ai toujours
l'impression que ce pays du Nord
Ontario est situé tres tres près du Pôle
Nord voila. »
       Mon frère s'attendait-il dans les
chemins encombrés de neige de faire
la rencontre d'un ours polaire?... Sait-
on jamais???..........
       Chaque soir
223   A   faire la coupe] *en interligne à droite*
       de couper *raturé, lui-même en interligne*
       au-dessus de querir *dans raturé*
       A   du] *en surcharge à* le
225   A   allaient] *ajouté dans la marge de*
       gauche
       A   Le Curé] Le rev. (*ce mot raturé*) Curé

Mathieu avait été remplacé par Monsieur le Curé Jules Michaud[230]
qui était arrivé à Genier avec son frère et sa femme[231] et sa
sœur Alice. Grand'Mère était revenue reprendre sa place à
notre foyer. Chaque soir Grand'mère nous lisait quelques
230 chapitres d'un livre d'histoire que mes frères apportaient
de l'école je m'étais liée d'amitié avec l'institutrice de
Genier Mademoiselle Beatrice Auger. elle pensionnait[232] au
presbytère et chaque soir ses classes finies nous allions
faire une marche[233] dans cette belle campagne. et si plus tard
235 la vie nous separa toujours le souvenir nous reuni soit
par contact ou par correspondance. je dois à cette amie
sincère et loyale mon adaptation au pays de l'exil (du moins
c'est ce que représentait pour moi à cet epoque le Nord
Ontario) son séjour au presbytère comme pensionnaire coincida
240 avec celui de Grand'Mère. Chaque // soir apres avoir aidé   [130]
ma mère aux travaux ménagers je me rendais au presbytère
réjoindre Grand'Mere et Béatrice. M^r le Curé Mathieu
s'enfermait dans son bureau pour y travailler et toutes
trois groupées autour du poêle qui ronronnaît nous
245 demandions à Grand'Mère de nous raconter des contes et des
histoires de l'ancien temps. Ces contes et episodes d'un
autre epoque étaient nouveaux pour mon amie et ils me donnaient
à moi l'occasion de les entendre une fois de plus. Un soir

228   *A* reprendre] re *ajouté à* prendre
229   *B* Chaque soir Grand'mère nous lisait quelques] Chaque soir je lisais quelques
230-231 *B* frères apportaient de l'école] freres emportaient de la bibliotèque de l'école
232-234 *B* Auger. elle (…) allions faire] Auger. Nous étions toutes deux à peu pres du même dégré d'éducation avec la différence que mon amie était un [*sic*] parfaite bilingue. Elle parlait l'anglais et le Français tres correctement. Chaque soir nous allions toutes deux faire
233   *A* ses classes finies] *ajouté dans la marge*
236   *B* contact ou par] contact d'une fortuite rencontre ou soit par
236-237 *B* amie sincère et loyale mon] amie loyale et sincère mon
237   *A* adaptation] *en surcharge à* adaption
238   *B* cet epoque] cette époque
239   *B* son séjour au] Le séjour de mon amie au
      B comme pensionnaire] *om.* (*voir infra, variante suivante*)
240   *B* Grand'Mère. Chaque soir] Grand'Mère. Béatrice était pensionnaire. chaque soir
242   *B* M^r le] Monsieur le
243   *A* pour y travailler] *ajouté dans la marge*
      A toutes] *en surcharge à* touses
247   *A* epoque] *en interligne au-dessus de* temps *raturé*
      B nouveaux] noveaux
248   *A* à moi] *en interligne*
      B à moi] *om.*
      A l'occasion] *en interligne au-dessus de* le prévillège, *ce dernier mot seul ayant été*

que Grand'Mère nous avait raconté avec force détails une
250   histoire de Loup-garou nous sentions mon amie et moi, une
peur terrible nous gagner. au moment le plus pathétique ma
Grand'Mère pointa de son index le mur avec des yeux agrandis
en nous disant mais regardez donc ce qu'il y a sur le mur.
des cris d'effroi retentirent si fort que Monsieur le Curé
255   sortant en trombe de son bureau demanda si le feu était à
la maison. mais non mais non dit Grand'Mère qui riait d'un
bon cœur, ce sont Béatrice et Miemose qui ont eu une de
ces peurs en entendant le recit d'une histoire de loup garou
et de plus comme je pointais sur le mur le dessein[234] qu'avait
260   fait leur ombrage, elles crurent à une appa-//rition. Ainsi   *[131]*
l'hiver s'achevait et je voyais avec apréhension venir
l'époque des grandes vacances, ce qui signifiait pour moi
la séparation avec[235] ma grande amie qui devait rejoindre ses
parents qui demeuraient à Sudbury... le jour du départ je
265   lui dis le cœur serré d'émotion : ô Béa comme je vais te
manquer promets-moi je t'en conjure de revenir enseigner
l'an prochain. Alors elle me dit en souriant mais c'est
déjà fait puisque j'ai signé [m]on contrat et renouvelé

---

raturé
    A fois de plus] *en interligne au-dessus de*
    autre fois *raturé*
248-249 A Un soir que] Un soir <*mot il-*
    lisible raturé > que
253   B regardez donc ce] regardez-donc
    mes petites filles ce
    B ce qu'il y a sur] ce que je vois sur
255   A le feu était] le feu a pris (*ces deux mots*
    raturés) était
255-256 A à la maison] *en interligne au-dessus*
    de pris *raturé*
257   A eu] *en interligne*
    B eu] eues
258   A le recit d'une histoire de] *en inter-*
    ligne au-dessus de une histoire de *raturé*
260-261 A Ainsi l'hiver] Ainsi au fil des
    jours (*ces quatre mots raturés*) l'hiver
    B Ainsi l'hiver] Ainsi au fil des jours
    l'hiver
261   B apréhension] appréhension
    A venir] *en interligne au-dessus de*
    s'approcher *raturé*
262   A vacances,] *la virgule semble avoir été*

ajoutée
    A ce] *ajouté dans la marge*
264   A demeuraient à] *raturé puis rétabli* [*?*]
    B qui demeuraient à] résédents de
    B Sudbury... le] Sudbury Ontario le
265   A serré d'émotion] serré par (*ce mot*
    raturé) l' (*surchargé en d'*) émotion
266   A promets-moi je] promets-moi au
    moins (*ces deux mots raturés*) je
    B je t'en conjure] *om.*
266-267 B enseigner l'an] enseigner ici l'an
267   B mais c'est] mais Miemose c'est
267-268 A mais c'est déjà fait puisque j'ai]
    en interligne au-dessus de qu'elle avait
    raturé. (En passant du style indirect au
    style direct, l'auteur a omis de corriger son
    en mon *aux lignes* 268 *et* 269)
268   A [m]on] son (*voir la variante*
    précédente)
    A contrat et] contrat d'engagement
    (*ce mot raturé*) et
268-269 A et renouvelé / [m]on engage-
    ment] *ajouté dans la marge*
    B puisque j'ai signé [m]on contrat et

[m]on engagement pour l'année suivante,... Ouf!!! Quel
270   soulagement je l'embrassai avec effusion.

---

renouvelé [m]on engagement pour
l'année suivante,... Ouf!!!] puisque
la commission scolaire m'a demandé
de signé mon contrat pour un

deuxième terme d'enseignement.
Ouf!!!

269   A [m]on son (*voir la variante 267-*
268)

Chapître [1]0.
Une partie de pêche fantastique

Nos voisins qui nous avaient précédé de quelques
années dans ce pays neuf connaissaient beaucoup de choses
5   que nous ignorions totalement. un jour Mr O. Genier nous
dit que si la journée du 24 mai était chaude et ensoleillée,
vers la fin du jour la carpe poisson à la chair excellente
monterait et qu'en nous rendant au ruisseau du « vieux Larose »
nous aurions une belle occasion de faire ample provisions
10   de poissons frais. La carpe?.... nous n'avions jamais
entendu parlé de ce poisson là le poisson le plus en vogue
de la Batiscan étant la barbotte et des petits poissons à
la chair très blanche et délicieuse. Le 24 mai!!! fête de
la reine Victoria date de mon anniversaire de naissance
15   également // toute la famille fût très interressée mes   [132]
frères sautaient de joie. pensez donc prendre des poissons
sans lignes, sans appats avec nos mains, des carpes qui
remontaient le courant par mille et par mille[236]. Claude me
dit en secouant sa belle chevelure aux ondulations
20   naturelles, tu te rends compte miemose?? prendre avec nos

---

1-2   A Chapître 20 [*sic*] *et* Une partie de
pêche fantastique] *ajoutés en interligne*
B Chapître 20 *et* Une partie de pêche
fantastique] *om.*

3   B précédé] précédés

5   B Mr O. Genier nous] Monsieur
Olivier nous

6   B 24 mai était] 24 mai (jour anniversaire de la Reine Victoria) était

7   B vers la fin du jour] *om.*

8   A au ruisseau] *transcrit dans la marge
à côté de* à la crick *raturé*

10   A n'avions] n' *en surcharge à un* a

12   B étant la barbotte et des petits
poissons à] était la barbotte et aussi des
petits poissons blanc à

13   B chair très blanche et] chaire délicate

et
A et délicieuse] et délicieuse d'ailleurs
(*ce mot raturé*) *en interligne*

14   B Victoria date] Victoria et date

15   B interressée] intéressée

17   B sans lignes, sans appats] sans ligne
sans hameçon ni appats
A sans] *en surcharge à* ni *devant* appats
A mains, des carpes] mains, des
poissons (*ces deux mots raturés*) des
carpes

18   A mille. Claude] mille. Te rends (*ces
deux mots raturés*) Claude

18-20 B Claude me dit (...) naturelles, tu
te] Claude secouant ses boucles brunes
me dit Tu te

20   B miemose] Miemose

114

mains ces magnifiques carpes dont quelques unes, nous a dit
le voisin, atteignent le poids respectable de 5 livres,
n'est-ce pas fantastique miemose?... ô que j'aie hâte que
ce jour arrive...

25   Et ce 24 mai arriva avec un soleil éclatant de
lumière et prometteur d'une chaude journée, exactement ce
que nous avions si ardamment désiré nous avions tout le temps
de s'organiser puisque les carpes ne remontaient le courant
de la crick (du ruisseau) qu'a l'heure ou le soleil commence

30   à descendre lentement à l'horizon de 4 à 5 heures. Enfin
après dîner nos voisins Monsieur Olivier et ses fils
attelèrent les chevaux à une charrette à 4 roues et mon
père attela la petite jument pommelé gris argent et la petite
jument brune à notre charrette et les deux voitures partirent

35   ensembles. les fils de Monsieur Olivier nous avait // bien   *[133]*
avertis d'emporter beaucoup de sacs à pomme de terre vides
pour y placer les poissons. il n'y eut que Maman et
Grand'Mère qui restèrent à la maison. dans notre voiture

---

22   *B* 5] cinq

23   *B* miemose] Miemose

23-24 *A au-dessus de* ô que j'aie hâte que ce
jour arrive...] *l'auteur a ajouté dans la
marge puis en interligne* et si tu veux
avoir mon opinion cette pêche doit
ressembler beaucoup à la pêche (*texte
qui se poursuit sur trois lignes dans la
marge de la page suivante :*) miraculeuse
/ de Jésus avec / ses apôtres. *Ces six
derniers mots ont ensuite été raturés, mais
l'auteur a omis de raturer ceux qui les
précèdent. En outre, les mots* miraculeuse
de Jésus avec ses apôtres *ont ensuite été
entourés d'un trait qui les unit à la phrase
restée incomplète* il [= Monsieur Olivier]
nous dit aussi *qu'on lit à la page* 133,
*dans le prolongement de ses apôtres. On
peut présumer que ce trait, unissant ces deux
passages incompatibles, équivaut à une
rature, les mots* il nous dit aussi *n'ayant
pas été autrement biffés* (*voir infra, variante* 43-47)

    B ô que j'aie hâte que ce jour ar-
rive...] *om.* (*de même que l'addition dont
il vient d'être question*)

25   *B* arriva avec] arriva enfin avec

27   *B* désiré nous] désirés. Nous

28   *A* ne] n *en surcharge à* r

29   *B* crick (du ruisseau) qu'a l'heure ou
le] crick qu'à l'heure où le

30   *B* de 4 à 5 heures] *om.*

31   *B* après dîner] apres le diner

    A dîner nos] dîner chez (*ce mot raturé*)
nos

32   *B* 4] quatre

33   *B* attela la petite jument pommelé
gris argent et la petite] attela la paire
de petits chevaux jument pommelé
gris argent et petite

34   *A* charrette et] charrette 4 roues (*ces
deux mots raturés*) et

35   *B* avait] avaient

36   *A* avertis d'emporter] avertis de ne
pas oublier (*ces quatre mots raturés*)
d'emporter

    B sacs à] sacs de

    A vides] *en interligne*

    B vides] *om.*

37-38 *B* poissons. il n'y eut que Maman et
Grand'Mère qui restèrent à la maison.
dans] poissons. Ma Mère et ma
Grand'Mère restèrent à la maison pour
vaquer aux travaux ménagers. Dans

115

j'étais la seule fille avec mon père et mes 4 frères, et
40 dans la voiture d'avant il y avait aussi une seule fille
marguerite avec son père et ses freres qui étaient nombreux.
Arrivés à ce ruisseau du « vieux Larose » Monsieur Olivier
nous expliqua que ce ruisseau prenait sa source dans un lac
et serpentait en travers les praieries[237] et les bosquets
45 déversait ses eaux dans la riviere Abitibi. alors le
poisson venant de la riviere se frayait un passage et
remontait le courant du ruisseau. Marguerite et moi nous
promenions sur les bords de cette belle rivière. elle me
designa la mansarde du vieux Larose[238] une blanche fumée s'élevait
50 vers le Ciel, nous allâmes lui rendre une courte visite. il
vivait seul avec son chien. la forêt n'avait pas de secrets
pour lui. il la parcourait en tous sens jour apres jours
c'était son domaine il nous parla longuement des charmes
et des beautés de la nature. c'est extraordinaire dit-il
55 chaque jour il y a quelque chose de nouveau à découvrir
une vie intense nous est révélée et mon âme est saisie
d'admiration devant ce tableau vivant de l'Artiste Divin
qui présida à la Création. Oui dit-il en branlant sa tête
aux cheveux blancs // Dieu a jeté à profusion sur la terre   *[134]*
60 des hommes, les arbres, les fleurs les oiseaux pour la joie
des yeux et du cœur, et les fruits, les gracieux animaux

---

39   *B* 4] quatre
41   *B* marguerite] Marguerite
42   *A* Monsieur] *en surcharge à* Mr
       B Monsieur] Mr
43-44 *A* lac et] lac des praieries environ-
       nantes (*ces trois mots raturés*) et
43-47 *A* sa source (…) du ruisseau] *ce passage
       est en interligne au-dessus du texte antérieur
       suivant (les mots en italique ici ont été ra-
       turés dans le texte)* : prenait *son embou-
       chure* dans *la riviere Abitibi pour se* et
       deversait ses eaux *ici* et la a travers les
       prairies et les bosquets environnants (*ce
       mot en interligne au-dessus de* de la pa-
       roisse de Genier *raturé*). il nous dit
       aussi. *Marguerite et moi* Marguerite et
       moi
43-48 *B* prenait sa source dans (…) moi
       nous promenions sur] prenait sa source
       à l'embouchure de la rivière Abitibi et

qu'il se perdait dans les praieries et les
bosquets des alentours au bout de la
concession 10 et 11 il avait nom de
crick Brûlé Nous nous promenions
Marguerite et moi sur
48   *B* belle rivière. elle] belle Rivière
       Abitibi elle
49   *A* designa] *en interligne au-dessus de*
       montra *raturé*
51   *B* chien. la] chien fidèle compagnon.
       La
52   *B* apres jours] après jour
53   *A* c'était son domaine] *en interligne*
54   *A* des beautés] *en interligne au-dessus de*
       de la beauté *raturé*
57   *B* Divin] *om.*
58   *A* qui présida à la Création] *en
       interligne*
59   *B* blancs] blanc
       A à profusion] *en interligne*

116

de nos forets, les poissons de nos lacs et rivières, les
produits alimentaires des fermes, indispensable au maintien
de la vie humaine. Devant tant de grandeur et de puissance
65   je me sens petit... si petit...

     « Les poissons des lacs et des rivières »,... cette
phrase nous rappela soudain le but de notre randonnée je
jettai un coup d'œul à ma montre bracelet. Quatre et quinze[239]
vite le poisson devait commencé à monter. nous dévalâmes la
70   côte en vitesse. l'eau du ruisseau était peu profonde et
nous pouvions très bien distinguer quelques poissons qui
remontaient le courant. le nombre augmentait d'instant en
instant et bientôt le ruisseau fût couvert à la largeur de
carpes au dos brun foncé et aux côtés et au ventre garnis
75   d'ecailles or argent que le soleil faisait briller d'un
eclat extraordinaire. elles venaient de la rivière Abitibi
et se frayaient un passage entre les roches du ruisseau en
remontant le courant. C'était un spectacle féerique. Tout
à coup le fils de notre voisin Armand s'écria, mais
80   qu'attendez-vous donc pour prendre ce poisson? en un //
temps record nous étions tous pieds nus dans le ruisseau.   *[135]*
Marguerite et moi la jupe retroussée au dessus du genou
nous nous exersion à glisser doucement la main sur le dos
des poissons jusqu'aux ouies, il fallait alors presser tres
85   fort et rejeter notre prise sur le rivage. Mon père et
Monsieur Olivier s'empressaient de renfermer les poissons
dans les sacs vides de pommes de terre. parfois un groupe

---

63   *B* indispensable] indispensables
65   *A* petit... si] *en interligne au-dessus de*
    tout *raturé*
66-67 *B* « Les poissons des lacs et des ri-
    vières »,... cette phrase nous rappela
    soudain le but] *répété au haut de la page*
    112
68   *B* d'œul] d'œuil
69   *B* commencé] commencer
    A nous dévalâmes] nous prim [*?*] (*œ*
    début de mot non raturé) dévalâmes
72   *A* d'instant] un (*non raturé*) *en inter-*
    ligne au-dessus de d'instant (*voir variante*
    suivante)
72-73 *A* en instant] *en interligne au-dessus de*
    à l'autre *raturé*
73   *B* couvert] recouvert (*puis* re *a été*

raturé)
74-75 *B* et aux côtés et au ventre garnis
    d'ecailles or argent] et les côtés et le
    ventre recouvert d'écailles or-argent
79   *A* de notre] *en interligne au-dessus de* du
    raturé
80   *B* ce poisson] le poisson
83   *A* exersion] *en interligne au-dessus de*
    appliquions *raturé*
    B exersion] exercions
84   *A* poissons jusqu'aux] poissons et pres
    des (*ces trois mots raturés*) jusqu'aux
    A alors] *en interligne*
85   *B* rejeter] rejetté
87   *A* vides] vi *en surcharge à* de
    B pommes] pomme

de ces poissons fatigué de l'effort continu de remonter le
courant, se cachait sous une roche 8 à 10 à la fois pour
90   prendre haleine, alors leurs prises était facile. enfin
en moins d'une heure, mon pere et monsieur Olivier avec
l'aide des garçons avaient emplis dix sacs de poissons.
Sur le chemin du retour je demandai à nos voisins qu'allons
nous faire de cette provision énorme de poisson?... Monsieur
95   Olivier prit la parole : Nous allons dabord placer ces poissons
dans l'eau tres froide et dès demain matin nous distribuerons
le surplus de cette pêche aux fermiers de la paroisse qui
seront très heureux de recevoir ce don appréciable.
     Ce soir là le mets principal du repas du soir fût
100 du poisson frit c'était delicieux. Pour le dessert Maman et
Grand'Mère avait preparé // une surprise, un magnifique   *[136]*
gateau de fête²⁴⁰ garni de 17 chandelles²⁴¹ aux couleurs variées,
fut déposé au centre de la table et je fus invitée à
souffler ces bougies d'un seul souffle... je m'exécutai,
105 et en chœur mes frères et tous les membres de la famille
chantèrent :
         « Bonne fête Miemose²⁴². 17 ans.
         Bonne fête Miemose.
         Bonne fête Miemose
110   Joyeux anniversaire.
Ce 24 mai 1923 venait d'enrégistrer mon 17ᵉᵐᵉ anniversaire!!!....
un silence impressionnant suivit cette fin de jour mouvementée.
Accoudée à la fenêtre de ma chambrette, ma pensée s'envollait
vers la contrée merveilleuse que j'avais quitté avec un si

---

89   *A* 8 à 10] à *en surcharge à* ou

90   *A* haleine] corage [*?*] (*raturé*) *et*
transcrits dans la marge devant haleine
B leurs prises] leur prise

96   *B* distribuerons] distriburons

97   *A* le surplus] le *en surcharge à* de
B aux fermiers de la paroisse] aux
colons de cette paroisse

98   *A* don appréciable] don gra <=
gratuit [*?*]> (*ce début de mot raturé*)
appréciable

99   *A* mets principal] *ajouté en interligne*
A du repas] du *ajouté entre* le *et* repas
B du repas] au repas

101 *B* avait] avaient

102 *A* 17] 7 *en surcharge à* 5, *lui-même en*

surcharge à 6
B 17] dix-septh

107 *B* 17 ans] *om.*

111 *A* Chapître 10 — X- *ajouté en inter-*
ligne (entre les lignes 110 *et* 111). (*B omet*
cette indication)

111 *A* 17ᵉᵐᵉ anniversaire] *en interligne à*
droite de 15ᵉᵐᵉ *raturé et au-dessus de* seizième anniversaire *dont seul* seizième *a*
été raturé
B mon 17ᵉᵐᵉ anniversaire] mon dix-
septime anniversaire de naissance

112 *A* un silence] *et raturé devant* un
silence

114 *B* quitté] quittée

115   grand déchirement…. ce soir j'avais 17 ans. que serait ma
vie en ce Nord Ontario? ô Mon Dieu, si à vos yeux, le
sacrifice que j'aie fait en suivant ma famille ici, peut
avoir quelque valeur, je vous l'offre. en retour faites moi
comprendre votre volonté, et la mission à laquelle je suis
120   destinée preservez ma jeunesse des dangers, mon âme de toute
erreur et de corruption, et dans le monde que je connaitrai
très bientôt donnez-moi d'y marcher[243] fière et droite comme
l'épée du roi —. //

     Avec nos amis du voisinage nous organisâmes des   *[137]*
125   soirées récréatives pour les fins de semaine. La plus grande
atraction de ces soirées était la dance. j'aimais follement
dancer au son de la musique du violon, de l'accordéon et
même à l'occasion de l'armonica. les set carrés. la valse.
j'avais une préférence marquée pour la valse. Au Rymte
130   cadencé d'une musique langoureuse j'aimais accorder mes pas
à celui de mon danceur. j'aimais le monde mais je gardais
une farouche réserve en ce qui concernait mes sorties avec
les garçons et pourtant ce n'était pas le choix qui manquait,
car il y avait dans cette petite paroisse trois fois plus de
135   garçons que de filles. notre rendez-vous habituel était dans
une famille canadienne[244] qui habitait la concession 6 et 7 au
tomship Glacemayer dans cette famille il y avait trois
grandes filles blondes comme les blés Emérilda, Oliva et
Rosa-Linda. l'accueil cordial et bienveillant que l'on

---

115   *A* 17 ans] *en interligne au-dessus de* 15
(raturé) ans (*le* 5 *de* 15 *est en surcharge
à* 6)
     B 17 ans] dix-septh ans

117   *B* j'aie] j'ai

119   *B* volonté, et] volonté sur

120   *A* destinée] *en interligne au-dessus de*
appellée *raturé*

121   *B* corruption, et dans] corruption.
Dans

126   *B* atraction] attraction

127   *A* dancer] r *a été ajouté à* dancé
     B l'accordéon] l'acordéon

128   *A* l'armonica] *en interligne au-dessus de*
la musique à bouche *raturé*
     B l'armonica] l'harmonica
     B set] sets

129   *A* j'avais une préférence marquée

pour la valse] *en interligne au-dessus de*
mais ma dance préférée était surtout
la valse *raturé*

130   *B* cadencé] cadensé
     A accorder] r *a été ajouté à* accordé

131   *B* à celui de] à ceux de
     B danceur] danseur

134   *B* car] *om.*

136-137 *B* famille canadienne qui habitait
la concession 6 et 7 au tomship
Glacemayer dans cette famille il y
avait] famille Canadienne où il y avait

137   *A* Glacemayer dans] Glacemayer par
Hasard (*ces deux mots raturés*) dans

138-139 *B* Emérilda, Oliva et Rosa-Linda]
Oliva, Emérilda et Rosa-Linda

139   *A* Rosa-Linda. l'accueil] Rosa-Linda.
Nous trouvions (*ces deux mots raturés*)

140 rencontrait chez ces gens nous mettait en gaieté, et au son
d'une musique entrainante nous dancions jusqu'au petites
heures du matin. Parfois, un jeune homme me demandais
poliment si j'accepterais qu'il me reconduise chez moi. je
remerciais gentiment et lui répondait que pour le // retour   [*138*]
145 chez moi j'avais mon chevalier servant qui était mon frère
Albert.

Entre temps le curé de Genier fût remplacé par
l'Abbé Jules Michaud[245] qui s'installa au presbytère avec son
frère Léo et sa femme et sa sœur Alice. ce prêtre tres
150 actif desirait faire quelque chose pour ameliorer la
situation financiere assez précaire de cette paroisse il
organisa donc avec le concours des jeunes filles de la paroisse
une pièce de théâtre intitulée :

« Les chaussons de la duchesse Anne »[246].

155 Monsieur le curé Michaud avait distribué les rôles suivant
les aptitudes de chacune de nous.   En le pays d'Armorique[247]
Duchesse Anne d'Arvors[248]… Mademoiselle Flore Hébert
institutrice de Genier.
trois filles d'honneur Alice[249] Marguerite[250] et Claire[251], une
160 vieille fileuse Madame Léo Michaud[252].
Le rôle d'un petit page porteur d'un message important

---

l'accueil
B l'accueil] L'accœul
141 B jusqu'au] jusqu'aux
142 B demandais] demandait
143 A qu'il] q *en surcharge à* d
145 A servant] *en interligne*
148 B Michaud qui s'installa] Michaud en
1925. Il s'installa
149 B et] *om. devant* sa femme
151 A situation financiere] situation
précaire (*ce mot raturé*) financiere
A financiere] fi *en surcharge à* ar
A précaire] *en interligne au-dessus de*
très *raturé*
B financiere assez] *om.*
A paroisse il] paroisse au tout début
(*ces trois mots raturés*) il
B paroisse il] paroisse à ses tout (*en
surcharge à* tous) débuts…. Il
153 A intitulée :] *guillemets non raturés après*
intitulée :

155 B Monsieur le curé] L'Abbé
156 A En le pays d'Armorique] *ce premier
vers de la chanson transcrite dans la version
B* (*voir infra, variante B* 194-195)
*semble n'avoir été ajouté ici que pour
mémoire*
156-160 B de nous. (…) Madame] de nous :
Le rôle de la Duchesse Anne fût décerné à l'institutrice Mademoiselle
Flore Hébert. Le rôle des filles
d'honneur de la Duchesse fût décerné
à Marguerite Alice et Claire et celui
d'une vieille fileuse fut décerné à
Madame
159 A Claire] *en interligne au-dessus de* Alice
raturé
160 A Madame] La mere au <*mot illisible*> *raturé en interligne au-dessus de*
Madame
161 B message important] message tres
important

avait été decerné à Vinelda[253] fillette de 8 ans. et je
remplissais le rôle de cuisinière du chateau sous le nom
de Mère Barbarine.

165   chaque soir nous avions des répétitions au presbytère.
l'exercice fini nous allions toutes ensembles faire une marche
dans la campagne silencieuse // à cette heure tardive. un   [139]
soir mon frère Victorin conçu l'idée de se déguiser en
fantôme pour nous faire peur et ainsi tout habillé de blanc
170 il alla s'installer dans la petite maison « d'Aldéric » située
au bord de la route. Nous marchions allégrement échangions
de gais propos ne se doutant de rien, quand nous fûmes
arrivées devant la petite maison d'Alderic quelle ne fût
pas notre surprise de voir dans la porte grande ouverte une
175 blanche apparition pendant qu'une voix caverneuse récitait :

De profundis clamavi at te domine[254]
domine exaudi vocam[255] meam

un fantôme un mort. une peur terrible nous galvanisait et
faisant volte face, nous courûmes à perdre haleine dans la
180 direction de notre maison. mon frère Vic qui je crois avait
aussi peur que nous courrait derrière nous autres en criant

---

162   *B* été decerné à Vinelda fillette de 8
ans] été donné à Vinelda Genier une
fillette de huit ans
      A 8] *en surcharge à* 9
163   *B* remplissais] remplissait
164   *A* Mère] *en interligne*
166   *A* toutes] *en surcharge à* tous
      B allions toutes ensembles faire] al-
lions ensembles les actrices en herbe
faire
167   *A* la campagne] la belle (*ce mot raturé*)
campagne
      B la campagne] la belle campagne
168   *A* de se déguiser] de s'habillier (*ce mot raturé*) se déguiser
      B de se déguiser] de se transformer
169   *A* pour nous faire peur] *en interligne*
      B et] *om.*
170   *A* « d'Aldéric » située] « d'Aldéric »
sur le bord (*ces trois mots raturés*) située
170-171 *A* située au] au *en interligne au-dessus de* sur le *raturé*

      B située au bord] située sur le bord
171   *A* allégrement] ment *en interligne au-dessus de* gaiement *raturé*
      B échangions] échangeant
172   *A* quand nous] quand arrivé (*ce mot raturé*) nous
176   *B* at te] ad te
177   *A* exaudi vocam meam] *en surcharge à des points de suspension suivis de* exaudi vocam meam *raturé*
      B vocam] vocham
178   *A* un mort] *en interligne au-dessus de* un fantôme *répété puis raturé*
      B un fantôme un mort. une peur
terrible nous galvanisait et] Dans la
nuit noire un cri de terreur retentit Un
fantôme!!! Un fantôme!!! une peur
terrible nous calvanisait et
180   *A* je crois] *en interligne*
180-181 *B* avait aussi] avait certainement
aussi

n'ayez pas peur ça n'est pas un fantôme c'est moi Vic. mais
nous n'écoutions rien et nous arrivâmes enfin chez nous a
moitié morte de frayeur. Quand mon frère entra avec ses
185   draps blancs et tout son attirail de fantôme nous fûmes
bien obligé d'admettre que de fantôme point il n'y avait eu
et que nous etions quitte[256] pour la peur. la veillée se termina
autour du piano en chantant // des chansons canadiennes. le   [*140*]
soir de la representation toute la paroisse y assistait, et
190   cette petite soirée fût un veritable succès. Pour ces
défricheurs des fermes du Nord-Ontario, cette petite soirée
theatrale, était un délassement, un dérévatif aux durs
labeurs et besognes journalières de leur vie de colons. Aussi
nous applaudirent-ils frénétiquement et nous fûmes rappellées
195   sur le théâtre plusieurs fois. L'abbé Michaud était enchanté

---

182   *A* n'ayez] n'a *en surcharge à* ce n
      B ça] ce

      B mais] *om.*
184   *B* morte] mortes
184-185 *B* avec ses draps blancs et tout son
      attirail de fantôme nous] avec tout son
      attirail de draps blanc et grément de
      fantôme nous
186   *B* obligé] obligées
      A d'admettre] d' *en surcharge à* de
187   *A* et que nous etions quitte pour la
      peur] *en interligne*
191   *A* fermes du] fermes nouvelles (*ce mot
      raturé*) du
      B fermes du Nord-Ontario] fermes
      nouvelles du Nord Ontario
193   *A* besognes journalières] besognes
      ardues (*ce mot raturé*) journalières
      B journalières] *om.*
194-195 *B* frénétiquement et nous fûmes
      rappellées sur le théâtre plusieurs fois.
      L'abbé] frénétiquement. Tous rap-
      pellèrent sur le théâtre Mademoiselle
      Hébert et lui demandèrent de bien
      vouloir chanter encore une fois cette
      chanson de la Duchesse Anne : ....

         « En le pays d'Armorique
         Tous là-bas vers l'Océan
         Où fleurit l'ajonc celtique
         Où volle le cormoran (bis)
         Il est une jouvencelle

Fille du preux-duc François
Qui pour parure la belle
N'a que des Sabots de bois (bis) »

« Elle a -dit-on mine fière.
Anne Duchesse d'Arvores.
Sa couronne est de bruyère
Son Septre de Jaunets d'Or (bis)
Elle vit en Souveraine
Chez les Barons fort courtois
Portant veste de futaine
Chaussée de Sabots de bois (bis) »

« Monseigneur Charles de France
Épris de cette beauté.
La voulut par alliance
Sur le trône à son côté (bis)
Mais la Sauvage Bretonne
Lui répondit d'un ton narquois
Point ne veux pour ta couronne
Quitter mes Sabots de bois (bis) ».

« Aussi Quand un jour St-Pierre
Oyez bien ce que je dis
À cette Duchesse Altière.
Ouvrira Son Paradis (bis).
Elle le lui dira Messire.
Si me déchausser je dois
Gardez votre Saint Empire
Et moi mes Sabots de bois (bis) »

Mère Barbarine fût aussi rappellée sur
le Théâtre pour faire un petit discours
de circonstance et remercier l'assis-

des recettes de cette soirée…. L'été 1924[257] nous réservait
une joyeuse surprise. A Genier à cet époque nous avions le
courrier au bureau de poste de l'épécerie du coin trois fois
par semaine C'est à dire le Mardi le Jeudi et le Samedi.
200 Un Samedi après-midi, j'aperçu marguerite[258] qui arrosait des
fleurs dans le parterre sur la devanture de leur maison[259]
située l'autre côté du chemin juste en face de notre maison
d'habitation. Mettant mes mains en porte-voix, je lui
demandai si elle etait prête à venir chercher le courrier
205 avec moi. Oui me répondit elle j'y vais tout de suite.
j'empilai les journeaux et les lettres en bon ordre. une
lettre cependant attira plus spécialement mon attention
Mais dis donc Miemose me dit Marguerite // qu'elle est donc [*141*]
cette grande enveloppe avec timbres etrangers, et dans le
210 coin ce grand timbre avec la devise « Honni soit qui mal
y pense »[260]?
        ô cette lettre Marguerite?… c'est une lettre de
ma sœur Lucienda qui demeure aux Etats-Unis à Williamstown[261]
état du Vermont. Quelle joie pour toute notre famille
215 d'avoir de ses nouvelles. Nous nous séparâmes. En entrant

---

tance de leur présence si encourageante
pour les artistes en herbe que nous
représentions…. L'abbé
196   A *après* soirée….] *une parenthèse carrée
      est prolongée d'un trait jusque dans la
      marge de gauche où l'auteur a ajouté le mot*
      Chapitre, *sans doute au moment où elle
      préparait la version B, encore que le
      changement de chapitre n'intervienne que
      plus bas dans cette version (voir infra,
      variante B* 231)
197   B cet époque] cette époque
198   A coin trois fois] chez Monsieur
      Ferdinand Geni [*?*] *raturé en interligne
      au-dessus de* coin trois fois
199   A Samedi] *en surcharge à* Jeudi *répété
      par erreur*
200-201 B marguerite qui arrosait des fleurs
      dans le] Marguerite qui arrosait les
      fleurs du
201   A parterre sur la devanture de leur]
      parterre de leur : *de a été raturé et sur
      la* / devanture de *ajouté dans la marge*
      B sur la devanture] *om.*

202   A juste] *en interligne*
202-203 A notre maison d'habitation] *en
      interligne au-dessus de* la nôtre *raturé*
203   B d'habitation] *om.*
206   A j'empilai] j'empilais (*puis le* s *final
      a été raturé*)
      B les journeaux et les lettres] les
      lettres les journaux
207   A lettre] *en interligne*
      B lettre cependant attira plus] lettre
      avait attirée plus
      B mon attention] notre attention
208   A Glackmayer *transcrit dans la marge
      supérieure de la page* 141 (*voir supra, ligne*
      137)
      B qu'elle] quelle
209   A enveloppe] *en interligne au-dessus de*
      lettre *raturé*
209-210 A le coin] le *en surcharge à* un
210   B coin ce grand timbre avec la devise]
      coin cette devise
214-215 B Quelle joie pour toute notre fa-
      mille d'avoir de ses nouvelles] *om.* (*voir
      infra, variante B* 217-218)

je brendis ma lettre : « une lettre de Lucienda une lettre de
Lucienda ! »… m'ecriais-je !!!… aussitôt tous les membres
de la famille m'entourèrent. ouvre vite Miemose et lis nous
cette lettre. Ma sœur nous donnait des nouvelles de sa petite
220   famille Armand l'aîné avait 18 mois et marchait partout. je
suis enceinte disait-elle de cinq mois et la venue de ce
deuxième enfant nous remplit de joie. Josaphat[262] mon mari se
porte bien en dépit des multiples travaux de la ferme et
enfin nous irons vous vésiter à Genier au mois de Juillet,
225   je serai moi avec vous tous le mois entier, mon mari restera
deux semaines. sa présence à la ferme sera indispensable
apres ce delai Une explosion de joie delirante accœillit //
cette bonne nouvelle. la belle saison serait merveilleuse   *[142]*
avec cette belle vésite en perspective. Grand'Mère etait
230   toute heureuse, elle allait connaître bebé Armand,
representant la 4ème génération. Enfin ce 1er juillet un
soleil radieux allumait la joie dans tous les cœurs, et la
petite famille attendue fit son entrée à Genier vers la fin
de l'apres-midi. on s'embrassait, nous étions tous si heureux
235   de se revoir, bébé Armand blondinet aux yeux bleus, passait
de l'un à l'autre, il promenait son regard étonné sur chacun

---

216   *A* brendis] b *en surcharge à* p
       B je brendis ma lettre] je m'écriai
       A « une lettre] « une lelttre : *corr.*
       d'après B

217-218 *B* Lucienda ! »… m'ecriais-je !!!…
       aussitôt tous les membres de la famille
       m'entourèrent. ouvre] Lucienda !
       Quelle joie pour toute la famille
       d'avoir de ses nouvelles. Aussitôt toute
       la famille m'entoura : « Ouvre

220   *B* Armand l'aîné avait 18 mois] l'aîne
       Armand avait dix-huit mois

221-222 *B* de ce deuxième enfant] de cet
       enfant

222   *B* Josaphat] *om.*

223   *B* en dépit des multiples] malgré les
       multiples
       A multiples] *en interligne*

225   *B* moi avec vous tous le mois] moi et
       bebé Armand avec vous tous un mois

227   *B* accœillit] acceillit

229   *B* avec cette belle vésite en perspective. Grand'Mère] avec l'arrivée de
cette petite famille aimée.
Grand'Mère

230   *A* bebé] *ajouté dans la marge devant*
Armand (*après la correction de la variante*
qui suit)

230-231 *A* Armand, representant] Armand, ce bébé (*ces deux mots raturés*)
representant

231   *B* génération] génération.
           Chapitre -12.-
           . Un voyage imprévu .
       B Enfin ce 1er juillet] Ce premier
juillet

232   *A* radieux allumait] radieux mettait
(*ce mot raturé*) allumait

235   *B* de se revoir, bébé] de revoir Bébé

236   *A* de l'un] de main en m (*ces trois mots*
raturés) l'un
       B l'autre, il promenait son] l'autre et
promenait un

de nous et ne comprenait rien à ces bruyantes réjouissances.
les jours passaient avec rapidité. Mon père avait auditeur
attentif et très intéressé dans la personne de Josaphat mon
240 beau frère. ils vésiterent notre ferme 160 acres de superfécie
et discuterent ensembles longuement des avantages de cette
contree neuve, et aussi des inconvénients d'un climat rude,
des étés courts et des hivers rigoureux avec abondance de
neige. Une après-midi, bébé Armand dormait, et par ce temps
245 idéal nous étions tous assi sur la galerie. Maman demanda à
Lucienda si // elle se plaisait dans ce pays de l'Amérique   [143]
qui devait être si différent de notre beau Canada?... Oui
dit-elle je l'aime et j[']y suis heureuse mais voyez-vous je
suis seule de ma famille la-bas, et malgré mon bonheur mes
250 occupations journalières, vous me manquez beaucoup, aussi à
ce sujet ma chère maman j'aurais une grande faveur à vous
demander,... j'hésite un peu car ma demande sera pour vous,
grand'Mère et toute la famille un gros sacrifice. je désires
beaucoup avec votre permission, que Miemose m'accompagne
255 à mon retour chez moi... elle m'aiderait à prendre soin de
bébé Armand, et j'apprécierais sa compagnie et son appui au
temps de la naissance de notre deuxième bébé..............
Une fois de plus mes yeux rencontrait les clairs yeux bleus
de ma grand Mère. Ma mère prit la parole : Il me serait
260 difficile en effet, dit-elle de te refuser cette faveur que
je trouves juste et résonnable[263], cependant, ce soir au repas

---

238   *B* avec rapidité. Mon] rapidement et
       mon
238-240 *B* avait auditeur (...) 160 acres]
       avait en la personne de mon beau-frère
       Josaphat un homme attentif et tres
       intéressé ils vésiterent la ferme de 160
       acres
240   *A* vésiterent notre] vésiterent en-
       semble (*ce mot raturé*) notre
       A 160] *en surcharge à* 180
242-243 *B* d'un climat rude, des étés courts
       et] *om.*
244   *B* Une après-midi] Un apres-midi
       A Armand] A *en surcharge à* a
245   *B* nous étions tous assi sur la galerie.
       Maman] nous nous installâmes sous la
       véranda Maman
248   *A* j[']y] j y : *corr. d'après B*

249   *A* la-bas] *ajouté entre* famille *et* et
       B la-bas] *om.*
250   *B* occupations] occuppations
251   *A* sujet] su *en surcharge à* p <= pro-
       pos [*?*]>
254   *A* avec votre permission] *raturé puis
       rétabli en interligne*
       A permission, que] permission, de-
       mander (*ce mot raturé*) que
256   *A* et j'apprécierais] et son a (*ces deux
       mots raturés*) j'apprécierais
       B sa compagnie] son aide
257-258 *B* bébé........ Une fois] bébé. Bien
       entendu Miemose reviendrait ici
       quand vous le voudrez maman vous
       n'aurez qu'à m'écrire ..... une fois
258   *B* rencontrait] rencontrèrent
261   *B* je trouves] je trouve

de famille, nous ferons part de ce projet à ton père et c'est
lui qui décidera. Ce séjour comprendra sans doute quelques
mois // mais ensuite il faudra nous la retourner[264]. Blandine   [*143bis*]
265   et toi sont[265] loin de nous, nous n'avons plus qu'elle ici
avec ses frères. et son absence nous sera à tous très
penible...
Le repas du soir avait reuni tous les membres de la famille.
on informe mon père de la requête de ma sœur au cours de
270   l'après-midi[266]. j'etais toutes oreilles pour écouter le verdict
du chef de la famille. Je crois dit-il qu'ici-bas nous devons
tous s'aimer et s'ent'raider à l'occasion, et ce voyage de
quelques mois aux Etats-Unis, en plus de rendre service à
la famille de Lucienda, donnera à Miemose le prévillège de
275   voir d'autres horizons, de rencontrer et de connaître la
famille de mon frère oncle Emile qui demeure à Granitville[267]
enfin de se rendre compte des mœurs et des coutumes du
peuple Américain. Oui je donnes mon consentement à condition
bien sûre du retour de Miemose[268] au printemps : ça j'y tiens.
280   Ma sœur tres heureuse remercia mon père avec effusion.
Ce soir la dans la chambre de Grand'Mère que je partageais
je commentai avec elle cette dernière // décision qui   [*144*]
m'éloignait du foyer familial pour quelques mois. Qu'en
pensez-vous Grand'Mère? je vais manquer à ma mere, il y a
285   tant à faire ici et puis je vais m'ennuyer de vous
Grand'Mère... ô ne t'en fais pas Miemose ce voyage te fera

---

262   *B* et] *om.*

263   *B* comprendra] comportera

264   *B* il faudra nous la retourner] il te
faudra envisager son retour parmi nous

265   *B* ici] *om.*

268   *A* reuni] *le* u *a un jambage de trop*
B reuni tous les membres de la fa-
mille] réuni toute la famille

269   *B* informe] informa

270   *B* j'etais toutes oreilles] j'étais toute
oreille

271   *B* de la famille] de famille
B qu'ici-bas nous] que nous

273-274 *B* service à la famille de Lucienda]
service à Lucienda et à sa famille

275   *A* rencontrer et] rencontrer des gens
(*ces deux mots raturés*) et

276   *A* mon frère] *en interligne*
A demeure à] demeure tout (*mot non
raturé*) pres de Williamstown, c'est-à-
dire (*ces quatre mots raturés*) à

277   *B* enfin de se rendre compte des
mœurs et des coutumes] et aussi de
connaître les mœurs et les coutumes

279   *B* bien sûre] bien sûr

281-282 *B* partageais je] partageais avec
elle. je

283   *B* m'éloignait du foyer familial]
m'eloignait de ma famille

284   *A* je vais manquer à ma mere] *en interligne au-dessus de* Maman va me
manquer *raturé*

286   *B* Grand'Mère] *om.*

286-287 *A* fera diversion et] fera sans doute

diversion et sera très agréable pour toi. Ma santé est
bonne je te remplacerai dans les tâches quoitidiennes.
j'espère au moins que tu ne suivras pas l'exemple de ta
290   sœur pour y fonder là bas[269] ton foyer? oh pour ça non,
Grand'Mère, ça je vous le promets, D'ailleurs, je vous ai
déja confié que mon cœur s'est émut pour un jeune homme
ici, le seul qui a su me plaire en ce pays du Nord. Il n'y
a pas eue de promesses solennelles d'échangées entre nous
295   cependant de part et d'autre au fond du cœur un espoir
partagé en l'avenir. Le lendemain mon beau-frère nous
quittât pour retourner à sa ferme, sa présence étant nécessaire
pour la recolte du foin et les autres travaux urgents de la
ferme. Ma sœur et son bébé demeurèrent deux autres semaines.
300   Ensuite ce fût le départ mes frères enviaient mon sort et
me trouvait chanceuse de cette promenade[270] aux Etats-Unis.
Nous allâmes tous trois[271] // vésiter à St-Tite nos parents   [145]
et amis. Grand'père Théophile et Grand'Mère Henriette
parents de ma mère oncle tantes et amis. Ensuite nous
305   prîmes la locomotive[272] qui devait nous conduire à Williamstown
E.U.A. N'étant jamais sortie de ma petite Patrie du Quebec
excepté le trajet de Québec à Ontario, je trouvais
merveilleux ce voyage qui me faisait connaitre les villes
et les villages de la belle Province, ensuite nous passâmes

(*ces deux mots raturés*) diversion avec (*ce
mot raturé*) et
287   *B* sera très] sera sans doute très
288   *B* bonne je] bonne et je
289   *B* j'espère] j'espères
290   *B* là bas ton foyer, oh pour] la-Bas ton
      foyer?... Ah! pour
290-291 *A* non, Grand'Mère] non, non et
      non (*ces trois mots raturés*) Grand'Mère
292   *B* émut] ému
294   *B* eue] eu
      B d'échangées] d'échanger
295   *B* *dans la marge supérieure de la page
      125, on lit, au crayon :*
                187
                 25
                ——
                 62
      (*Le 7 de 187 est en surcharge à 5*).
      Notons que la version B compte 187 pages.

297   *A* pour retourner] pour le (*ce mot ra-
      turé*) retourner
      B étant] était
301   *B* chanceuse de cette] chanceuse de
      faire cette
304   *A* oncle tantes et amis] *en interligne*
      B oncle tantes et amis] *om.*
305   *A* la locomotive] *en interligne au-dessus
      de* le train *raturé*
305-306 *B* Williamstown E.U.A. N'étant
      jamais sortie de] Williamstown Ver-
      mont n'ayant jamais sorti de
306   *B* Patrie du Quebec] Patrie « Le
      Quebec »
307   *A* à Ontario] à *en surcharge à* en
308   *B* ce voyage] le voyage
309   *A* Province, ensuite] Province de
      Quebec (*seul ce dernier mot a été raturé*),
      ensuite

310 la frontière et entrâmes dans les premières villes de l'Etat
du Vermont. Aussi loin que portait ma vue de gauche à droite
les gazons et les praieries étaient d'un vert Eméraude d'une
beauté saisissante. les montagnes, les champs immences de
blé d'inde tout était d'un vert plus foncé que nos gazons.
315 Vois-tu me dit ma sœur ici nous sommes à Montpellier[273] la
ville suivante sera Barré[274], Vermont — et c'est la que nous
descendrons. Mon mari nous attend à la gare. Avec le cheval
noir et la voiture d'eté nous prîmes tous les quatre la
direction de Williamstown. Apres une bonne nuit de repos
320 j'entrepris en compagnie de Josaphat la visite de la ferme.
partout il y avait beaucoup // d'arbres. À l'arrière de la   [*146*]
maison il y avait un verger de 20 à 25 pommiers qui
promettaient une récolte abondante ensuite ce fût la vésite
des ecuries qui me parurent des bâtiments immences dans une
325 double rangée 48 belles vaches étaient attachées. j'en
avais jamais tant vu vois-tu me dit mon beau-frère nous
sommes 4 pour traire toutes ces vaches à la main avec toi,
si tu le veux bien, nous serons désormais 5 pour faire ce
travail. je t'aie choisi 8 vaches à traire matin et soir
330 elles sont douces et paisibles et facile à traire. Oui je
veux bien, je commencerai dès ce soir et j'accomplirai ce
travail tout le temps que je serai ici. Ainsi les jours

B Province, ensuite nous] Province et nous

A nous passâmes] nous entrâmes (*ce mot raturé*) passâmes

311 *B* Vermont. Aussi] Vermont E.U.A. Aussi

311-312 *A* droite les] droite tout était (*ces deux mots raturés*) les

312 *B* praieries] prairies

312-313 *A* d'une] *ajouté à la fin de la ligne, à la suite de* Eméraude

A beauté saisissante.] *ajouté dans la marge devant* les montagnes

B saisissante] saisissante

313-314 *B* immences de blé d'inde tout était d'un] immenses de blé-d'Inde étaient d'un

314 *A* d'un] *en interligne*

B que nos gazons] que ceux du Canada

320 *B* en compagnie de Josaphat] avec mon beau-frère

321 *A* beaucoup d'arbres] beaucoup de grosses (*ces deux mots raturés et remplacés par* :) grands arbres (*puis* grands *a été raturé et d'* ajouté *devant* arbres)

324 *B* immences] immenses

326 *B* tant vu vois-tu me dit mon beau-frère nous] tant vues. Vois-tu me dit Josaphat nous

327 *A* 4] *en interligne au-dessus de* trois *raturé*

B 4] quatre

328 *B* 5] cinq

329 *B* t'aie] t'ai

B matin et soir] soir et matin

330 *B* et] *om. devant* paisibles

330-331 *B* Oui je veux] Oui lui dis-je je veux

335 s'écoulèrent rapidement, le travail ne manquait pas. la
maison, le jardin, les lavages repassages j'étais très
occuppée. Chaque semaine j'ecrivais une lettre à mes bons
parents de Genier. tant qu'à l'ami tres cher que j'avais
quitté je gardais précieusement son souvenir dans mon cœur
avec l'espoir d'un doux revoir à mon retour. En novembre
Lucienda donna naissance à une jolie petite fille. Le
340 Dimanche suivant ce fût le Baptême de la mignonne créature //
qui reçut les noms de Marie Antoinette Liliane. la joie et   [147]
le bonheur habitaient la maison et Armand paraissait tout
heureux d'avoir une petite sœur. Un Dimanche, Josaphat et
moi, nous nous préparâmes d'assister à la messe à Granitville
345 au lieu de Williamstown. Nous rencontrâmes oncle Emile, frère
de mon père, qui nous invita chaleureusement d'aller prendre
le dîner chez lui et par la même occasion, me dit-il, je te
ferai connaître ta tante Aldéa et mes 9 enfants. Oncle Emile
s'était marié la première fois[275] à St-Stanislas de ce mariage
350 naquirent 3 jolies petites filles. Florence, Marianne et
Cécile. Malheureusement, la naissance de Cécile fût la cause
indirecte de la mort de tante Lucienda qui avait toujours
été d'une santé debile. cette troisième maternité eût raison
de ses forces epuisées et oncle Emile se retrouva seul à
355 Granitville. Vermont. E.U.A, avec trois filles à elever. La
mère de tante Lucienda se chargeât d'elever le bébé Cécile,

---

334   B le jardin, les lavages repassages
      j'étais] les jardins les lavages les re-
      passages etc etc j'étais
335   A j'ecrivais] *en interligne au-dessus de*
      j'envoyais *raturé*
341   B reçut les noms de Marie Antoinette
      Liliane] reçu les noms de Marie-An-
      toinette et Liliane
342   A habitaient] *raturé puis rétabli*
      B paraissait] était
344   A nous nous préparâmes] *le premier*
      nous est en interligne au-dessus du second
      B d'assister] pour assister
344-346 B Granitville (...) qui nous invita]
      Granitville. Apres la messe nous firent
      la rencontre de oncle Emile qui nous
      invita
347   A dit-il, je] dit-il, tu pourras (*ces deux*
      mots raturés) je

348   B ta tante Aldéa et mes 9 enfants]
      mes neuf enfants ainsi que ta tante
      Aldéa
350   B 3 jolies petites filles. Florence,
      Marianne et] trois petites filles Flo-
      rence Marie-Anna et
      A Marianne] *le i est en surcharge à un* a
351-356 B Cécile. Malheureusement (...)
      elever. La mère] Cécile cette dernière
      naissance de Cécile épuisât les der-
      nières forces de tante Lucienda qui
      avait toujours été d'une santé debile et
      un soir elle s'éteignit doucement
      laissant oncle Emile désemparé avec
      deux filles de six ans et quatre ans et
      un bébé de quatre jours. La mère
353   A maternité eût] maternité fût le
      coup de Grâce (*ces cinq mots raturés*) eût
356   A le] l *en surcharge à* c

et Grand'Mère alla passer 6 mois chez oncle Emile pour lui
aider à[276] elever Florence et Marie-Anna // et un jour il fit   [148]
la connaissance de tante Aldea sœur de mon beau-frère
360 Josaphat. Ils se marièrent et à l'époque de mon séjour chez
ma sœur, il étaient les parents de (neuf) 9 enfants
pleins de vie et de santé. Mes cousines et mes cousins
étaient charmants apres le repas qui fût des plus joyeux
nous passâmes au salon. Je m'installai à l'harmonium et
365 oncle Emile qui avait une très belle voix nous chanta les
chansons Canadiennes du bon vieux Quebec et aussi l'hymne
national de l'Amerique[277] sur l'aire de « God save the King »

My Contry this of Thee
Sweet land of liberty
370   of thee wee sing etc etc

Au plus fort des réjouissances les enfants s'écrierent tout
à coup. Nous avons de la vesite ! Tante Lucienda et Armand qui
arrivent. Mon beau-frère très surpris se demandait bien avec
qui ma sœur et son bébé etaient venus nous rejoindre. je
375 m'approchai de la fenêtre avec Josaphat et nous vîmes
débarquer[278] d'une fort jolie automobile Lucinda, bebé
Armand et le chauffeur un joli jeune homme brun avec de
magnifiques yeux noirs et des cheveux bouclés. Il me parût
d'une grandeur anormale[279]. // Mais tiens c'est Boudreault   [149]
380 s'exclama mon beau frère. j'aurais dû y penser. C'est un
charmant garçon me dit-il je vais te le présenter C'est
un grand ami de notre famille. Tante Aldéa faisait entrer
les visiteurs au salon elle fit avec sa grâce coutumière,
les présentations d'usage, ma nièce Marie-Rose Tousignant,

---

361   *B* il étaient] ils étaient
      B de (neuf) 9 enfants] de 9 enfants
364-365 *B* l'harmonium et oncle] l'har-
      monium, oncle
      A et oncle] et nous (*ce mot raturé*) oncle
365   *B* nous chanta] entonna
366   *B* Canadiennes] *om.*
367   *B* l'aire] l'air
368   *B* this of Thee] these of these
372   *B* vesite] visite
373   *B* Mon beau-frère] Josaphat
375   *B* Josaphat] mon beau-frère

376   *B* Lucinda] Lucienda
      A bebé] *le premier* b *est en surcharge à*
      A <= Armand [*?*]>
377   *A* et le chauffeur] *répété puis raturé*
380   *A* beau] b *en surcharge à* f
380-382 *B* C'est un charmant (…) famille.
      Tante] c'était un charmant garçon et
      de plus c'est un grand ami de la fa-
      mille je vais te le présenter Tante
384   *A* Marie-Rose Tousignant] Marie-
      Rose Girard (*ce dernier mot raturé*)
      Tousignant

385 Monsieur Roméo Boudreault, enchanté de vous connaître
Mademoiselle, je m'inclinai et lui tendit la main en
murmurant. « très heureuse ». Toute la famille de oncle Emile
le connaissait. Il avait une tres belle personnalité et
s'exprimait avec aisance. Je ne veux surtout pas vous déranger
390 dit-il, on chantait à ce que je vois, eh bien, si vous le
voulez bien Mademoiselle Marie-Rose, m'accompagner à
l'harmonium, je vous chanterez une chanson. Il avait une
voix grave et prenante et le dernier refrain provoquèrent des
applaudissements frénétiques les moments heureux de la vie
395 passent avec rapidité nous fûmes tous surpris de se trouver
en fin d'après-midi 16 heures et 30. Allons, mes enfants,
s'ecria mon beaufrère, il nous reste de remercier oncle Emile
et tante Aldéa de leur cordiale Hospitalité et puis // nous   [150]
devons retourner chez nous sans plus tarder le travail nous
400 attend. Roméo offrit de nous reconduire, pendant que le
mari de ma sœur faisait le trajet du retour avec son
cheval et la voiture d'été. Au départ Roméo me demanda
si j'acceptais de le recevoir à titre d'ami j'acceptai et
nous sortîmes ensembles deux fois la semaine. Un soir
405 c'était au Cinéma et l'autre soir à une dance de fin de
semaine à un centre communautaire. Il était pour moi un
compagnon charmant un joyeux copain toujours de bonne

385   A Monsieur] *en surcharge à* Mr
386   B et lui tendit la main] *om.*
388   A connaissait] connaissaiet (*l'auteur s'étant tout à coup avisé que ce verbe devait être au singulier*) : *corr. d'après* B
390   B dit-il] *om.*
391-392 A Marie-Rose, m'accompagner à l'harmonium, je] Marie-Rose, vous m'accompagne // rez à l'harmonium, et je : vous *et* et *ont ensuite été raturés, de même que* rez *de* m'accompagnerez, *transformé ensuite en* m'accompagnez, *puis, par surcharge, en* m'accompagner
392   A chanson.] *le point est en surcharge à une virgule*
393   B provoquèrent] provoqua
395   B rapidité nous] rapidité et nous
396   B 16 heures et 30] 16 heures et 30 m.
397   A de] *en surcharge à* à
      B de] à

398   B puis] *om.*
399   B plus] *om.*
400   B Roméo] Monsieur Boudreault
401-402 B trajet du retour avec son cheval et] trajet de retour avec le cheval noir et
402   A Roméo me demanda] Roméo en (*ce mot non raturé*) me serrant la main (*ces quatre mots raturés*) me demanda
403   B si j'acceptais de le recevoir] si j'accepterais de le recevoir
      A à titre d'ami] *en interligne au-dessus de* comme ami (*corrigé par surcharge en* d'ami) *raturé*
405   A Cinéma] *le* m *a un jambage de trop*
      B Cinéma et] Cinema français et
406   A à un centre] à *en surcharge à* au
      B communautaire] *le* t *n'a pas été barré*
      A pour] *en surcharge à* un

131

410 humeur. Nous sortîmes ensembles six mois, un projet de
mariage s'ébaucha mais n'eût pas de suite et pour cause,…
sur un certain point, nous n'étions pas d'accord, chacun
de nous deux tenant mordicus a avoir gain de cause… et
ce fût la rupture. une rupture sans heurt, avec promesses
de rester tout de même bons amis. La destinée!!! aurait dit
415 Grand'Mère!!! Cependant ma pensée s'envollait souvent vers
les chers miens du Nord Ontario. À mon cœur demeurait
toujours vivace le souvenir de l'ami très // cher que j'y   [*151*]
avais laissé. Q[u]'etait-il devenu?… était-il encore
libre?…. et je commençai à envisager le retour dans ma
famille, dans un delai assez rapproché. j'en parlai à
420 Lucienda qui se montra très affectée de ce départ prochain.
Vous vous entendiez si bien me dit-elle Roméo et toi que
j'avais conçu l'espoir de te voir fonder ici un foyer ô
non! lui dis-je nous étions bons amis c'est tout.

425   Retour dans ma famille.

je quittai la petite famille de ma sœur en fin de mai[280].
Quelle joie de se revoir apres ces longs mois d'absence.
Mes frères organisèrent une soirée de bienvenue pour le
430 samedi soir et j'y rencontrai avec joie tous mes amis
spécialement celui que je n'avais pas oublié. Il vînt
accompagné de ses sœurs il me dit sa joie de me revoir et
combien cette absence de quelques mois lui avait parue longue.

---

408 *B* six] 6
409 *B* s'ébaucha mais n'eût] s'ebaucha et n'eut
410 *A* point, nous] point pour mon opinion capital (*œs quatre mots raturés*), nous
     B point, nous] point à mes yeux très important nous
     A n'étions] n' *ajouté entre* nous *et* étions
411 *A* deux] *en interligne*
     B mordicus] mordicuss
413 *B* tout de même] quand même
     A destinée!!!] *points d'exclamation ajoutés ultérieurement*
413-414 *B* aurait dit Grand'Mère] aurait-dit ma Grand'Mère
414 *A* ma] *en surcharge à* le [*?*]

417 *A* Q[u]'etait-il] Q'etait-il : *corr. d'après B*
419 *B* un delai assez rapproché. j'en parlai] un avenir assez rapproché. Les dernières lettres de ma mère et de ma Grand'Mère me réclamaient avec instances. Un soir j'en parlai
420 *B* Lucienda] ma sœur
     A affectée] *en interligne au-dessus de* peinee *raturé*
     B ce départ] ce *en interligne*
422 *B* conçu] conçue (*le e semble avoir été ajouté*)
425 *A* Retour dans ma famille] *ajouté en interligne*
     B Retour dans ma famille] *om.*
432 *B* accompagné de ses] avec ses

435 je lui dis mon bonheur. j'avais maintenant dix neuf ans et
Léo 26 ans[281]. Les fréquentations reprirent avec plus de
sérieux et des projets d'avenir s'ebauchèrent. Et en ce
jour de mon vingtieme anniversaire 24 mai 1925[282] des promesses
solennelles furent échangées // Avec le consentement des   [152]
parents nous devinmes promise et promis.................
440 et ce 28 décembre 1926 l'homme de mon choix, l'elu de mon
cœur me conduisit dans l'humble petite Eglise de Genier,
La bénédiction nuptiale nous fût donné. par le R[ev] Arthur
Morency[283] ptre. unis par le mariage nous avons jurés fidelité
amour et d'accepter d'un commun accord, de partager notre
445 vie pour le pire et pour le meilleur. À la sortie la neige
tombait en flocons épais et ouatés. La journée était douce
comme un jour de printemps. Reception et diner chez mes
parents. Au cours de l'après-midi ma Grand'Mère nous dit sa
joie de notre jeune bonheur et elle ajouta : Vous voyez mes
450 enfants ces flocons de neige, qui tombent sans interruption

---

435   *B* Léo 26 ans] Léo avait vingt-six ans
     A avec plus] avec un peu (*ces deux mots raturés*) plus

436   *B* et des projets d'avenir s'ebauchèrent] *om.*
     A en] *en interligne*

437   *A* 24 mai 1925] 24 mais [?] 1925 : *corr. d'après B*

438   *A* échangées Avec] échangées et la date du mariage fût fixée au 28 decembre de la même (*ces treize mots raturés au bas de la page* 151) Avec

438-439 *B* échangées Avec le consentement des parents] échangées et avec le consentement de nos parents

439   *A* devinmes] étions *raturé et remplacé dans la marge par* devinrent *corrigé ensuite en* devinmes *par surcharge*
     B nous devinmes promise et promis......] nous nous fiancèrent.

440   *B* et] *om.*

441   *B* conduisit dans l'humble] conduisit à l'autel de l'humble

442   *B* fût donné. par] fut donnée par

443   *A* avons] *en surcharge à* avions

443-444 *B* ptre. unis par le mariage nous avons jurés fidelité amour] ptre. La musicienne qui me remplaçait à l'harmonium, madame Wilfrid Levasseur, avait exercé les chants et cantiques de circonstance aux jeunes filles du Chœur de chant que j'avais formé. Avec quelle émotion j'entendis chanter l'Avé Maria de Gulnold par Mademoiselle Alice Côté aujourd'hui Madame Antoine Bigearit. On chanta aussi le « Noël du Mariage ». « Dans l'aride desert qu'on appelle Caire » etc... etc... Unis par les liens sacrés du mariage nous avions jurés fidélité et amour

444   *A* Durant / l'office / le chœur / de *raturé dans la marge* (*voir supra, variante B* 443-444)
     A amour et d'accepter] amour et continuation de (*ces deux mots raturés et* d' *ajouté devant* accepter)

445   *B* vie pour] vie entière les joies et les peines pour

446   *A* en flocons épais] en épais flocons la journée (épais *et* la journée *ont été raturés, puis l'auteur a poursuivi sa phrase en répétant le mot* flocons)

447   *B* un jour de] une journée de

448   *B* ma] *om.*

du ciel bleu, peut-être qu'au cours de votre vie, les epreuves
seront-elle aussi nombreuse, que ces flocons de neige mais
il faudra savoir les accepter en chretiens et en croyants.
Ma chère Grand'Mère avait-elle eue l'intuition d'une vie
455   éprouvée dans les futures années de notre union???... je ne
devais jamais oublier ces paroles pleines de sagesse et
marquées au sceau d'une longue expérience // j'avais quitté   [*153*]
ma famille une vie nouvelle allait commencer. la vie à deux
nous étions très heureux tous les deux. Dans l'humble foyer[284]
460   que nous avions organiser avec un goût et une simplicité
charmante il y avait tant tant d'amour. Mon mari avait un
emploi de sectionnaire[285], tout pres de chez nous, à la section
de Clute. il venait diner à la maison chaque jour. Un soir
à l'heure où le soleil, descendant lentement à l'horizon,
465   annonçait la chute du jour, le cœur battant j'appris à mon
époux que j'étais enceinte. Quelle joie!!!. que de projets
d'avenir nous avons ébauchés, pour la venue de ce bébé tant
désiré. Il y avait trois mois que nous étions mariés. Bébé
fit son entrée dans le monde le 22 décembre 1927. Cette

---

452   *B* seront-elle] seront-elles
       A de neige] *ajouté dans la marge*
454-455 *B* d'une vie éprouvée dans les] de
       la vie éprouvée qui nous attendait dans
       les
456   *B* oublier] oublié
       A ces] *en surcharge à* ses
456-457 *B* paroles pleines de sagesse et
       marquées au sceau d'une] paroles
       marquées au sceau de la sagesse et
       d'une
       A et marquées] et d'expérience (*ce mot*
       raturé) marquées
457   *A* sceau d'une] sceau de l'ex (l'ex
       remplacé par surcharge par d'une, *mais de*
       n'a pas été raturé)
459   *B* tous les deux] *om.*
       A Dans] D *en surcharge à* d
460-461 *B* organiser avec un goût et une
       simplicité charmante il y avait] or-
       ganisé avec une simplicité charmante
       Tout y était clair et reposant parce
       qu'il y avait
461-462 *A* un emploi de sectionnaire] un
       emploi : se sectionnaire (se *a été rem-*

placé par surcharge par de et l' *ajouté en
interligne devant* emploi *mais ni* un *ni les
deux points n'ont été raturés*). (*On pourrait
aussi lire* l'emploi de)
462-463 *A* à la section de Clute.] *ajouté en
interligne au-dessus de* nous, il venait (*On
pourrait aussi lire* sectionnaire, à la
section de Clute. tout pres de chez
nous, il venait)
       B emploi de sectionnaire, (...) jour.
       Un soir] emploi tout pres de chez nous
       sur la voie ferrée [*sic*] il était sec-
       tionnaire à la Station de Clute il venait
       chaque jour diner à la maison. Un soir
464   *B* soleil, descendant] soleil descendait
465   *B* annonçait la chute du jour] *om.*
467   *B* ébauchés, pour la venue de ce bébé]
       ébauchés ensembles pour ce bébé
       A pour la] pour l'aven (*ce début de mot
raturé*) la
       A venue] *lecture douteuse mais confirmée
par l'auteur* (*on lit* une [*?*] *ou* vie [*?*])
469   *A* 22] *le second* 2 *est en surcharge à un* 3
ou à un 8
       A 1927. Cette] 1927 dans notre

470 année là une neige abondante bloquait les routes, empêchant
toute communication avec la ville[286] située à douze milles de
notre maison d'habitation aussi le soir de la naissance de
notre fils, le médecin ne pouvant pas se rendre chez nous,
ce fût donc ma mère « sage femme » qui remplit avec succès le
475 rôle du docteur et ce fût un garçon!!! un fils resplendissant
de santé et qui pesait 14 lbs. Au baptême l'enfant reçu les
noms de // Joseph, Lucien, Edgar. La mère de mon mari avait [154]
demandé comme une faveur que notre premier enfant portâ le
nom de « Edgar » en souvenir d'un petit garçon de sa sœur, que
480 Grand'Mère et grand'père Girard avait élevé, et qui portait
le nom de Edgar Girard, la maman de ce bébé étant décédée
à sa naissance. Et les jours s'écoulaient dans un atmosphere
heureuse. Nous parlions souvent d'un projet qui nous tenait
à cœur. celui d'acquérir une petite ferme ou dans le calme
485 et la sérénité de la campagne nous pourrions élever nos enfants,
car il y aurait sûrement d'autres naissances. Le 5 mai 1929,
dans la même maison ou était né notre premier enfant, par un
Dimanche ensoleillé une heure 10 minutes P.M. naquit notre

maison d'habitation (*ces quatre mots raturés, peut-être au moment où reparaît cette précision un peu plus bas, ligne 472*). Cette

470 B bloquait les] bloquait toutes les
471 B communication] comminication
B douze] 12
473 A notre fils] notre *en surcharge à* mon
B fils] bébé
B pas] *om.*
474 A mère « sage] mère qui était (*ces deux mots raturés*) « sage
A qui] *en surcharge à* rem
A succès le] succès l'office (*ce mot raturé*) le
475 A ce fût] *en interligne au-dessus de* c'était *raturé*
475-476 B un fils respendissant de santé et qui pesait 14 lbs. Au baptême] un fils! qui pesait le poids respectable de 14 livres Au Baptême
A resplendissant de santé et qui pesait] *en interligne au-dessus de* garçon!!! un fils
476 A 14 lbs.] *ajouté après* fils (*voir ligne*

475) *à la fin de la ligne, en surcharge à* des points d'exclamation
476-477 A les noms] les s *ont été ajoutés ultérieurement*
477 B Edgar] Edgrar
479-482 B de sa sœur (…) naissance. Et les] de sa sœur décédée à la naissance du bébé. Et les
480 A Grand'Mère] *en surcharge à* Grand'père
A grand'père] *en surcharge à* grand'mère
A élevé] *en interligne au-dessus de* adopté *raturé*
482 B s'écoulaient dans un atmosphere] s'écoulaient dans une ambiance
486-489 B 1929, dans la (…) fils. Pour cette] 1929 le Dimanche à 12 heures et 45 m. naquit notre second fils Joseph Lauré Fernand un bébé blond et rose aux yeux bleus. Pour cette
487 A né] *en interligne*
488 A naquit notre] au [?] monde *raturé en interligne entre* naquit *et* notre

second fils. Pour cette naissance une deuxième fois ma mère
490   remplit auprès de moi le rôle du docteur, et mit au monde
Joseph-Lauré-Fernand. un bébé blond et rose avec des yeux
bleus et qui pesait 12 lbs. tout s'etait très bien passé
entre-temps mon mari avait été transféré à la Section de
Wartille[287] et quand Fernand eût 6 mois l'occasion nous fût enfin
495   donné d'acquérir une ferme. Le propriétaire de cette ferme
Mr. Ubald Racicot ayant décidé d'élir[288] domicile à Montebello,
sa ferme était à vendre. Apres l'avoir vésitée mon mari passat
les papiers[289] chez l'avocat et nous devimmes propriétaires d'une
belle ferme[290] // Un foyer bien à nous. j'aimai d'emblée cette   *[155]*
500   ferme miniature qui me rappellait si fort la ferme paternelle
de St-Stanislas. La maison à deux étages était coquette et
assez grande pour abriter notre petite famille. Il y avait
aussi une étable ou nous pûmes installés deux vaches une
pair de chevaux un petit poulailler assez grand pour 24 poules
505   et une porcherie. Ainsi avec notre travail, dans peu de temps
nous eûmes les principaux produits indispensable à notre
alimentation, Le beurre, la crème le lait les œufs, l[e]s
viandes de porc et de bœuf, et nous récoltions assez de
pommes de terre pour notre année et un jardin potager nous

489-490 *A* Pour cette / naissance / une
deuxième / fois ma / mère remplit /
auprès de / moi le / rôle du / docteur,
/ et mit au / monde] *ajouté dans la*
marge (Pour cette *se trouvant devant*
P.M. naquit notre second fils. *et*
naissance *devant* Joseph-Lauré-
Fernand. un bébé blond et, *il est dif-*
ficile de savoir à quoi exactement se raccroche
cette addition dans l'esprit de l'auteur)
490 *B* du docteur,] de docteur.
490-492 *B* et mit au monde (…) très bien
passé] *om.* (*voir supra, variante B* 486-
489)
492 *A* tout s'etait très bien passé] *en*
interligne
494 *B* Wartille et quand Fernand eût 6
mois l'occasion nous fût] Wartelle sur
la ligne du Nord et quand Fernand eut
neuf mois l'occasion nous fut
495 *B* de cette ferme] *om.*
496 *B* Mr.] Monsieur
497 *B* vésitée mon mari passat] vésité

mon pari passa
498 *A* l'avocat et nous] l'avocat et et
nous : *corr. d'après B*
499-500 *B* cette ferme miniature qui] cette
petite ferme qui
501 *A* de St-Stanislas] *en interligne au-*
dessus de Il y avait *raturé*
    A à deux étages] *en interligne*
502 *A* assez] a *en surcharge à* de
503-504 *B* ou nous pûmes installés deux
vaches une pair de] où nous pûmes
loger deux vaches laitières une paire de
504 *B* assez grand] *om.*
505 *B* travail, dans peu] travail en peu
506 *A* produits] *en interligne au-dessus de*
aliments *raturé*
    B indispensable] indispensables
507 *B* le lait] *om.*
507-508 *A* l[e]s viandes] la viande : *des s ont*
ensuite été ajoutés à ces deux mots, mais las
n'a pas été corrigé en les
509 *B* pour notre année] pour l'année

510 fournissait les légumes. L'hiver mon mari s'absentait pour
quelques mois dans les chantiers. afin de gagner l'argent
nécessaire pour les besoins de notre petite famille. Les
enfants grandissaient, en cette année[291] je devins enceinte
pour la troisieme fois. Or, quand les travaux de la ferme
515 furent terminés, les instruments oratoires rangés, mon mari
fit la rencontre d'un contre-maître d'une compagnie, « Les
Hennesseys », qui avait un contrat de bois important sur la
ligne du Nord. les travaux devaient commencer assez tôt à
l'automne pour se terminer au printemps // suivant. Mais   [156]
520 voici : étant donné la distance considérable du lieu de
travail de cette compagnie, mon mari devait revenir qu'au
printemps suivant. j'envisageai avec [appréhension] la
solitude qui m'attendait seule avec mes deux enfants et
l'espoir d'une prochaine maternité en janvier prochain[292].
525 Mes parents n'étant pas trop loin je pouvais recourir à
leurs bons services surtout à l'époque de la naissance de
mon bébé. Durant ce long hiver mon père vînt souvent me
rendre vésite Sa venue apportait toujours joie et réconfort
et le lendemain du jour de l'an une semaine avant la naissance
530 du bébé, sur l'avis du médécin, mon père vint me chercher
pour me conduire à l'hopital. on ferma la maison et la garde
de mes deux enfants fût confiée à mon frère Albert qui était

---

513   *A* grandissaient, en] grandissaient, ét
(*ce début de mot raturé*) en
A en cette année] *ces trois mots pour-*
raient avoir été ajoutés ultérieurement (*de*
même que la virgule qui suit grandissaient
[*?*]), *ce qui expliquerait l'alinéa qui suit*
en A et qui s'ouvre par les mots je devins
enceinte (*voir variante B*)
B en cette année] *om.* (grandissaient
est suivi d'un point puis il y a un alinéa
qui s'ouvre par les mots Je devins
enceinte)

514-515 *B* fois. Or, quand les travaux de la
ferme furent terminés, les] fois. Les
travaux de la ferme terminés et les

519   *A* suivant. Mais] suivant, vers la (*ce*
mot en interligne) fin d'avril (*ces quatre*
mots ont ensuite été raturés). Mais

521-522 *B* compagnie, mon mari devait
revenir qu'au printemps suivant.

j'envisageai] compagnie aucun des
employés ne pouvaient vésiter leur
famille aux temps des fêtes de Noël et
du jour de l'an j'envisageai

522   *A* [appréhension]] *raturé et remplacé*
par effroi, *mais* effroi *ayant à son tour été*
raturé, on peut en déduire que l'auteur est
revenu à son idée première, ce que la version
B semble confirmer
B avec [appréhension] la] avec un peu
d'appréhension la

523   *A* m'attendait seule] m'attendait avec
n (*ces deux mots raturés*) seule

524   *B* prochain] *om.*

524-525 *A* prochain. Mes] prochain. Mais
j'acceptai (*ces deux mots raturés*). Mes

527   *B* me rendre] nous rendre

529-530 *B* une semaine avant la naissance
du bébé,] *om.*

532   *B* mes deux enfants fût confiée à] mes

marié et avait lui aussi deux enfants. Le 7 janvier 1932
naissait à Lady Minto Hospital[293] [m]on 3ème enfant. Il reçu
535   au baptême les noms de Joseph Henri Denis-Paul. il était
petit et frêle mais en très bonne santé à mon retour de
l'Hopital ma mère vint passer 10 jours avec moi m'aidant
dans les travaux ménagers jusqu'à mon complet rétablissement.
j'avais expédié une lettre à mon mari // là bas au Nord pour   [*157*]
540   lui annoncer la grande nouvelle et pour lui dire que la
mère et l'enfant se portaient tres bien! Enfin! une fois
de plus l'hiver capitula sous l'ardeur d'un soleil printanier,
et les derniers jours d'Avril ramenerent au foyer l'epoux et
le père dont l'absence nous avait parut si longue. En
545   entrant mon mari se rendit pres du Hamac où le bébé dormait
profondement. Il le prit dans ses bras et l'embrassa avec
tendresse. Denis-Paul avait eut 3 mois le 7 avril....
Et la vie continuait au fil des jours. une vie humble et
laborieuse sans doute, mais si heureuse...... Chaque Dimanche
550   nous assistions à tour de rôle à la messe à Genier, apres
la messe nous prenions le diner avec mes parents ce qui
nous donnait l'occasion d'une belle rencontre avec mon pere
ma mere, mes frères ma chère Grand'Mère toujours active et
vaillante en depit de son âge avancé. Les années se suivent

---

enfants fut confié à
    A mon] *en surcharge à* Alber
    B à mon frère Albert qui] à Albert
    mon frère qui
533   A avait lui] *en surcharge à* avaient eux
    B lui] *om.*
534   A naissait à] naissait à l'h (*ces deux mots
    raturés*) à
    A Hospital [m]on] Hospital de Co-
    chrane (*ces deux mots raturés*) [m]on
    A [m]on] non : *corr. d'après B*
    B 3ème] troisième
    A Il] *en interligne au-dessus de* L'enfant
    raturé
536   B très] *om.*
536-537 B de l'Hopital ma mère] d'hopital
    Ma mère
540   B et pour lui dire] et lui dire
543   A et les derniers] et la fin d'avril (*ces
    trois mots raturés*) les derniers

544   A père dont] père si impatiemment
    (*ces deux mots raturés*) dont
    B parut] paru
    A parut si] parut inlermin (*ce début de
    mot raturé*) si
545   A rendit pres] rendit avec empres-
    sement (*ces deux mots raturés*) pres
    B Hamac] Hamack
547   B eut 3] eu trois
    A avril] *raturé puis rétabli*
    B avril] *raturé et remplacé en interligne
    par* janvier
548   A Et] *en surcharge à* et
551   B diner avec mes] dîner chez mes
552-553 A mon pere ma mere] *en interligne
    au-dessus de* mes parents *raturé*
    B avec mon pere ma mere, mes frères
    ma] avec père, mère, frères et ma
554   A Les années] *en interligne au-dessus de*
    Les jours les semaines et les mois *raturé*

555 mais ne se ressemblent guère. L'an 1933 devait être marquée
au sceau de l'epreuve, Tout dabord vers le 18 octobre 1932
je fûs de nouveau enceinte pour le 4ème bébé. Ma santé
n'etait pas aussi bonne j'accomplissais // péniblement   [158]
les tâches journalières et je ressentais une grande
560 lassitude. j'avais cependant garni et orné, comme chaque
année l'arbre de Noël traditionel avec cadeaux et friandises
qui rendent les enfants si heureux et nous avions fêté
Joyeusement en famille le 1er de l'an. dans les jours qui
suivirent janvier 1933 mon père me rendit visite et m'apprit
565 que ma mère était malade, et que sans doute elle serait obligée
de subir une opération pour une hernie qui datait de la
naissance de Lucienda. Un soir, elle fût transportee d'urgence
à l'hopital pour l'opération cet intervention cherurdicale²⁹⁴
fût assez bien réussie. et bientôt elle revint à la maison.
570 elle y séjourna 20 jours et de nouveau elle retourne²⁹⁵ à

---

555 *B* guère. L'an] guerre et l'an
     A marquée] *le e a été ajouté ulté-*
     rieurement
     B marquée] marqué
556 *B* vers] *om.*
560 *A* garni et orné] *en interligne au-dessus*
     de préparé *raturé*
560-561 *B* j'avais cependant garni (…) avec
     cadeaux] j'avais cependant comme
     chaque année garni l'arbre de Noël et
     enveloppé les cadeaux
561 *A* traditionel avec] traditionel et nous
     avions (*ces trois mots raturés*) avec
     A avec cadeaux] avec les (*ce mot raturé*)
     cadeaux
562 *A* rendent] *en interligne au-dessus de*
     rendent (*non raturé*) *en surcharge à*
     rendaient
564 *B* janvier 1933] *om.*
     B visite et m'apprit] vésite et m'appri
567 *A* de Lucienda] de son premier enfant
     (*ces trois mots raturés*) Lucienda
     B de Lucienda] de son premier enfant
     Lucienda
     B fût transportee] fut transporté
568-569 *B* l'hopital pour l'opération cet
     intervention cherurdicale fût assez]
     l'hopital l'intervention chericale etait

assez
569 *A* assez bien réussie] *en interligne au-*
     dessus de un (*non raturé*) succès *raturé*
569-570 *B* maison. elle y] maison et y
570 *A* elle retourne] elle *en surcharge à* en
570-574 *B* 20 jours et de nouveau (…) 56
     ans. pourquoi] 20 jours
          Chapître 13.
          - Premier dœuil familial en
          contrée étrangère.
     Durant ce séjour de 20 jours parmi
les siens, ma mère s'appliqua à suivre
strictement les ordonnances du médécin. Chaque matin, emitoufflée
dans ses fourrures elle marchait lentement sur la galerie. la femme de
mon frère Albert lui préparait ses repas
à heures régulières. À sa dernière pesée
la balance avait enrégistré une perte de
poids de 100 livres. Ma mère était
toute heureuse de ce résultat si longtemps elle espérait cet amélioration
d'un embonpoint qu'elle déplorait
depuis les dernières années. Hélas! la
vingt-unième journée elle fut trans-
portée à l'Hopital d'urgence. Cette
fois le médécin (le docteur Biron) qui
avait fait la première opération se

l'hopital cette fois gravement malade. elle mourût des suites
de cette hernie le 19 janvier 1933 laissant notre famille
désemparée d'avoir perdu une si bonne maman. elle avait 56
ans. pourquoi nous disait Grand'Mère le Bon Dieu ne m'a-t-il
575 pas pris à sa place?.... Ce dœuil accentua chez moi une
faiblesse plus grande. le 18 juin 1933 dans la petite maison
de notre ferme je donnai naissance à un 4ème garçon cette
fois ce fût mon mari qui remplit le rôle du docteur étant
trop loin de // la ville pour me transporter à l'hopital   [*159*]
580 en temps opportun tout se passât très bien et notre
voisine[296] se rendit chez nous elle examina le bébé et nous
dit qu'un docteur n'aurait pas pu faire mieux... Ce quatrième
garçon fût baptisé sous les noms de Joseph Henri Albert.
Cependant cette quatrième maternité me laissait languissante

---

montra perplexe indécis.... Apres
consultation avec ses confrères ils dé-
ciderent une deuxième opération et ils
constaterent que la science médicale
était impuissante à la sauver. Mon
père et le médécin passèrent la dernière nuit à son chevet... et à l'aube
naissante son âme s'envola vers la Céleste Patrie du Divin Créateur et nous
n'avions plus de Mère!!!....—

Le soir de ce même jour 19 janvier
1933 la dépouille mortelle quitta
l'hopital La paire de chevaux attelés
sur des sleighs d'hiver fit le trajet de
huit milles et à l'arrivée du convoi
funèbre sous l'avalange d'une neige
abondante les voisins exposèrent le
corps au salon familial. Mes frères
entourèrent la couche funèbre je
n'avais jamais vu tant de désarroi, de
consternation douleureuse sur leur
figure d'adolescent. Ma mère avait 56
ans. Pourquoi

571 A fois gravement] fois dangereuseme
(*ce début de mot raturé*) gravement

571-572 A des suites de cette hernie] *ajouté*
en interligne au-dessus de mourût le 19
janvier

573 A désemparée d'avoir] désemparée et
si peinée (*ces trois mots raturés*) d'avoir

575 B place?.... Ce dœuil] place? Elle

était bien plus utile à sa famille que je
peux l'être à mon âge. Ce dœuil

576 A plus grande] *en interligne au-dessus*
de persistante *raturé*

A juin 1933] juin dans (*ce mot raturé*)
1933

576-577 B 1933 dans la (...) garçon cette]
1933 je donnai naissance dans la petite
maison de notre ferme à un quatrieme
garçon. Cette

578 A remplit] *en surcharge à* remplaça

A rôle] r *en surcharge à* do <=
docteur>

B docteur] médécin

579 B loin] éloigné

A de] *répété au haut de la page 159 de-*
vant la ville

580 A en temps opportun] *ajouté dans la*
marge devant tout

580-583 B opportun tout se passât (...)
garçon fût baptisé] opportun. En dépit de la nervosité excessive de mon
mari tout se passa très bien Notre
voisine Madame Burkolder se rendit
à la maison sans tarder. Après un minitieux examin de ce (*ce mot en inter-*
ligne) gros bébé joufflu de 9 lbs elle dit
à mon mari qu'un docteur n'aurait pas
fait mieux L'enfant fût baptisé

584 B quatrième maternité] 4ème
maternité

585 Quand le bébé eut trois mois, une anémie persistance[297] nécessita
les soins d'un spécialiste et un séjour prolongé dans un
hopital de Toronto. Il y avait 4 enfants à placer. La sœur
de mon mari Madame E. Ouimette prit Denis-Paul et Madame
W. Gendreau une autre sœur de mon mari se chargea du bébé.

590 Mon mari décida de garder pres de lui Edgar et Fernand. Il
fût admirable de dévouement et d'abnégation durant cette
maladie qui me tint eloigné des chers miens une année entière.
Le 21 septembre 1934 mon mari vint me rendre visite à l'Hopital
de Toronto. j'étais en parfaite voie de guérison. mais le

595 specialiste remit à plus tard mon retour dans ma famille.
Enfin le 31 octobre 1934 je reviens chez nous pleine de
courage et de santé et si heureuse de revoir mon mari et mes
chers enfants. Et les activités // journalières de la ferme   [160]
reprirent avec plus d'entrain que jamais. les responsabilités

600 grandissaient avec les besoins de la famille nous étions
maintenant 6.six. Le 9 juillet 1935 mes parents furent
frappés d'un grande épreuve. Mon frère Claude se rendit
à un pique-nique au lac Dora situé 1/2 mille de notre ferme.
En se baignant il fût pris soudain d'un malaise et malgré

---

585   *B* persistance] persistante
586   *A* soins d'un] soins élairés (*ce mot ra-*
      turé) d'un
      A spécialiste et] spécialiste de To-
      ronto (*ces deux mots raturés*) et
587   *B* 4 enfants] quatre enfants
590-591 *B* Fernand. Il fût] Fernand qui
      l'avaient supplié de ne pas les placer
      dans un orphelinat durant mon ab-
      sence. Il fut
592   *A* tint] *en surcharge à* tient
      B qui me tint eloigné des] qui devait
      me tenir éloigné des
      A miens] *en surcharge à* mieux
592-593 *A* entière. Le] entière. sous (*ce mot*
      raturé) Le
596   *B* 31] 3 *en surcharge à* 2 [?]
      B 1934 je reviens chez nous] 1934
      j'obtins avec quelle joie mon congé
      d'hopital j'arrivai chez nous
      A chez nous] *en interligne au-dessus de*
      dans ma famille *raturé*
598   *A* chers] *ajouté en interligne*
      B mes chers enfants] mes quatre

enfants
      A Et les activités] Et la vie (*ces deux*
      mots raturés) et (*non raturé*) les activités
601-605 *A* Le 9 juillet 1935 (…) il se noya]
      ce récit de la noyade de Claude a été ajouté
      ultérieurement dans la marge; un signe de
      renvoi apparaît au-dessus du mot six *qui*
      précède
601-606 *B* maintenant 6. six. Le 9 juillet
      (…) il se noya. Et de nouveau]
      maintenant six et de nouveau (*Le récit*
      de la noyade de Claude se place après et me
      tenaient fort occupée (*ligne* 610) *dans*
      B, ce qui est maladroit du point de vue de
      la chronologie)
602   *B* d'un grande] d'une grande
      B épreuve. Mon frère] épreuve dans
      l'apres-midi mon frère
603   *B* situé 1/2 mille] situé à un demi-
      mille
604   *B* En se baignant il fût] Il se baigna
      et fût
604-605 *B* malaise et malgré (…) il se noya]

141

605 les efforts d'un assistant pour le sauver il se noya. Et
de nouveau je fûs enceinte. Cette fois un espoir se glissa
dans mon cœur. Cette prochaine naissance nous donnerait-elle
l'ultime joie de l'arrivée d'une fille dans notre foyer?......
déjà quatre garçons bruyants, tapageurs et pleins de
610 vivacité égayaient la maison et me tenaient fort occupée.
Et le 4 juillet 1936 le médécin mandé en hâte à la maison
de la ferme, mit au monde un magnifique bébé pesant 8 lbs et
4 onces. Quand je m'eveillai le médécin et mon mari étaient
pres de mon lit. un autre garçon? dis je avec un sourire
615 résigné. Mais non, chère madame me dit le médécin, cette fois
c'est une fille!!! Incrédule, je regardai mon mari qui me
faisait signe que oui, une jolie petite fille me dit-il.
Avec quelle ferveur je remerciai Dieu d'avoir réalisé cet
espoir durant ma grosesse d'avoir une fille. elle reçu au
620 baptême les noms de Marie Jeanne Lina Maintenant Edgar et
Fernand âgé de 5 ans[298] avaient fait leur entrée à l'école du

---

malaise. Il y avait ce jour là audessus
de 100 personnes qui prenaient part à
ce pique-nique au bord du lac. Un
jeune homme se précipita à l'eau pour
sauver mon frère mais il était hélas
trop tard il se noya. il était âgé de 25
ans (*ces six derniers mots ajoutés en surcharge aux points de suspension qui suivaient* noya)

607   *B* naissance] maternité
607-609 *B* donnerait-elle l'ultime (...) déjà]
donnerait-elle la joie de donner naissance à une fille?..... Déjà
608   *A* foyer] *en interligne au-dessus de* famille *raturé*
610   *B* occupée] occupée
611   *B* Et le 4] Le 4
B médécin mandé] médécin fut (*ce
mot ajouté dans la marge*) mandé
A mandé] demandé (*puis de a été
raturé*)
612   *B* ferme, mit au] ferme et je mis au
B bébé pesant 8 lbs et] bébé de huit
livres et
613   *A* m'eveillai le] m'eveillai mon mari
(*ces deux mots raturés*) le
616   *A* Incrédule] *ajouté en interligne au-*

dessus des points d'exclamation qui suivent
fille
617-622 *B* me dit-il. Avec (...) notre ferme.
l'été] me dit-il. Une fille!!! m'ecriais-
je une fille!!! une joie immence rempli
tout mon être... j'avais une fille il m'a
semblé tout a coup que je n'avais plus
rien à désirer. L'enfant au baptême
reçu les noms de Marie-Jeanne Lina.
Pendant le dernier stage de ma
maladie, mon mari avait préparé nos
deux garçons Edgar et Fernand pour
l'ouverture des classes en Septembre.
Edgar avait six ans et Fernand 5 ans.
L'école du village de Genier était située à un mille et demi de notre
ferme. L'été
618   *A* Dieu d'avoir] Dieu de (*non raturé*)
m'avoir (*raturé*) d'avoir
619-620 *A* elle reçu au baptême les noms de
Marie Jeanne Lina] *ajouté en interligne*
A reçu au] reçu les noms (*ces deux mots
raturés*) au
A baptême les] baptême à [?] (*ce mot
raturé*) les
621   *A* avaient fait leur entrée à] *en interligne au-dessus de* fréquentaient *raturé*

village de Genier situé à 2 mille 1/2 de notre ferme. l'été
avec les enfants du voisinage, une fa-//mille anglaise[299] ils   [161]
marchaient mais l'hiver, ils faisaient le trajet avec deux
625   gros chiens dressés qui les transportaient de la maison
à l'ecole et vice-versa. ainsi je m'efforçai de donner à
mes enfants l'éducation essentielle, indispensable qu'il
leur faudrait un jour pour faire face aux difficultés de
la vie. Quand Denis-Paul eût ses six ans[300] il prit à son tour
630   le chemin de l'école. Ils étaient tous doués d'un très beau
talent et se montrèrent tres intéressés aux etudes. le soir
groupés autour d'un bon feu qui repandait dans toute la
maison une chaleur uniforme, nous récapetulions ensembles
ce qu'ils avaient appris durant le jour à l'école, une
635   lecture, une récitation, un chant etc etc… et pour clore
cette intéressante soirée, je leur racontais un conte. La
vie n'était pas compliquée à cet époque, et pourtant dans
cette maison de notre petite ferme j'y passai avec les chers
miens les dix plus belles années[301] de ma vie de mère et d'epouse.
640   En l'an 1936 mon pere ayant construit une maison neuve jolie
et spacieuse m'offrit de passer les 10 mois de l'année
scolaire au village de Genier dans la petite maison qui nous
avait abrité lors de notre arrivée en Ontario. Pour cette

623   B du voisinage] de nos voisins
624   B avec] *en surcharge à* avait
625   A chiens dressés] chiens de sleighs.
ainsi (*ces trois derniers mots ont ensuite été
raturés et remplacés en interligne par :*)
dressés qui les transportaient de la
625-627 B dressés qui les (…) mes enfants]
dressés à cette fin. En dépit des difficultés et des sacrifices nombreux nous
avons tenu mon mari et moi à donner
à nos enfants
626-627 A donner à mes enfants] *en interligne au-dessus de* leur donner *raturé*
628-629 B jour pour faire face aux difficultés
de la vie. Quand] jour organiser leur
vie personnelle, à leur laisser cet hé-
ritage que personne ne pourrait leur
enlever. Quand
629   B eût ses six ans] eût six ans
634   B appris durant le jour à l'école, une]
appris à l'ecole durant le jour « Une

A à l'école] *ajouté en interligne au-dessus
de* une
635-636 B etc etc… et pour clore cette] etc
etc… » et pour terminer cette
637   B à cet époque] à cette époque
638   B cette maison de notre petite ferme]
cette petite maison de notre ferme
638-639 B avec les chers miens] *om.*
639   B années de ma vie de mère et
d'epouse.] années d'epouse et de
Mère!!!
A de mère et d'epouse] *en interligne
au-dessus de* femme *raturé*
640-641 B En l'an 1936 mon pere (…) les
10 mois] L'année suivante mon père
décida de construire une maison
d'habitation grande et spacieuse et
m'offrit d'aller passer les dix mois
642   B au village de Genier] *om.*
643   B abrité] abrités

année là au moins mes enfants seraient // pres de l'école. [*162*]
645 Au début de Novembre nous retournâmes à la ferme[302]. Quelques
jours avant notre depart. un soir à l'heure ou je préparais
le souper pour ma petite famille. Victorin entra et me dit
qu'ils venaient de recevoir une lettre de Oncle Emile des
Etats-Unis. a-t-il parlé de Lucienda? mon frère me regarda
650 tristement Hélas dit-il notre sœur a été victime d'une
tragédie qui lui a couté la vie. Ayant essayé de mettre
du bois dans la fournaise le feu prit[303] à ses vêtements. elle
fût transportee à l'Hopital[304] à 10 heur. A.M. et mourût le
même jour[305] à cinq heures P.M. elle laissait son mari et
655 seph enfants. les funerailles eurent lieu de bonne heure
le lendemain matin quand la lettre de oncle Emile arriva
à Genier tout etait terminé. j'ai beaucoup pleuré cette
sœur qui était 10 ans plus agée que moi. Et le 23 janvier
1938 naissait à la campagne avec l'assistanc[e] du médecin
660 notre 5ème garçon qui reçut au baptême les noms de Joseph
Charles-Edouard Conrad. Il était si petit et si délicat
que le sobriquet de petit poucet lui aurait bien convenu.
Les enfants grandissaient Edgar allait avoir treize ans et
Fernand avait 12 ans. Nous étions vraiment trop éloigné de
665 la ville, dans un avenir assez rapproché les enfants

---

644   *B* seraient pres] seraient tout pres
645   *A* Au début de Novembre] *en inter-
      ligne au-dessus de* Vers la fin de l'été
      raturé
      B début de Novembre nous] début
      des vacances d'été nous
      B à la ferme] sur notre ferme
645-658 *A* Quelques jours avant (…) qui
      était 10 ans plus agée que moi] *ce récit
      de la mort de Lucienda a été ajouté, avec
      une flèche de renvoi, dans les marges des
      pages 162, 163 et 164; B omet ce récit*
647   *A* souper] *en interligne au-dessus de*
      repas *raturé*
657   *A* à Genier] *ajouté en interligne au-
      dessus de* tout
658   *B* Et] *om.*
659   *A* à la (*ces mots en surcharge à* avec)
      campagne avec l'assistanc [*sic*] du
      médecin] *ajouté en interligne au-dessus*

de naissait notre 5ème garçon
659-660 *B* 1938 naissait à la campagne avec
      l'assistanc[e] du médecin notre 5ème
      garçon] 1938 naquit notre cinquième
      fils
660   *B* qui reçut au baptême les noms de]
      om.
661   *B* Conrad. Il était si petit et si délicat]
      Conrad. Cette fois le médécin avait
      fait le trajet de douze milles en
      « Snowmobile ». Il avait été enchanté
      de reçevoir de mon mari un pain de
      ménage et une jatte de crème douce.
      ——— Ce bébé était si frêle et si
      délicat
662   *B* de petit poucet lui] de « Tit Pou-
      cet » lui
      B bien] *om.*
663   *B* treize ans] quatorze ans
664   *B* éloigné] éloignés

quitteraient l'ecole et chercheraient du travail. Un soir,
mon mari la journée de travail terminée, en revenant avait
remarqué une jolie petite ferme située à deux milles de la
ville[306]. Il contacta le propriétaire[307] fit des arrangements et
670 le départ fût décidé. les jours qui suivirent furent tres
remplis, creter les meubles faire des cages pour les
animaux etc etc. enfin un soir à l'heure où le soleil
descend lentement à l'horizon nous partîmes. Un silence
impressionnant précédait ce depa[r]t, et tandis que notre
675 vue embrassait la ferme, la maison du bonheur qui nous avait
abrité dix années, notre voisine Mme. Burkolder traversait
à pied le 1/2 mille qui nous separait et vint nous faire
ses adieux // elle pleurait... qu'allons-nous devenir moi   [163]
et les enfants maintenant que vous serez partis? -... ô
680 pour sûr q[u]'Avant longtemps moi aussi je partirai pour
aller demeurer en ville. Celui que ce départ affecta le plus,
ce fut Fernand, cet enfant sensible et sentimental s'était
attaché à cette residense paisible ou il avait passé les
plus belles années de son enfance et il ne pouvait pas
685 comprendre pourquoi on la quittait. En voyant sa peine et

---

666   *B* l'ecole et chercheraient du] l'ecole
pour se chercher du
667   *A* mari la journée] mari en (*non raturé*)
revenant (*raturé*) la journée
B en revenant] *om.*
669   *A* ville] *le premier* 1 *est en surcharge à* è
B ville. Il contacta] ville dans les jours
qui suivirent il contacta
669-675 *B* arrangements et le départ (...)
ferme, la maison] arrangements et
acheta cette petite ferme à proximité
de la ville et le départ fut décidé. Parents et enfants furent tres occuppés à
créter les meubles confectionné des
cages pour le transport des animaux
domestiques etc... etc... Enfin un
soir, à l'heure ou le soleil descendait
lentement à l'horizon tout était prêt.
Mon mari mit le cadenas sur la porte.
Debout pres du camion qui devait
nous transporter ma vue embrassa
toute l'étendue de notre petite ferme,
la maison
674   *A* depa[r]t] depat : *lapsus calami* [?]

676-677 *B* abrité dix années (...) et vint]
abrités dix années merveilleuses de
paix et de sérénité. Notre voisine
Madame Burkolder traversait d'un pas
rapide le demi-mille qui nous séparait
et vint
677   *A* et vint] et *en surcharge à* de
678   *A* qu'allons-nous] *en surcharge à* quc
vais-je
B qu'allons-nous devenir] Qu'allons
devenir
679   *B* vous serez partis] vous allez être
partis
679-680 *A* ô pour sûr q' [*sic*]] *ajouté en interligne entre* partis?-... *et* Avant
680   *B* sûr q[u]'Avant longtemps moi
aussi je partirai pour] sûr avant longtemps nous partirons nous aussi pour
681   *A* aller] *ajouté en interligne entre* pour
et demeurer
683   *B* residense] résidence
A avait] t *en surcharge à* e *et au premier
jambage d'un* n
684   *B* et] *om.*

145

son désarroi, ma pensée se rapportait à l'epoque lointaine[308]
où la décision de mon père de vendre la ferme paternelle,
m'avait causé un si grand déchirement. Nous étions en
novembre, apres l'installation dans notre nouvelle résidence,
690   les enfants prirent le chemin d'une nouvelle école[309] beaucoup
plus rapprochée de chez nous que celle de Genier. Edgar
l'aîné de mes fils fréquenta cette ecole quelque temps
mais il nous parlait souvent de son désir de travailler et
en ce faisant, apporter un aide financier à la famille. Et
695   le 28 octobre 1941 Naquit à l'hopital de Cochrane Yvonne //
Mariette une petite fille délicate et fragile, à qui Dieu   *[164]*
avait donné la beauté mais pas la santé. Elle ressemblait
d'une façon frappante à ma chère Grand'Mère. Même ovale
de la figure, les yeux bleus et blonde comme les blés. À
700   mon depart de l'hopital le médécin me dit qu'apres un
examin minitieux[310], l'enfant ne vivrait pas trois mois elle
était très malade et malheureusement le mal etait hélas !
incurable et ne donnait aucun espoir de guérison. À la
maison on entourra le bébé de soins et d'attention et
705   d'amour. et le 5 janvier au déclin du jour elle expira dans

---

688   *B* déchirement. Nous] déchirement.
Ainsi je me reconnaissait dans cet
enfant sentimental qui me ressemblait
si fort moralement. Nous

689   *B* résidence] résidense

690   *A* prirent] reprirent (*puis* re *a été
raturé*)
B chemin d'une nouvelle école
beaucoup] chemin de l'ecole de Lamarche beaucoup

693   *B* et] *om.*

694   *A* un aide] un *en interligne au-dessus de*
son *raturé*
A famille] *après ce mot, le texte suivant
a été raturé :* qui commencait à (à *en
surcharge à* e [*?*]) être assez nombreuse.
À la fin de ce même mois j'attendais
une nouvelle naissance (une nouvelle
n *en surcharge à* un nouveau b)
B famille. Et le] famille. Le

695   *A* de Cochrane] de *en surcharge à* C

697   *B* mais pas] mais non pas

699   *B* figure, les yeux bleus et blonde
comme] figure yeux bleus et cheveux

blonds comme
A et blonde] et si (*ce mot raturé*) blonde

700-703 *B* qu'apres un examin (…) incurable et ne] qu'apres avoir munitieu-
sement examiné le bébé l'enfant était
tres malade et ne vivrait pas trois
mois. Le mal etait incurable et ne

702   *A* et malheureusement] *ajouté en interligne au-dessus du point, raturé, qui
suivait* malade *et de* À la maison

702-703 *A* le mal / etait hélas ! (*ce dernier mot
en interligne au-dessus de* incurable) incurable / et ne donnait / aucun / espoir
de / guérison] *ajouté dans la marge*

704   *B* on entourra le bébé de soins et
d'attention] on entoura Mariette de
soins d'attention

705   *B* d'amour. et le 5] d'amour et Hélas
Le 5
A déclin du jour] *en interligne au-dessus
de* matin *raturé*
B au déclin du jour elle] à l'aube
naissante elle

mes bras elle avait exactement 2 mois et 8 jours.

À mon Ange

« Tout comme le bouton de rose
Porteur d'espoir, de la splendeur de demain
710   Ta tête aux boucles blondes aux cheveux fin
Se pencha soudain un soir d'hiver morose.

Comme il fût bref chérie sur la terre ton séjour
Dieu avait mis tant de grâce et de beauté
Sur ton visage d'ange par un sourire éclairé
715   Nos cœurs pleins d'amour de toi se souviendront toujours

Un soir au crépuscule ton âme s'est envolée
Vers la demeure éternelle du Céleste jardinier
À l'entrée de ce jardin eblouissant de roses et de beauté
Un ange t['ly apporta[311] bouton de rose aux petalles parfumées

720   Le lendemain les élements déchainés
Rendirent pénible la dernière corvée //
papa accompagné du fils aîné   *[165]*
Escorterent à l'Eglise (Bénédiction des Anges[312])
Puis au cimetiere Mariette au nom de fleur[313]
725   Et à l'âme Si blanche!!! Si blanche!!!…

....

Dans les 2 mois et 8 jours de sa brève existence,
Mariette avait pris une bien grande place dans nos cœurs
et Lina était désesperée d'avoir perdu la seule petite
730   sœur qu'elle aimait tant. Et le temps ce grand bienfaiteur,
adoucit sans l'effacer la peine de nos cœurs attristés…

---

706   *B* exactement 2 mois et 8 jours] exactement neuf (*ce mot raturé*) deux mois et neuf jours
707   *A* À mon Ange] *ajouté en interligne*
       B À mon Ange] *om.*
710   *B* cheveux fin] cheveux fins
714   *A* d'ange] a *en surcharge à* e
715   *A* pleins] s *ajouté ultérieurement*
717   *A* Céleste] C *en surcharge à* c
719   *A* t['ly] t y : *corr. d'après* B
722   *B* papa] Le père
       A du fils aîné] *en interligne au-dessus de* d'l'aîné de nos fils *raturé*
723   *A* Escorterent] *en surcharge à* <*mot illisible*>

724   *A* Puis] *en surcharge à* Et
       A cimetiere Mariette] cimetiere l'ange (*ce mot raturé en interligne*) Mariette
726   *B tire un trait, saute une ligne et transcrit :*
          Chapitre 14.
          Suprême déception!!!-
726-727 *A* Dans le bref délai de] *raturé entre ces deux lignes*
727   *A* Dans les] les *en interligne entre ce* (*raturé*) *et* 2
       B les 2 mois et 8 jours de sa] les deux mois de sa
728-729 *B* cœurs et Lina] cœurs. Lina

Et la vie continuait. l'aîné Edgar avait trouvé du
travail. Cet enfant d'un sérieux et d'une compréhension
audessus de son âge fût jusqu'au jour de son mariage et
735 toujours un véritable consolation et un appui pour notre
famille. Que de reconnaissance nous lui devons. Tous les
autres enfants allaient à l'ecole y compris Lina, le bébé
était maintenant Conrad. Fernand à 13 ans en depit d'une
opération pour Homydales[314] et un séjour à l'hopital passat
740 tout de même avec succes l'examin de la 8eme année[315]. et
suivant l'exemple de l'ainé commença à travailler bien jeune.
Mon mari avait un emploi au département Hihg Way et était
à la maison chaque soir la famille était au complet
c'etait le bon temps. Nous jouissions amplement de cette
745 belle vie familiale à la campagne. Le 15 juillet 1943 notre //
6eme garçon Joseph André Lauré fit son entrée dans le monde. [*166*]
Ce gros bébe blond et Rose aux grands yeux bleus ne me donna
pas trop de tracas il dormait presque toujours et était en
parfaite santé. ce qui me donna l'avantage de refaire mes
750 forces et de répondre aux exigences d'une famille nombreuses.
Les jours, les semaines et les mois passaient avec rapidité.
et le 22 janvier 1945 enrégistra la naissance de mon 7eme

---

734   A audessus] *en interligne au-dessus de* au
      délà (*non raturé*) de
734-735 A et toujours] *ajouté en interligne au-*
      dessus de un
735   B un véritable consolation et] *om.*
      A consolation et un appui] *en inter-*
      ligne au-dessus de support *raturé* (*ce qui*
      explique la forme un *devant* consolation)
736   A Que de reconnaissance nous lui
      devons] *ajouté en interligne*
      B *dans la marge supérieure de la page*
      149, *on lit :*
              71
             187
              49
            ——
              38
      (*Le 8 de* 187 *est barré d'un trait*
      vertical). *Voir supra, variante B*
      295
738   B à 13 ans] *om.*
738-739 A en depit / d'une / opération /

pour / Homydales / et un / séjour à /
l'hopital] *ajouté dans la marge vis-à-vis*
de passat
739   B Homydales] Hamydales
739-740 B l'hopital passat tout de même
      avec succes l'examin de la 8eme année]
      l'hopital avait tout de même passé avec
      succes les examins de la huitième
      année
740   A tout de même] *ajouté en interligne*
740-741 B et suivant l'exemple de l'ainé
      commença à travailler bien jeune] *om.*
742-744 B emploi au (…) temps. Nous]
      emploi stable au département du
      High Way et le repas du soir réunis-
      sait la famille au complet. C'était le
      bon temps et nous
746   B 6eme] sixème
748   B toujours] tout le temps
750   B nombreuses] nombreuse
752   B 7eme] septième

fils — Joseph Aurèle Lucien. un joli bébé aux yeux bruns
et plein d'energie et de vivacité cet enfant agité et
755   turbulent était très attaché à son père. Chaque soir les
travaux ménagers terminés, et après que je lui avais donné
son bain son père le berçait pour l'endormir en lui chantant
cette chanson que nous aimions tant et qui est restée dans
ma famille « une chanson Souvenir »

760   « Tu pars au bord des flots[316] »
           Tu me laisses un sourire
           Tu me regardes encore
           je serai seule demain etc etc.

A la cadense de la berceuse, et au son de ce chant langoureux,
765   Lucien s'endormait du sommeil doux et paisible de l'innocence.
      Denis-Paul avait quitté l'ecole et dès l'âge de
quinze ans s'etait à son tour // trouvé du travail apportant   [167]
avec un salaire minime son appui à la famille — Cette année
là[317] 4 grands hommes, le père, Edgar Fernand et Denis-Paul,
770   se rendaient au travail. chaque matin à 8 heures. et Lina
Albert et Conrad. se rendaient à l'ecole pour 9 heures. Le
lever matinal avait lieu à 4 heures, j'avais à preparer le
déjeuner, et le goûter pour 7 et je restais toute la journée
à la maison avec Lauré et bébé Lucien. La fin du jour
775   réunissait pour le dernier repas de la journée travaillants

---

753   *B* joli] *om.*
754   *A* vivacité cet] vivacité Beaucoup plus que mes autres enfants (*ces six mots raturés*) cet
755   *A* attaché] at *en surcharge à* egi [*?*]
        A soir les] soir apres (*ce mot raturé*) les
756   *A* après que je lui avais donné] après lui (*ce mot corrigé en* que *par surcharge*) avoir (*raturé et remplacé dans la marge par* je lui avais) donné
756-757 *B* et après que je lui avais donné son bain] *om.*
764   *A* de ce chant] du (*corrigé en* de *par surcharge*) ce (*ajouté*) chant
764-765 *B* son de ce chant langoureux, Lucien] son langoureux de la chanson Lucien
766   *A* quitté] *en surcharge à* quitter
        B l'ecole et dès l'âge] l'ecole à l'âge
767   *B* ans s'etait à] ans et s'était à

767-768 *A* travail apportant avec] travail et (*ce mot raturé*) apportait (*corrigé en* apportant *par surcharge*) son appui à la famille (*ces cinq mots raturés*) avec
769   *B* 4] quatre
770   *B* 8] huit
        A Lina] L *en surcharge à* Al
771   *A* se rendaient à] se *en surcharge à* allai
        A 9] *en surcharge à* 8
        B 9] neuf
772   *B* 4] quatre
        A j'avais à] *ajouté en interligne entre* heures *et* preparer
773   *B* 7] septh
        A toute la journée] *en interligne au-dessus de* seule *raturé*
774   *B* à la maison] *om.*
775   *A* de la] de *en surcharge à* du *et* 1 *de* la *en surcharge à* j

et écoliers[318].

Depuis notre arrivée sur cette ferme qui nous avait
rapproché de la ville et de l'ecole Edgar c'etait lié
d'amitié avec une jeune fille très distinguée et de très
780   bonne famille. il allait avoir bientôt 20 ans et cette
amitié réciproque se changea bientôt en un sentiment plus
tendre « l'amour » et je compris que l'aîné de mes fils avait
fixé son choix. le jour du 20eme anniversaire de l'élue de
son cœur — 17 fevrier 1948 ils se fiancèrent. Le mariage
785   eut lieu le 15 juin 1948. il épousa en l'Eglise de la
tranfiguration[319] Mademoiselle Lucille Perron. C'était le départ
definitif, l'orientation personnelle de sa vie avec la compagne
qu'il s'était choisi. Ils avaient 20 ans tous les deux. //
Le 4 janvier 1947 je donnais naissance à mon 8eme fils   *[168]*
790   l'enfant reçu au baptême les noms de Joseph Gaston André.
il etait très grand avait de magnifiques yeux bruns et fût
toujours un enfant sage et sérieux. Après la naissance
d'André j'entrai dans la période si pénible de la femme au
retour de l'âge[320]. Ainsi l'arrivée de ce 8eme garcon enrégistra
795   la dernière naissance de ma famille. Nous étions maintenant
(11) onze. Quand André eût deux ans, j'eus à consulter mon
médécin, qui, apres un minitieux examin me dit que je devais
subir, une opération pour une hernie, c'était urgent. cet
herni datait de la naissance de mon premier enfant et Edgar
800   avait 22 ans. Il fallait me rendre à l'hopital Générale de

---

778   *B* c'etait] s'était

783   *B* 20eme] vingtième

784-786 *B* fiancèrent. Le mariage (…)
        Perron. C'était] fiancèrent. Le 15 juin
        1948 ils s'épousèrent en l'Eglise de la
        transfiguration Cochrane C'était

788   *B* choisi] choisit
        B Ils avaient 20 ans tous les deux] *om.*

789-790 *B* 1947 je donnais naissance à mon
        8eme fils l'enfant reçu au baptême les
        noms de] 1947 enrégistra la dernière
        naissance dans ma famille ce huitième
        garçon recu les noms de
        A fils l'enfant] fils et ce fût le dernier
        enfant de ma famille (*ces neuf mots ra-
        turés*) l'enfant

791   *A* bruns] *il manque un jambage au* u *ou*
        au n

792-801 *B* sérieux. Après la (…) Edgar sa
        femme et] sérieux. Nous étions
        maintenant 11 et j'entrai dans la pé-
        riode si pénible pour la femme du re-
        tour de l'âge. Quand André eut deux
        ans j'eus à subir à l'Hopital Général de
        Toronto une opération pour une
        Hernier (*ce dernier* r *raturé*) qui datait
        de la naissance de mon premier enfant
        et Edgar avait 22 ans. Celui-ci avec sa
        femme et

793   *A* au retour] au *en surcharge à* du [*?*]

796   *A* consulter] *en interligne au-dessus de*
        contacter *raturé*

799   *A* enfant] enfant et à cet époque (*œs
        quatre mots raturés*) et

800   *A* Il fallait] Il me (*ce mot raturé*) fallait

Toronto et Edgar sa femme et leur bébé Claire vinrent
prendre la garde de ma famille. Avec le concours de
spécialistes expérimentés l'opération fût un succès et je
reviens[321] chez moi en décembre. Apres quelques semaines de
805 convalescense je fus en état de continuer la tâche
interrompue // par cette maladie. Cependant au milieu des [169]
multiples occupations qui m'assiégeaient je remarquais un
changement dans l'attitude de mon mari il n'était plus le
même. Il était maintenant âgé de 51 ans l'âge du midi pour
810 l'homme. il aimait toujours sa famille… ses enfants mais
il était boulversé… et j'avais l'impression qu'il me
ca[c]hait quelque chose qu'il y avait un mystère dans sa
vie. Un jour[322] il franchit le sœuil de notre demeure et la
porte en se refermant sur lui sonna le glas de mon bonheur
815 d'épouse et de Mère. je dus me rendre à l'évidence………

---

802   A famille. Avec] famille pour tout le temps que durerait cett [*sic*] intervention chérugicale, qui une fois de plus m'éloignait des chers miens. (*ces dix-huit mots raturés*) Avec
804   B reviens] revins
      A décembre. Apres] décembre. Quelques semaines s'écoulèrent (*ces trois mots raturés*) Apres
807   B occupations] occuppations
808   B l'attitude] l'atitude
809   A était] *en surcharge à* avait
      B 51] cinquante et un
811   A l'impression] *en interligne au-dessus de* l'intuition *raturé*
812   A ca[c]hait] cahait : *corr. d'après* B
813   B vie. Un jour il] vie… un soir d'hiver glacial il
      A il franchit] il partit (*ce mot raturé*) franchit
813-815 A demeure et] demeure pour ne plus y revenir (*ces cinq mots raturés et remplacés par :*) et (*ajouté à la fin de la ligne après* demeure) la porte (*dans la marge*) en se refermant sur lui sonna le glas de mon (*en interligne*) bonheur (*dans la marge*) d'épouse et de Mère (*en interligne*)
814   B sur lui sonna] sur lui avec un bruit mât senna [*sic*]

815   A d'épouse] d'é *en surcharge à* long
815-816 B d'épouse et de Mère. je dus me rendre à l'évidence……. j'étais seule avec] d'épouse. Etait-ce possible que cette chose horrible m'arriva à moi?… Mais pourquoi Mon Dieu? Pourquoi?…………………

Et ce soir là quand le soleil descendit à l'horizon dans une trainée d'or et de pourpre et que mes enfants se furent endormis dans le silence impressionnant de cette maison solitaire je fis un sérieux examin de conscience minitieusement je fouillai tous les recoins de mon passé de ces 22 années d'amour réciproque qui avait fait de nous deux un couple heureux et tres unis et je me demandai si je n'avais pas quelque chose de grave à me reprocher…… et ma conscience me répondit non!!! Alors???…… je demandai à Dieu la force d'accepter sans murmurer l'epreuve venant de sa main Mais Helas!!! je n'étais pas parfaite et deux longues années devaient s'ecouler avant que mon cœur accorde le pardon à l'infidèle qui m'avait laissé si désemparée dans la vie………………………

j'etais seule avec cinq enfants minauritaire[323] et trois grands
garçons qui chaque matin, se rendaient courageusement au
travail. Ici je dois rendre témoignage que le dévouement et
le support de ses trois grands garçons furent pour moi un
820   réconfort qui m'empêcha de sombrer dans le découragement.
L'aîné avait maintenant sa petite famille et il avait fait
plus que sa part pour nous aider avant son mariage. Après ce
départ définitif de mon mari, au livre du bonheur, je tournai
la page et je refoulai au plus profond de mon cœur le souvenir
825   des années heureuses // que j'avais partagé dans un amour   *[170]*
profond et réciproque, avec l'homme qui fût pour moi un
bon époux et pour mes enfants un tres bon père. L'amour
maternel, ce besoin de devouement et d'abnégation qui
étaient en moi, je les rapportai entièrement sur mes enfants
830   qui furent tous si bons pour moi. Le temps passait rapidement
avec des journées bien remplies. Conrad avait maintenant
quitté l'ecole et s'était trouvé un emploi Bell boy à
l'« Empire Hôtel » de Timmins il me revenait chaque fin de
semaine m'apportant un cadeau et aussi de l'argent qu'il
835   avait gagné péniblement il était si petit si délicat........
Lina dans le même temps se trouvait un emploi comme aide
garde malade à l'Hopital Lady Minto. Cette seule petite

---

je devais me rendre à l'évidence
j'étais seule!!! seule avec

816   A minauritaire] *en interligne au-dessus
de* en des (*ces deux mots raturés*) *en bas*
(*ces deux mots non raturés*) de l'âge de la
majorité (*ces mots raturés*)
B minauritaire] minauritaires

817   A matin, se rendaient] matin, prenaient (*ce mot raturé*) se rendaient
B courageusement au] courageusement à l'ouvrage (*ces deux mots raturés*)
au

818   B je dois rendre] je me dois de rendre

819   B ses trois] ces trois

822   A plus que sa] *en interligne au-dessus de*
sa grande *raturé*

822-823 B Après ce départ définitif de]
Après le départ de

825   B partagé] partagées

827   A et pour] et un bon père (*ces trois mots
raturés*) pour
A tres] *ajouté en interligne entre* un *et*

bon

829   B étaient] était

829-830 B enfants qui furent] enfants. Ces
derniers furent

832-833 B trouvé un emploi Bell boy à
l'« Empire Hôtel » de] trouvé maintenant un emploi. « Bell boy » à
l'« L'Empire Hotel » de

834   A cadeau et] cadeau pour me faire
plaisir (*ces quatre mots raturés*) et
B aussi de l'argent qu'il] aussi quelqu'argent qu'il

837   B malade à l'Hopital Lady Minto.
Cette] malade à Lady Minto Hospital
de Cochrane Cette
B *dans la marge supérieure de la page
155, on lit :*
187
55
———
32
Voir supra, variantes B 295 *et* 736

840

845

850

855

fille, qui était pour nous tous un veritable rayon de soleil
m'aida énormément à elever mes trois derniers garçons, Lauré
Lucien et André elle fût pour eux une veritable mère et
toujours ils devaient la considerer comme tel. Un soir, le
4eme de mes fils m'apprit qu'il était fiancé et qu'il avait un
projet de mariage pour le debut de décembre 1951 // Albert   [171]
n'avait que 18 ans... je fus tout dabord alarmé d'apprendre
que si jeune encore il avait l'intention de fonder un foyer.
Enfin j'acceptai et le 6 Décembre 1951 il unissait sa
destinée à Mademoiselle Sylvia Lachapelle une séduisante
jeune fille residente de Timmins. Le quatrième de mes fils
organisait sa vie personnelle. il m'en restait deux — Fernand
et Denis-Paul........ Fernand avait maintenant 23 ans et à
son tour il m'apprit qu'il avait l'intention de se fiancer
et d'unir sa vie par le mariage à une charmante jeune fille
Mademoiselle Emma Prevost. Après le mariage de l'ainé de
mes fils Fernand s'intéressa vivement à ce que rien ne manque
à la maison. Parfois son travail pour le département des
terres et forets, nécessitait une absence de quelques
semaines. À son retour, il faisait l'inspection de la maison
se rendait compte ou j'en étais de la provision de bois et
donnait des ordres pour remplir l'abri qui devait garder

---

839   *A* mes trois] mes *en surcharge à* les [*?*]
      B mes trois] les trois
841   *A* comme tel. Un soir] comme tel (*ce
      mot raturé en surcharge à* telle) tel.
      Combien je l'ai manqué... (*ces quatre
      mots raturés*) Un soir
841-842 *B* ils devaient la considerer comme
      tel. Un soir, le 4eme de] ils la consi-
      dérèrent comme telle. Un soir le
      quatrième de
844   *A* tout] *ajouté* (*à deux reprises*) *dans la
      marge*
      B tout] *om.*
      B alarmé] alarmée
847-848 *A* Lachapelle une séduisante jeune
      fille] Lachapelle une jeune fille (*ces trois
      mots raturés et remplacés dans la marge
      par :*) une séduisante jeune fille
      B une séduisante jeune fille residente]
      om.
848   *B* Timmins. Le quatrième] Tim-

mins. mon quatrième
      A Le quatrième de mes fils] *en inter-
      ligne au-dessus de* Un deuxième garçon
      raturé
849   *B* personnelle. il m'en restait deux —
      Fernand et] personnelle il me restait
      Fernand et
851-852 *B* m'apprit qu'il avait (...) à une
      charmante] m'apprit ses fiançailles
      avec une charmante
852   *A* charmante] *il manque un jambage au* n
853-854 *B* l'ainé de mes fils Fernand s'in-
      téressa vivement à] l'aîné Fernand
      s'était vivement intéressé à
854   *A* s'intéressa] *en surcharge à* s'intérressa
      B rien ne manque] rien ne me
      manque
855   *B* travail pour le département] travail
      au département
856   *B* forets] forests
859   *A* remplir l'abri] remplir la shed (*ces

153

860 le bois bien au sec. l'hiver au nord était si long et parfois
si rigoureux…. bref il avait l'œil à tout et remplaçait
le père de famille, absent. // Cet enfant si sensible et   [*172*]
sentimental avait beaucoup hésité avant de me faire part
de son projet de mariage. Qu'allez vous devenir maman quand,
865 à tour de rôle, nous vous aurons tous quitté défénitivement?…..
Ne t'en fais pas, Fernand lui répondis-je, Dieu n'abandonnes
jamais ceux qui ont foi en Lui. Le mariage eût lieu 23 juin
1952 Cependant le départ définitif de ce grand garçon de
23 ans fût pour moi une dure épreuve. je le manquai
870 terriblement. Denis-Paul et Conrad m'appuyèrent financièrement
avec un courage i[n]lassable et la vie continuait. Lauré,
Lucien et André fréquentaient assidûment l'ecole de Lamarche,
ils furent tous trois des élèves studieux et talentueux. Et
le mois suivant 28 juillet 1952 ce fût au tour de Denis-Paul
875 d'unir sa destinée à Mademoiselle Jeannine Dubien une très
gentille fille issue d'une très bonne famille le départ de
ce 4eme fils m'affectât beaucoup, il me restait pour appui
Conrad qui ne manquait pas de courage ni de débrouardise[324]
mais il était si frêle et si délicat. Si jeune aussi // Et   [*173*]
880 ce printemps, mai 1953……………………………
…. Le soleil ardent des derniers jours d'Avril avait
emporté les vestiges d'un hiver long et rigoureux.
En ce premier de mai, j'écoutais avec joie le doux murmure

---

deux mots raturés) l'abri
861-862 *A* remplaçait le] remplaçait admirablement (*ce mot raturé*) le
862   *B* le père de famille, absent] le père
absent
865   *A* nous vous aurons] v *de* vous *en surcharge à* au [*?*]
A tous] *ajouté en interligne*
B quitté] quittés
B défénitivement] définitivement
867   *B* ont foi] ont confiance
A Lui] *en surcharge à* lui
B eût lieu 23 juin] eut lieu le 23 juin
867-868 *A* Le mariage eût lieu 23 juin
1952] *ajouté en interligne au-dessus de* en
Lui. Cependant
868-869 *B* le départ définitif de ce grand
garçon de 23 ans fût pour moi une

dure] le dépat [*sic*] de ce grand garçon
fut pour moi une bien dure
870   *B* m'appuyèrent] m'appyèrent
871   *A* i[n]lassable] ilassable : *corr. d'après*
B
871-879 *B* Lauré, Lucien et (…) délicat. Si
jeune aussi] *om.*
873   *A* talentueux. Et] talentueux. Conrad
avait toujours son emploi à l'« Empire
Hotel » de Timmins (*ces dix mots raturés*) Et
A Et] *en surcharge à* Le
875   *A* Dubien une] Dubien fi (*ce début de
mot raturé*) une
879   *A* Si jeune aussi] *ajouté sous* délicat *au
bas de la page* 172
883   *B* doux] *om.*

du ruisseau débarrassé de sa surface glaçée, ici et là de
885   petites fleurs bleues égayaient la praierie, et l'herbe
verte pointait à travers la broussaille de l'automne précédent.
Le repas du midi venait de finir et je me préparais à
desservir la table lorsque des coups répétés à la porte de
devant, m'annoncèrent une visite. je m'empressai d'ouvrir....
890   c'était ma voisine Madame Jean Mondor. Ne vous dérangez pas
me dit-elle. j'ai très peu de temps à disposer[325] et ma visite
ne sera pas longue. Venez vous asseoir chère amie lui-dis-je.
Et comment allez-vous Madame Marie-Rose me demanda-t-elle?
ô moi ça va très bien lui dis-je et ma santé est tres bonne
895   Dieu merci. Apres quelques instants de silence ma voisine
me demanda si j'avais écouté les nouvelles du matin à la
Radio. Non vraiment lui dis-je étant très occupée à préparer
mes trois garçons pour l'école je ne l'ai pas ouvert. Et
toi?... Oui me répondit-elle // hésitante........ elle   *[174]*
900   poursuivit. Y a-t-il longtemps, Marie-Rose que vous avez eu
des nouvelles de Conrad?... Mais il est venu vendredi dernier
il était bien joyeux et même je l'envoyai porter le goûter
des enfants à l'ecole. Yvette me regarda longuement et
pour la première fois j'eu l'intuition qu'elle savait
905   quelque-chose que moi j'ignorais. Ce matin dit-elle,
l'annonceur aux nouvelles de 9 heures à la Radio m'a appris
qu'il est arrivé un accident à un petit Bell boy de l'Empire
Hôtel de Timmins. Le jeune homme fût frappé par un camion
alors qu'il était occuppé à enseigner à un autre jeune

---

884   *B* débarrassé] débarrassée (*puis le e final a été raturé*)
    A de sa surface glaçée] de ses glaces (*ces deux mots ont ensuite été corrigés par surcharge en* sa glace, *puis* glace *a été raturé et remplacé en interligne par :*) surface glaçée
885   *B* praierie] prairie
886   *A* broussaille de] broussaille desséchée et parmi (*ces trois mots raturés*) de
888-889   *B* porte de devant, m'annoncèrent une visite] porte d'avant m'annoncèrent une vésite
890   *B* ma voisine] *om.*
896   *A* écouté] éc *en surcharge à* en
897   *B* dis-je étant très] dis-je j'étais très

899-900   *B* répondit-elle hésitante....... elle poursuivit. Y a-t-il] répondit-elle d'une voix hésitante Y a-t-il
902   *B* je l'envoyai] je l'ai envoyé
    A l'envoyai] l' *en surcharge à* lu [*?*]
    A porter] *en surcharge à* porté
904   *B* j'eu] j'eus
905-906   *A* dit-elle, l'annonceur] dit-elle, les nouvelles de 9 heures (*ces cinq mots raturés*) l'annonceur
906   *B* 9] neuf
908   *A* de Timmins] *ajouté en interligne au-dessus de* Le jeune
    B de Timmins] *om.*
    A Le jeune] Lee (*puis le e final a été raturé*) jeune

910 homme les principales activités de bell-boy. un silence
suivit je demeurais immobile au centre de la cuisine tenant
une assiette dans mes mains. je m'ecriai
        Son nom Yvette!!! je t'en prie son nom! Yvette
detourna les yeux et murmura d'une voix faible :
915   l'annonceur a nommé Conrad Girard.
L'assiette que je tenais m'echappa des mains et se brisa à
mes pieds en mille morceaux. soudain je ne vis plus rien
des étoiles scintillerent devant mes yeux et je tombai
privée de connaissance. Quand je reviens à // moi, ma voisine [175]
920 tenait une serviette moullee sur mon front. je vous en prie
me dit-elle ne soyez pas si alarmée. Une vieille dame a vu
l'accident et a averti immédiatement les autorités policières.
L'ambulance fût mandée d'urgence sur les lieux et Conrad fût
transporté à St-Marys Hospital. Il a une jambe de cassé mais
925 il a reçu sans tarder les soins que son état exigeait. et
Voilà, Marie-Rose je vous ai tout dit. vos grands garçons
seront ils chez vous ce soir? Oui lui répondis-je. alors
je dois vous quitter. Je te remercie Yvette. Nous allons
nous organiser pour aller le voir à l'Hopital aussitôt que
930 possible. La fin du jour rassembla les garçons fort attristés

---

910   *B* les principales activités de bell-boy.
    un] les notions de « bell boy »... un
910-911   *A* un silence suivit] *ajouté en
    interligne*
911   *A* je demeurais] je restai *(ce mot raturé)*
    demeurais
913   *A* Yvette!!! je] *points d'exclamation
    ajoutés ultérieurement*
914   *B* yeux et murmura d'une] yeux et
    me répondit d'une
915   *A* l'annonceur a] *ajouté dans la marge*
    A nommé] *ajouté en interligne au-dessus
    de* Conrad
919   *B* privée de] privé de
    B je reviens] je revins
    B ma voisine tenait] Yvette tenait
920   *B* moullee] mouillée
921-922   *A* a vu l'accident] *ajouté en interligne*
922   *A* et a averti] et *ajouté entre* dame *et* a
    A autorités] *en surcharge à* <*mot
    illisible*>
    A policières] *ajouté en interligne*

922-923   *B* les autorités policières. L'am-
    bulance fût mandée d'urgence sur] les
    autaurités. L'ambulance fut mandé
    d'urgense sur
924-925   *B* Hospital. Il a une jambe de cassé
    mais il a reçu] Hospital de Timmins
    il a reçu
925   *A* exigeait] *en interligne au-dessus de*
    requiérait *raturé*
925-926   *B* et Voilà, Marie-Rose je] et
    voila..... il a une jambe de cassée
    Marie-Rose je
926   *A* grands garçons] *en interligne au-
    dessus de* enfants *raturé*
    A garçons] *le* s *est à peine esquissé*
929   *A* aussitôt que] *en interligne au-dessus
    de* dans le plus bref délai *raturé*
930   *A* attristés] *le* s *final est à peine esquissé*
930-931   *B* rassembla les garçons (...) frère
    avait été] rassembla la famille et les
    garçons furent fort attristés que leur
    petit frère ait été

en apprenant que leur petit frère avait été victime d'un si
pénible accident. Il me fût possible d'aller le vésiter à
l'Hopital St-Marys qu'une seule fois. je l'encourageai et
lui dit qu'il viendrait passer sa convalescense chez nous
935   jusqu'à son prompt rétablissement. je revins à la maison
où ma presence était indispensable. Maintenant nous etions
quatre les 3 derniers garçons et moi-même sans doute Lina
qui etait aide garde malade à l'Hopital nous vésitait souvent.
elle s'était procuré une becyclette et c'était toujou[r]s
940   une joie // de la voir arriver. Plus que les années   [176]
précédentes nous avions cette année là, au Nord Ontario
un printemps hatif. Le mois de mai était splendide, dans
les endroits humides l'herbe verte reposait les yeux de cette
blancheur hivernale de sept longs mois, et les bougeons
945   dans les arbres, annonçeaient le renouveau la venue de la
belle saison toute proche. ce soir 26 mai 1953, je pris le
rateau pour le nettoyage de la cour et autour de la maison,
je fis dabord les deux côtés de la maison, ensuite je commençai
à rateler la devanture de la maison³²⁶ et j'achevais ma tâche,
950   quand tout à coup l'autobus qui venait de Timmins s'arrêta
devant notre maison. Et Albert et son épouse descendirent
ils venaient nous vesiter… Quelle surprise et quelle
joie!!!. En l'honneur de cette vésite qui nous comblait
de joie, je cessai mon travail et je remis à plus tard
955   l'arrière de la maison et la cour, à une vingtaine de pieds

931   A si] s en surcharge à c
932-933   B vésiter à l'Hopital St-Marys
          qu'une seule fois. je] vésiter qu'une
          fois à St-Marys Hospital je
933   A à l'Hopital St-Marys] ajouté en
          interligne
935   B prompt] om.
936   A nous etions] nous en surcharge à troi
          [?]
937   B les 3 derniers garçons et] les trois
          derniers garcons et
          A les 3 derniers garçons et moi-
          même] ajouté en interligne
938   A vésitait] a en surcharge à e [?]
939   A toujou[r]s] toujous : corr. d'après B
942   A splendide, dans] splendide, de
          petites fleurs bleus égayaient la prairies
          (ces sept mots raturés) dans

943   B reposait les yeux de] reposait la vue
          de
944   B sept] septh
       B bougeons] bourgeons
945   B annonçeaient] annonçaient
946   B proche. ce soir 26] proche. Et ce
          soir la 26
948-949   B je commençai à rateler] om.
949   B de la maison] om.
951   B son épouse] sa femme
952-953   B Quelle surprise et quelle joie!!!]
          om.
954   B je cessai mon] je laissai mon
954-955   B plus tard l'arrière] plus tard de
          finir l'arrière
955   A vingtaine] v en surcharge à 20
955-957   B et la cour, à une vingtaine (…)
          chauffage en longueur] om.

de la maison à l'arrière était une pile de bois de chauffage
en longueur[327]. je m'empressai de préparer un goûter et le café
au lait. Denis-Paul son épouse et bébé Raymond habitaient
les appartements d'en avant. //

960   les deux couples [décidèrent] d'aller au Cinema à l'« Empire »[177]
de Cochrane. et je gardai la maison avec bébé Raymond et
mes trois garçons. Peu après leur départ Lina arrivait en
bécyclette pour passer la soirée avec moi. Bébé Raymond
dormait et mes trois derniers garçons aussi. Nous travesâmes

965   dans les appartements occuppés par la famille de Denis-Paul.
Nous causions toutes les deux tout en surveillant Raymond
qui dormait du sommeil de l'innocense. Maman, me dit Lina,
hier soir il m'est arrivée une chose étrange à ma chambre
d'hopital… Pendant que je faisais ma priere, je vis à

970   l'angle droit de ma chambre, sur le mur une petite fille
tout habillé de blanc qui me regardait en souriant et en
agitant ses petites mains, et je vous assure maman que
c'était ma petite sœur Mariette. je ne crois pas que ce
soit une apparition C'est sans doute mon imagination qui

975   me l'a représenté ainsi, mais que pensez vous de tout cela?
Ma chère enfant lui répondis-je. pour moi un évènement qui
sort de l'ordinaire nous atteindra très bientôt un malheur
peut-être?… je l'ignore… mais vois-tu // il y a entre   [178]

---

960   *A* les deux couples [décidèrent]
d'aller] ils décidèrent les deux couples
(*les quatre premiers mots ont été raturés,
mais non* couples, *et remplacés en interligne par :*) les deux couples (*mais* décidèrent *n'a pas été rétabli*) d'aller
B couples [décidèrent] d'aller]
couples décidèrent d'aller

961   *B* de Cochrane] *om.*
      A je] *ajouté en interligne*

963   *A* Raymond] *il manque un jambage au*
m

963-965 *B* moi. Bébé Raymond dormait et
mes trois derniers garçons aussi. Nous
travesâmes dans] moi. Les enfants
étaient endormis. Nous traversâmes
dans

964   *A* derniers] der *en surcharge à* garc

965   *A* appartements occuppés] appartements d'en ar (*ces deux mots raturés*)

      occuppés

966   *A* les deux] *le* e *de* les *est à peine esquissé*

966-967 *B* Nous causions toutes (…) de
l'innocense] *om.*

969   *A* d'hopital… Pendant] d'hopital…
apres a (*ces deux mots raturés*) Pendant

970   *B* droit de ma chambre, sur le mur
une petite] droit du mur une petite
      A chambre, sur] chambre, une petite
(*ces deux mots raturés*) sur

971   *B* habillé] habillée

972   *A* assure] *en interligne au-dessus de* jure
raturé

973-974 *B* ce soit] se soit

975   *B* représenté] représentée
      A vous] *le second jambage du* u *est en
surcharge à un* s

977   *B* très] *om.*

978   *B* je l'ignore] je l'ignores

978-980 *A* il y a entre les morts (…) la sé-

980 les morts que nous avons chéris et nous même une
mystérieuse télépathie qui survit à la séparation terrestre.
Minuit moins quinze les deux couples revenus de la ville et
fatigués se couchèrent immédiatement, et à minuit et 5
minutes, la fournaise en avant surchauffée dans une explosion
allumait le feu partout. les flammes se propagèrent avec une
985 rapidité foudroyante Nous nous refugiâmes dans la cuisine
d'été de notre voisin qui avec l'aide de mes fils, avait
sauvé une partie du mobilier. Mon fils Denis-Paul en essayant
d'éteindre le feu fût grièvement brulé. il fût hospitalisé
durant quelques semaines où sa vie fût en danger. Enfin
990 sous les soins[328] expérimentés du docteur P. Burnsteen[329] il
fût sauvé...

Ce 27 mai 1953 le jour se leva éclairant les cendres
fumantes de notre maison disparue, les flammes destructives
avaient tout balayé, seule, droite comme une flèche, demeurait
995 debout la blanche cheminée que les flammes avaient respectée
Immobilisé dans son lit d'Hopital, sa jambe cassée enfermée
dans un plâtre Conrad apprit par la voix de l'annonceur à
la Radio le malheur qui nous frappait! Mais c'est la maison
de mes parents qui a brulé s'écria-t-il c'est chez nous!!!...
1000 le médécin // fût obligé de lui donner un calmant.   [179]
Fernand, qui en ce mois de mai travaillait à Timmins
apprit aussi la nouvelle par Radio. Il arriva dans l'apres-

---

paration terrestre] *cette phrase, transcrite dans la marge supérieure de la page* 178, *remplace la suivante, qui a été raturée :* entre les vivants et les êtres chers que la mort nous a ravis // [178] il y a un contact......

979   B nous même] nous-mêmes
981   A revenus] *il manque un jambage au* n *ou au* u
982   B 5] cinq
983   A surchauffée] *ajouté en interligne*
987   A du mobilier] *en interligne au-dessus de* des meubles *raturé*
988   B brulé. il fût hospitalisé] brûlé et hospitalisé
989   A durant quelques semaines] *en interligne*
       B où] *om.*
991   A *après* fût sauvé...] Ce 27 mai 1953

se gravât dans ma tête à jamais. *raturé* B sauvé...] *après ce mot,* B *saute une ligne et transcrit :*
                Chapitre 15.
                Aurore de jours meilleurs.
994   A avaient] *en surcharge à* avait
995   B respectée] respecté
997   B dans un plâtre Conrad] dans un caste plâtré Conrad
       A par la voix de] par la voix du Radio (*ces quatre mots raturés*) la voix de
999   B qui a brulé] *om.*
       A brulé] *il manque un jambage au* u
       A s'ecria-t-il] *ajouté en interligne*
1001-1002 B Timmins apprit aussi la nouvelle par Radio. Il arriva] Timmins ayant appris notre malheur arriva
1002-1003 B arriva dans l'apres-midi] arriva vers la fin de l'apres-midi

midi. En me voyant il s'écria!!! Maman!!! y a-t-il qu'elqu'un
que le feu a atteint?..... Denis-Paul lui répondis-je il
1005 est à l'Hopital. Edgar l'ainé qui, à cet epoque travaillait
aux mines de Val D'Or³³⁰ quand il apprit la nouvelle décida de
quitter son emploi et de s'en revenir à Cochrane avec sa
famille.
l'incendie avait pu détruire, saccagé tout sur son passage,
1010 il n'avait pas détruit en moi le désir de renaître à la vie
sur les cendres fumantes de ce feu destructeur, et la ferme
volonté de tout recommencer à zéro. à Lady Minto Hospital
de Cochrane lentement mais sûrement Denis-Paul sortait du coma
où l'avait plongé ses graves blessures et s'acheminait vers
1015 la convalescense, et là-bas sur son lit d'hopital St-Marys
Timmins Conrad se remettait du choc terrible de notre
malheur et son docteur lui donnait la certitude que dans un
avenir assez rapproché il serait de retour parmi nous. Lina
continuait son travail à « Lady Minto Hospital ». je restais //
1020 avec mes trois garçons Lauré, Lucien et André qui reprirent   [180]
le chemin de l'école Par un hazard providentiel ils avaient
sauvés des flammes tous leurs livres de classe plumes
crayons et sacs etc etc — L'abri confortable que nos bons
voisins nous avait offerts mettaient ces derniers un peu à
1025 l'étroit. Nous nous réfugiâmes dans une petite maison sur

---

A l'apres-midi] la fin *griffonné au-dessus de* l'a
1004 A que le feu a atteint] *en interligne au-dessus de* de brulé *raturé*
B Denis-Paul lui répondis-je il est] Denis-Paul répondis-je et il est
1005-1006 A travaillait aux] travaillait dans (*ce mot non raturé*) les (*ce mot remplacé par surcharge par :*) aux
1007 B s'en] *om.*
1008 A *après* famille.] Et au fil des jours la vie continuait. *raturé*
1009 A l'incendie] *en interligne au-dessus de* le feu *raturé*
A avait] *en interligne*
1010 A désir de renaître] désir de (*ce mot non raturé*) vivre (*ce mot raturé et remplacé par :*) de renaître
1012 A zéro. à Lady] zéro. À l'hopital de Co (*ces quatre mots raturés*) à Lady

1013 B de Cochrane] *om.*
1014 A blessures et s'acheminait] blessures et il (*ces deux mots raturés*) et (*en interligne*) s'acheminait
1015 A la convalescense] la *en surcharge à* une
1015-1016 B lit d'hopital St-Marys Timmins Conrad] lit à l'Hopital St-Marys Conrad
1019 B travail à « Lady Minto Hospital ». je] travail à l'Hopital je
1020 B Lauré, Lucien et André] *om.*
1022 B sauvés des flammes tous leurs] sauvé des flammes leurs
1022-1023 B classe plumes crayons et sacs] classe crayons plumes sacs
1023 B confortable] comfortable
1024 B avait offerts mettaient ces] avait offert mettait ces

un chemin isolé. Certes ce n'était pas le confort moderne
des maisons d'habitation d'aujourd'hui, mais c'était les
vacances... et apres tout le boulversement des évènements
tragiques de cet innoubliable mois de mai, mon âme meurtrie
1030 rencontra dans ce coin de terre solitaire loin des bruits
assourdissants de la ville, une paix et un appaisement
infinis la halte, l'espoir le refreshisment qu'apporte
au voyageur épuisé de fatigue et de soif l'Oasis du
désert.......
1035   Juillet avec ses jours de chaleur et de soleil
favorisait les ebats de mes trois garçons qui en cette
solitude s'en donnaient à cœur joie. Un matin assez tôt
ils me demandèrent à quelle race appartenait le grand chien
qui se promenait à la lisière du bois juste en face de notre
1040 petite maison. je regardai et leur dit : « Mes enfants ce
n'est pas un chien c'est un magnifique renard. Comment se
fait-il me demanda Lauré qu'il n'as pas du tout l'apparence
d'un animal sauvage. // C'est que voyez-vous leur dis-je la   [181]
paix le silence la solitude de ces lieux lui ont enlevé
1045 toute frayeur et il a pris l'habitude de marcher lentement
dans ce bois qui est son domaine. Un samedi matin un taxi
s'arrêta devant la porte de notre mansarde[331] Le chauffeur
s'empressait d'aider un jeune homme à sortir de la voiture
et Conrad s'avança vers moi appuye sur deux béquilles... mon
1050 cœur se serra douloureusement. Ces béquilles qui soutenaient
ses pas chancelants me firent l'impression que l'enfant
avait grandi, il etait si amaigri et si changé que j'avais
peine à le reconnaître Seuls les yeux brillaient d'un
éclat étrange. Bonjour tout le monde dit-il je m'excuse
1055 maman de n'avoir pu vous prévenir de mon arrivée j'ai eu
mon congé de l'hopital ce matin et voilà que je vous arrive

1026-1027 *B* le confort moderne des mai-
    sons] le comfort moderne de nos
    maisons
1027 *B* maisons] m *en surcharge à* b
1032 *A* halte, l'espoir] halte, la vie (*ces deux
    mots raturés*) l'espoir
    B halte, l'espoir le refreshisment
    qu'apporte] halte l'espoir la vie
    qu'apporte
1044 *A* enlevé] *le* v *a un jambage de trop*

1047 *B* devant la porte de notre mansarde
    Le] devant notre chaumière le
1049 *A* moi appuye] moi sur deux (*ces deux
    mots raturés*) appuye
1050 *B* douloureusement] douleureuse-
    ment
1053 *A* le] *ajouté en interligne*
1056 *B* congé de l'hopital ce] congé
    d'Hopital ce

avec les recommandations du médécin. jeune homme m'a-t-il
dit tu n'as plus besoin de médicaments, mais en revange[332] il
te faut l'air pur de la campagne, des repas préparés par

1060 ta maman une nourriture saine des aliments frais et naturels
et beaucoup d'exercise la marche surtout pour redonner la
force à ta jambe. Si tu observes ce programme à la lettre tu
seras sur pied avant trop longtemps. //
Eh bien lui dis-je ici tu auras tout cela et dans ce coin   [182]

1065 de terre retiré et paisible tu pourras prendre tout le
repos qu'il t'es nécessaire pour refaire tes forces. Les
vacances s'achevaient et durant ces deux derniers mois de
l'ete Conrad avait fait de tels progres que n'ayant plus
besoin de ses béquilles il marchait presque aussi droit

1070 qu'avant son accident et en fin de Septembre il était
accepté à Lady Minto Hospital comme aide infirmier et de
nouveau je demeurai seule avec mes trois écoliers. Lina et
Conrad tous deux dans la même hopital subvenaient avec un
salaire minime aux principales exigences de la vie et

1075 apportaient malgré tout leur aide à notre petite famille.
L'automne nous obligea à déménager à la ville il était
impossible d'envisager de passer l'hiver dans cette petite
maison d'eté. Notre nouvelle demeure était plus que confortable
et j'en appréciai grandement le confort moderne de la ville.

1080 Lauré Lucien et André continuaient leurs classes Les

1058 B plus besoin] plus tellement besoin
1059 A par ta] p *de* par *en surcharge à* s
1059-1060 B des repas préparés par ta
maman] *om.*
1060 B saine des aliments frais et] saine
avec des aliments de la ferme frais et
1061 B d'exercise] d'exercises
1063 B sur pied] sur pieds
A avant trop] avant long (*ce mot, dont
le g n'est qu'esquissé, a été raturé*) trop
1064 B ici tu auras tout cela et] ici tu auras
tout cela ici (*ce mot ajouté en interligne*)
et
1065 B de terre retiré et paisible tu] de
terre paisible et retiré tu
1066 B t'es] t'ais
1069-1070 B droit qu'avant son accident et
en fin] droit qu'auparavant et en fin
1070 A fin de] *ajouté dans la marge vis-à-vis*

de Septembre
1072 B je demeurai seule] je restai seule
1073-1075 B dans la même hopital (…) et
apportaient] dans le même Hopital
subvenaient aux principales exigences
de la vie et (*ce mot ajouté ultérieurement*)
avec un salaire minime ils apportaient
1076-1077 B ville il était impossible
d'envisager de passer] ville il nous était
pas possible de passer
1077 A d'envisager] d'en *en surcharge à* de
et v *en surcharge à* p <= passer [?]>
B petite] *om.*
1078 B demeure] résidence
B confortable] comfortable
1079 B le confort moderne] l'installation
moderne
A moderne] de *en surcharge à* r

succès de Lauré et d'André étaient marquants. Lucien était
aussi tres bien doué mais il n'aimait pas l'étude il avait
en lui un besoin ardent de dépenser un trop plein d'énergie,
qui me faisait entrevoir que quand l'heure serait venue pour
1085 lui de prendre ses responsabilités d'homme se serait dans
les // travaux manuels dans tous les domaines. Lauré avait   [183]
maintenant 12 ans et son institutrice Madame Dolorese[333]
Grenon le préparait à la participation d'un concours[334] de
Français avec les concurents de 8ème année des écoles
1090 Ontariennes. À Cochrane, Iroquois-Falls et enfin à
Kapuskasing Lauré fût le vainqueur des écoles du Nord
Ontario avec une importante majorité[335]. Sa dernière victoire
à Kapuskasing le fit bénéficier de tous les trophés et lui
donna un rang d'admission à Ottowa[336] dernière place d'épreuves[337]
1095 de ce concours de Français si important. A Ottowa Lauré
obtint un diplôme d'honneur une bourse et fût le deuxieme
lauréa[t] de la Province Ontario. Un hy[m]ne de reconnaissance
s'éléva de mon cœur vers ce Dieu qui m'avait éprouvée si
cruellement et qui aujourd'hui m'accordait dans les succès
1100 de mon enfant une joie pure appuyée sur une légitime fierté.
À cette époque la commission scolaire de l'école de Lamarche
(école que fréquentaient mes garçons) me demanda d'accepter
le poste de Sécrétaire j'acceptai et durant 4 1/2 ans de
1956 à 1961 au milieu de difficultés sans nombre, //
1105 j'accomplis cette tâche ingrate de Secrétaire et « Tax   [184]
collector ».. et pour la première fois de ma vie il me fût

1082 *A* doué mais] doué pour l'étude (*ces
      deux mots raturés*) mais
      A mais il] mais voilà (*ce mot raturé*) il
1085 *B* se serait] ça serait
1086 *B* manuels dans tous] manuels de
      tous
1090 *A* Ontariennes] r *en surcharge à* t
      B Ontariennes. À Cochrane, Iro-
      quois-Falls et enfin à] Ontariennes de
      Cochrane, Iroquois-Falls en [*sic*]
      enfin à
1094 *B* d'épreuves] d'épreuve
1097 *A* lauréa[t]] lauréal : *corr. d'après B*
      A hy[m]ne] hynne : *corr. d'après B*
1098-1099 *B* m'avait éprouvée si cruelle-
      ment et qui aujourd'hui m'accordait]

m'avait si cruellement éprouvée et qui
m'accordait
1101 *B* de l'école] *om.*
1102 *B* (école que fréquentaient mes gar-
      çons)] *om.*
      A fréquentaient] *en surcharge à*
      fréquentait
1103 *A* Sécrétaire j'acceptai] Sécrétaire de
      la commission Scolaire (*ces quatre mots
      raturés*) j'acceptai
      B durant 4 1/2 ans de] durant quatre
      ans et demi de
1104-1105 *A* nombre, j'accomplis]
      nombre, j'occupai le poste de Secré-
      taire (*ces cinq mots raturés*) j'accomplis

donné d'approfondir l'enorme différence de jugement qu'il
peut exister[338] entre les personnes d'éducation moyenne et les
illetrées. Quelle patience il m'a fallu déployer avec
1110 quelques uns d'entre eux surtout. Enfin en 1961 Monsieur
Jérôme Chauvin professeur au lac St-Thérèse[339] de Hearst arrivait
à Cochrane pour prendre la responsabilité de Sécretaire de
l'ecole de Cochrane[340] et des écoles environnantes y compris
l'ecole de Lamarche. Un fardeau pesant, lourd de conséquences
1115 m'était enlevé, et ma vie prenait une nouvelle orientation.
Lauré fit ses neuvieme et dixiemes années au collège
universitaire de Hearst[341] et fit son entrée pour la 11eme
année à l'école secondaire de Cochrane[342]. Lucien avait quitté
l'ecole a 15 ans et s'était trouvé un emploi au garage de
1120 Monsieur Amandola[343]. André avait 12 ans il etait en 8ème annee
La même Institutrice madame Dolorèse Grenon prépara à son
tour André pour la tournée du concours de français en Ontario.
Lauré André et moi-même garderons toujours une reconnaissance
sans borne à cette institutrice devouee//qui avec un tact [*FIN DE A;*
1125 extra-ordinaire savait décerner les talents et les aptitudes   *B 169*]
de ses élèves et les orienter vers des résultats plus que

1109 *B* illetrées] illettrées
1110 *B* Enfin en 1961 Monsieur] Enfin!
        1961 Monsieur
1112-1113 *B* responsabilité de Sécretaire de
        l'ecole de Cochrane et] responsabilité
        de l'ecole St-Joseph de sécretaire de (*ces
        deux mots ajoutés ici*) Cochrane et
1115 *B* une nouvelle orientation] une autre
        orientation
1116 *A* ses] *en surcharge à* sa
        A et] *en surcharge à* a
        B ses neuvieme et dixiemes années
        au] ses (*en surcharge à* sa) neuvième et
        dixieme annee au
1117 *B* Hearst et fit] Hearst il fit
        B 11eme] onzième
1118 *B* de Cochrane. Lucien avait] de
        Cochrane. Au collège de Hearst et à
        l'école secondaire les deux seules per-
        sonnes qui à mon avis comprirent à
        fond Lauré cet enfant énigmatique
        indéchiffrable, furent le R^{ev} Marc St-
        Laurent p*f*re et l'inspecteur Léo Gau-

thier. - - ils surent découvrir que sous
une façade d'orgueil au suprême
dégré, il y avait, avec une intelligence
de sur-doué, un cœur tendre et un
fond de véritable bonte et de dévouement à l'occasion. Lucien avait
1119 *B* a 15 ans] à quinze ans
        A garage] *en surcharge à* gararge
1119-1120 *B* au garage de Monsieur
        Amandola. André] au 'Amandola'
        Garage André
1120 *B* 12] douze
        B 8ème] 8eme *au-dessus de* huitième,
        lequel est en surcharge à douzième
1121-1122 *B* madame Dolorèse Grenon
        prépara à son tour André pour] ma-
        dame Grenon prépara André à son
        tour pour
1123 *A* moi-même garderons] moi-même
        avons gardé (*ces deux mots raturés*)
        garderons
1124 *A* devouee] *fin de A. Le reste du texte est
        transcrit d'après B*

satisfaisants. Et ce dévouement cette patience inlassable
ne se manifesterent pas à l'égard de mes enfants seulement
mais envers tous les élèves confiées à sa garde. Dommage,
1130 qu'un petit nombre sans doute, n'ait pas su apprécier à sa
juste valeur les qualites de cette institutrice. André d'étape
en etape faisait la tournée du concours de Français dans le
Nord Ontario à Cochrane Iroquois-Falls smooth-Rocks Falls[344]
il avait été le vainqueur À Kapuskasing il obtint en
1135 littérature une moyenne de 93 % et recu les chaleureuses
felécitations de l'inspecteur J.A. Joubert. Un élève de lac
St-Thérèse de Hearst Doric Germain[345] concourait ce concours
de français avec André et ils eurent tous deux une fraction //
de point cette fraction à l'avantage de Doric[346] ce qui lui   [B 170]
1140 donna sa carte d'admission pour la dernière épreuve à
Ottawa. À Ottowa Doric Germain fût le grand vainqueur de la
Province Ontario. À Hearst et à Cochrane le Français était
à l'honneur. j'ai éprouvée une joie sincère du succès de ces
enfants de l'Ontario pour ma langue maternelle sans doute
1145 j'épro[u]ve un grand respect pour la langue anglaise et
j'en reconnais l'extrême importance surtout en Ontario mais
j'ai une prédilection marquée pour le Français!!!…
        André fit sa 9ème et dixieme année à l'ecole St-Joseph
de Cochrane les derniers examins de la dixième année avait
1150 classé André deuxième sur 34 éleves Les Grandes vacances
s'achevaient et il fût donné à André de choisir l'école
Secondaire ou[347] le collège universitaire de Hearst pour
continuer ses études. Ce fût un Dimanche midi au dessert
attablés avec mes trois fils que j'abordai la question.
1155 André, lui dis-je si tu as l'intention de continuer tes
études as-tu fait un choix de la place où tu les
continueras? — - — - — - //
Un silence suivit… Oui dit-il je veux continuer mes   [B 171]
études et j'ai choisi le collège universitaire de
1160 Hearst!!! — - — C'est d'accord répondis-je et d'une voix
émue je contunuai[348] la décision d'André est lourde de
conséquences et pour moi et pour vous deux Lauré et Lucien.
Les administrateurs de la pension que je reçois depuis les
dernières années pour vous élever et vous donner à chacun
1165 une éducation assez avancé, m'ont dit à maintes reprises

---

1145   B j'épro[u]ve] j'épro-ve : *lapsus calami*

que je pouvais choisir la ville que je voulais dans la
province d'Ontario pour éduquer mes enfants, mais que je
devais suivre l'enfant, étant de rigueur que ce dernier
prit ses repas chez moi et qu'il ait sa chambre pour coucher
1170 dans les appartements que j'aurais loués. Comme vous voyez
mes enfants je n'aie pas le choix. André baissait la tête
dans les yeux de Lauré et de Lucien je vis de la stupeur
et de la consternation… Maman s'écria Lucien vous n'allez
pas nous laisser seuls ici Lauré et moi?…………………………
1175 Comme il peut y avoir dans la vie des moments difficiles à
passer!!!… je connus une minute d'affollement! Que
répondre?… Enfin! Avec tout le calme qui était en mon
pouvoir // je leur fis comprendre que je n'étais pas   *[B 172]*
l'auteur de décision gouvernementale à mon égard. La
1180 mi-juillet et la première semaine d'août fut employée à
creter les meubles et une semaine avant l'ouverture des
classes au collège je me rendis à Hearst afin de m'y trouver
un logis convenable pour André et moi-même. Je me rendis
tout dabord au collège avec le dernier bulletin d'André.
1185 Après en avoir pris connaissance le R<ev> Père Jean-Paul
Décarie me dit que je faisais au collège l'entrée d'un
élève[349] de première classe. Alors il vint avec moi et dès
le même soir avec son aide j'avais trouvé des appartements
convenables. Lauré avait élu domicile chez sa sœur Lina[350]
1190 sa seconde mère. Et Lucien s'était trouvé une maison de
pension. Durant les quatre années[351] de mon séjour à Hearst
j'aidai de toutes mes forces André dans la continuation de
ses études. Ses notes mensuelles avaient toujours un
pourcentage élévé. Quand il eut vingt ans j'eus le bonheur
1195 d'assister à sa graduation pour le Baccaulauréat de Arts[352]
(B A) qu'il obtint avec grande distinction. Cette minute
de joie // me paya au centuple bien des sacrifices. André   *[B 173]*
avait vingt ans après les grandes vacances de l'été il
ouvrit sa classe à Red Rock[353] Ontario. Mon fils était
1200 instituteur!!! Le dernier enfant de ma famille réalisait
le rêve de ma vie un rêve que je n'avais pu réaliser parce
que j'avais une connaissance insuffisante de la langue
anglaise. Mais André était parfait bilingue[354] et ainsi que
tous mes enfants. André enseigna quatre mois à Red-Rock

1174 *B* nous] *en surcharge à* me   1200 *B* famille] fa *en surcharge à* vie

1205 et le 26 décembre 1967 dans la chapelle du collège où il
avait fait ses études André unissait sa vie par les liens
sacrés du mariage à Marguerite Mariette Lemaire de Rayland[355]
tout près de Hearst. Par une coïncidence assez étrange la
femme de mon dernier fils porterait le nom de Mariette
1210 Girard la petite fille chérie[356] dont l'existence avait été
si brève sur la terre. Apres les vacances de Noël les jeunes
mariés retournèrent à Red-Roks[357] où André finit les derniers
mois de l'année scolaire.
     Le 28 décembre 1968 eût lieu en l'Eglise de la
1215 Transfiguration de Cochrane le Mariage de Lucien avec une
jeune // fille de tres bonne famille Mademoiselle Elisabeth   [B 174]
Anderson. Et le 17 dec 1955[358] ma petite garde-malade Lina
unissait sa vie à Mr Robert-Verdun Nichols de nationalité
irlandaise et anglaise. Le 28 juillet 1952 c'était le mariage
1220 de Denis-Paul avec Mademoiselle Jeannine Dubien jeune fille
tres distinguée et de tres bonne famille. Le 24 août 1957
Conrad épousait Bernadette Anita De Joseph de Nationalité
Italienne. Ainsi sur neuf enfants huit avaient organisé leur
vie personnelle et fonder un foyer. Il me restait donc encore
1225 Lauré. À dix-huit ans cet enfant au caractère étrange,
pour qui, l'étude ne représentait aucun problème, avec ce
talent extra-ordinaire que plusieurs lui enviaient apres sa
treizieme année abondonnait la poursuite de ses études et
se dirigeait vers le bois. Une attraction[359] extraordinaire
1230 l'avait toujours poussé vers cette vie forestière qu'il
aimait pardessus tout. — - — On m'apprit un matin que
Lauré était devenu un bûcheron!!! — - — ô non!!! cette
chose n'était pas possible!!! Cet enfant sur qui j'avais
échafaudé[360] // les plus beaux rêves d'avenir dans le domaine [B 175]
1235 de l'éducation, était devenu un bûcheron!!!.....................
Si aujourd'hui, je peux en toute justice m'accorder un peu
de mérite devant cette décision irrévocable de mon fils
c'est qu'apres mûre reflexion je décidai d'observer à la
lettre ce proverbe de ma chère Grand'Mère :

1240   « La parole est d'argent
        Mais le Silence est d'Or ».

Et je respectai totalement la liberté de mon fils si heureux

1207 *B* Rayland] y *en surcharge à* i [*?*]

au sein de cette nature où il pouvait dépenser sans compter
un surplus d'énergie et de force musculaire peu communs. je
1245   n'ai jamais eu à regretter cette manière d'agir à cette
occasion. Quelques années se passèrent où mon fils heureux
comme on ne peut pas le dire devint un champion de la coupe
du bois et un matin (jour mémorable entre tous) à l'aube
il se rendit à son travail avec ses compagnons. Il remit à
1250   l'un deux l'instrument qui lui avait servi à la coupe du
bois (chain-Saw) et lui dit : « fais-en ce que tu voudras
je te la donnes moi je vous quitte mes amis pour toujours.
Mais tu n'es pas sérieux Lauré lui dirent ses compagnons,
tu nous montes un bateau? // Si… je suis tres serieux   [B 176]
1255   répondit mon fils. je vais aller achever la récolte du
tabac dans le Sud de la Province Ontario et au début de
Septembre il y a au collège universitaire de Hearst un test
d'une journée pour donner l'avantage[361] à ceux qui le désirent
de continuer leurs études jusqu'au B.A. je me crois de force
1260   de passer[362] ce test avec succès et ça sera pour moi alors la
poursuite de mes études jusqu'au B.A. cette fois. Lauré
avait vingt-cinq ans. Tout se passa tel que prévu. À son
retour du Sud de la Province un Dimanche soir je l'accompagnai
à l'autobus en partance pour Hearst. Le test au collège avait
1265   lieu le lendemain. En lui donnant la main. j'exprimai mes
vœux de bons succès pour les examins à passer le lundi
matin et je lui dis : « N'oublie pas Lauré que la reprise de
tes études est le résultat de ta propre décision Certes
j'en éprouve une grande joie mais au nom de la liberté de
1270   chaque individu en ce monde je n'aurais jamais osé te
demander cette chose qui me tenait si fort à cœur. Alors
les résultats des examins de lundi soir donneront à ta vie
une autre orientation. // et cette fois je te demandes   [B 177]
d'accepter les trois années d'étude qu'il te reste à
1275   faire pour y mettre le point final et de plus un contact
par téléphone[363] demain soir… je serai si anxieuse de savoir
c'est promis?… c'est promis maman, vous pouvez compter
sur moi Et le lendemain soir tout prêt de l'appareil
téléphonique le cœur battant j'attendais… à ving deux
1280   heures la sonnerie du téléphone résonna dans le silence de

---

1254 *B* ?] *en interligne (faute de place) au-*   1270 *B* osé] *en surcharge à* oser
dessus du u *de* bateau

la pièce. je courus répondre c'était Lauré. « Hello! Maman?
oui, c'est moi » eh bien tout est fini j'ai passé tous les
examins d'aujourd'hui avec honneur et j'ai eu le maximum
du pourcentage[364]. le superieur du collège me donne la journée
1285 de demain pour me trouver une maison de pension et mercredi
matin mes livres sous le bras je continues mes études ô
Lauré Quel changement dans ta vie! tu es heureux au moins?
si si[365]... maman tres heureux. et moi aussi je suis tres tres
heureuse pour toi et si plus tard tu as besoin d'aide
1290 financier on y verra Lina et moi. Ces trois années passèrent
rapidement et un soir, de ce même collège affilié à
l'Université Laurentienne de Sudbury je reçu pour la deuxieme
fois l'invitation // à la graduation de Lauré[366] pour le   [B 178]
baccalauréat (B A) des Arts. je m'y rendis et mon fils me
1295 présenta sa fiançée qui graduait elle aussi ce même soir.
Aujourd'hui mon fils a un emploi du Northland Collège[367] et
chose étrange pour cet emploi important et responsable il
fallait le B.A. et dix années d'expérience dans la coupe du
bois en forets.
1300   Le quatrième de mes fils[368] apres la naissance de
leur première enfants une petite fille entra dans les forces
armées. aujourd'hui[369] il a quarante-quatre ans et 22 ans de
service militaire deux autres années il sera un retraité de
l'armée. L'aîné Edgar apres l'incendie[370] chez nous entra au
1305 service de la Compagnie J. Marcel Labelle[371], il y a de cela
24 ans. Tous sont très bien placés.
    Le 11 Août 1960 mon père décéda à l'âge de quatre
vingt six ans.
    Ma chère Grand'Mère était décédée juste un an jour
1310 pour jour[372] après la mort de notre chère petite Mariette[373]. Le
seul de mes frères qui remplaça mon père sur la ferme fut
Albert. Victorin et Charles-Edouard s'était orienté vers
des voies différentes. Mon frère Albert fût un fermier de
véritable vocation // il apporta aux travaux de la ferme   [B 179]
1315 toute son attention, son courage et ses efforts Il fût
admirablement secondé par une famille de seize enfants dix
garçons et six filles. Aujourd'hui mon frère et son épouse
ont subis des ans la transformation, les cheveux ont

1292 B je] *en surcharge à* j'ai   1302 B il a] a *en interligne au-dessus de* est
                                                        raturé

blanchis et forcément ils continuent sur la ferme leur vie
1320 *au ralentit*. Mais Dieu merci ! dans une si nombreuse famille
il y a aujourd'hui la relève !!! — - — - Pour remplacer le
père que le troisième âge place irrévocablement au soir de
la vie, ils ont formé la compagnie des frères Tousignant.
André, Marcel, Armand, Régent et Roger.........
1325   Ainsi le bien ancestral la maison paternelle de
Genier ne passeraient pas dans des mains étrangères. Une
joie indiscriptible[374] m'envahit toute entière quand j'appris
que quand j'irais visiter à Genier[375] la porte me serait
toute grande ouverte par chez mon frère et leurs enfants[376].
1330 Mon frère Victorin est décédé à l'âge de 64 ans 7 Août 1974.
Sur une famille de quinze enfants nous sommes actuellement
quatre survivants. Madame Blandine Lacroix[377] 76 ans //   [*B 180*]
Madame Marie-Rose Girard 71 ans. Monsieur Albert Tousignant[378]
69 ans. Monsieur Charles-Edouard Tousignant[379] 64 ans. Et voilà !....
1335

     Il y a eût Hélas ! beaucoup de tristesse dans les
mémoires de ma vie... et Dieu sait à quel point j'aurais
ardamment désirée n'avoir jamais à relater l'évènement
tragique qui boulversa toute la famille de l'aîné de mes
1340 fils Edgar. Dans la paix et le silence de cette fin de jour
7 novembre 1974 leur cinquieme fils Gaïtan âgé de quatorze
ans tenait une conversation amicale avec sa mère et lui
demandait la permission d'aller rejoindre des amis de son
âge tout pres de chez lui. La permission fût accordée et
1345 ma belle-fille décida de téléphoner à mon fils que le travail
retenait sur la ligne du Nord. Ils convinrent ensembles que
cette fin de semaine elle irait le visiter au Nord. Durant
cette conversation téléphonique Gaïta[n] revint chez lui
chercher sa Guithare. Avant de repartir chez ses amis, il
1350 regarda sa mère fit un grand geste d'adieu avec son
instrument de musique et lui dit avec // un grand sourire   [*B 181*]
« À bientôt Maman je ne serai pas longtemps et je
téléphonerai juste avant mon retour. C'est d'accord lui
dit sa mère. Comme il l'avait promis l'enfant téléphona
1355 à sa mère pour lui dire qu'il serait bientôt de retour
et alors... Que se passa-t-il ?? Une arme à feu se trouvait

1348 *B* Gaïta[n]] Gaïta : *lapsus calami*
1356 *B* passa-t-il ??] passa-t-il alors? (*ce*

*dernier mot a été raturé et un second point
d'interrogation ajouté*)

à la portée des enfants… un détonation retentit et Gaïtan
qui venait de s'asseoir reçu la balle qui le blessa
mortellement…. ce fût un veritable et malheureux accident.
1360   Aucune préméditation ne fut la cause de ce drame qui devait
peiner si fort la famille de mon fils et tous les parents.
Les autorités se rendirent immédiatement sur les lieux et
l'ambulance d'urgence transporta l'enfant à Lady Minto
Hospital puis à Timmins pour l'autopsie.
1365   Cet enfant tant aimé n'avait connu de la vie que
la musique exquise d'un jour de fête, l'amour infini de ses
parents père mère frères et sœurs. Pourquoi Dieu dans un
éclair foudroyant a-t-il fauché la vie de ses quatorze
printemps pour en orner le paradis?…………………
1370   Sa beauté précoce, son sourire séduisant laisse en nos
cœurs un souvenir impérissable // La santé de la mère   [*B 182*]
nous donna à tous un grand sujet d'inquiétude. L'epreuve
semblait vraiment dépasser la limite de ses forces. Bientôt
trois années auront passées depuis ce fatal accident et un
1375   calme relatif a apporté à la famille éprouvée, non pas
l'oubli, mais l'acceptation la résignation aux dessins
si mystérieux et incompréhensibles du Maître de
l'univers……………………………………

171

— — — *Épilogue* — — —

QUE DE CHEMIN parcouru depuis le jour où une
« Miemose » fillette de neuf ans, frémissante d'indignation
reprochait à son père la vente de la ferme paternelle de
5 St-Stanislas. La « Miemose » d'antan est devenue une vieille
dame Marie-Rose Girard, qui non seulement s'est adaptée à
ce pay du Nord Ontario, mais qui l'aime véritablement. je
l'aime d'amour sincère par ce que j'y suis entourée de
tous mes enfants de leur respect // Et de leur amour. Les   [B 183]
10 hivers ont blanchis mes cheveux. Dans l'aride chemin de
la vie j'ai gravi la côte jusqu'au sommet et maintenant
je suis sur l'autre versant. je marches au ralentit dans
la lumière éblouissante d'un soleil couchant. Dans les
années d'expérianse de ma vie j'aie acquis la certitude
15 que joies et peines sont sœurs et quand je regardes
derrière moi le chemin parcouru je suis obligée de les
saluer toutes deux avec gratitude. Pour rien au monde je
voudrais[380] considéré cette période de ma vie comme un échec
ou une déception. La vieillesse est vraiment un âge de la
20 vie elle est l'accomplissement de la vie adulte Aujourd'hui
sur la neige de mes cheveux mes enfants ont posé un diadème
royal d'une valeur inestimable. je suis l'heureuse Grand'Mère
de trentedeux petits enfants et six arrière petits enfants
quatre garçons et deux filles. Dieu a magnifié ma vie d'une
25 façon merveilleuse Il m'a rendu au centuple tout ce que
j'avais tellement manqué dans mes jeunes années surtout la
santé!!! — Aujourd'hui dans des appartements plus //   [B 184]
confortables j'y mène une vie paisible et tres active.
j'appartiens à toutes les associations et je me depenses
30 sans compter avec joie et bonheur au service de mes
semblables. Seule dans mes appartements je suis dans cette

---

1   *B avant* — Épilogue —] Chapître   14   *B* d'expériense] s *en surcharge à* c
16. —

maison entourée de quinze locataires personnes âgées comme
moi Nous sommes unies ensembles par un lien de fraternité.
Notre expérience nous permet de mesurer la valeur relative
35   des choses terrestres elle nous rapproche du Seigneur par
la prière et la méditation et nous confirme dans la foi.
Ce sont des richesses qui ne passent pas Elles nous donnent
devant la vie et devant la mort qui est une rencontre avec
Celui qui nous as aimés jusqu'à mourir pour nous un
40   équilibre remarquable. A chacun et à chacune j'accorde un
regard accueillant. Qui donc n'est assez riche ou trop
pauvre pour ne pas accorder un sourire? — et pourtant! il
fait tant de bien à celui qui le reçoit j'accordes une
oreille attentive à l'histoire de l'une ou de l'autre, une
45   parole encourageante l'exemple de quelques faits saillants
de // ma vie personnelle, qui leur démontrent clairement   [B 185]
que la vie n'as pas toujours été pour moi un jour de
fête! Et pourtant dans les rencontres du Club de l'Âge d'Or
fondé à Cochrane le 14 Septembre 1973, ma gaieté naturelle
50   prends le dessus, je joues « Bingo » aux cartes et à l'occasion
je dance et je chantes ma joie de vivre!!!
N'est-ce-pas merveilleux?.... À une récente veillée de
l'âge d'Or à la salle paroissiale en l'honneur de la
semaine des Seniors Citizins, un orchestre de jeunes gens,
55   violons tambours battants Githare et chants ont résusistés
pour nous, les valses, les tangos et les sets carrés de
notre jeunesse. Et Sœur Rachelle au Micro, nous a chanté
les Savoureux refrains Canadiens de chez nous et spécialement
cette belle chanson :

60   « Vous êtes en Or vous êtes en Or »

les Jeunes ont exprimé leur surprise un étonnement sans
borne de ce regain de vie d'allégresse et de joie des
personnes âgées au soir de la vie!
        Oui la vie peut être merveilleuse et vaut
65   la peine d'être vécue.
Dieu veut la vie! Il la veut intensément un pay qui refuse
la vie est un pays qui // se suicide par ce que la nature   [B 186]

---

46   B de ma vie] de *répété au haut de la page*   reux [?]
      185   61   B Jeunes] J *en surcharge à* j
52-53 B de l'âge] de *en surcharge à* à   67   B qui se suicide] qui *répété au haut de
58   B Savoureux] *en surcharge à* Sarvou-   la page* 186

a l'horreur du vide[381].

     Mais qu'est-ce-que cela au juste vieillir? ——

70   « Vieillir[382] c'est se l'avouer à nous même[383] et le
dire tout haut. »

« Vieillir s'est s'interdire ce que la veille encore on
se croyait permis. »

« Vieillir c'est que dès que[384] l'aube se leve se bien
75   persuader qu'on est plus vieux d'un jour »

« Vieillir c'est à chaque cheveu blanc se séparer d'un
rêve et lui dire tout bas un adieu sans retour. »

« Vieillir c'est devenir bon.. devenir doux aimer les jeunes
comme on aima les fleurs comme on aima l'espoir »

80   « Vieillir c'est se résigner à vivre sur le rivage pendant
qu'il vogueront toutes voiles déployées sur les flots
hasardeux »

Vieillir c'est vaquer sans bruit aux soins que tout départ
réclame // Sans négliger son corps parer son âme. Chauffant [B 187]
85   l'un aux tisons et l'autre à l'antique foi.

    Vieillir!!! C'est un soir Souffler la flamme de
sa lampe et mourir…

    puisque c'est la loi.

NOTES

Les notes qui suivent ont pour fonction d'éclairer le texte des *Mémoires*; elles sont signalées dans le texte par un appel de note. Ces notes comportent des renseignements ayant trait aux personnes et aux lieux que mentionne MRG, de même que des précisions d'ordre chronologique, historique, folklorique et, surtout, linguistique. Et pour éviter une trop grande dispersion des remarques d'ordre linguistique, on a effectué quelques regroupements : 58 (remarque générale sur l'orthographe de MRG); 60 (relâchement des archiphonèmes [i], [y] et [u]); 70 (influence de l'anglais sur l'orthographe de MRG); 77 (anglicismes lexicaux); 158 (confusion entre homonymes); 163 (confusion entre paronymes) et 243 (pléonasmes).

1. *j'aie* pour « j'ai » : cette confusion entre les formes de l'indicatif et du subjonctif est constante dans les *Mémoires*.
2. *glanée* pour « glané » : le participe passé employé avec l'auxiliaire « avoir » donne lieu à des accords fantaisistes, tantôt, selon la règle, avec le complément d'objet direct qui précède; tantôt avec le complément placé après; tantôt, enfin, comme c'est le cas ici, avec le sujet, de la même manière que l'adjectif-épithète.
3. *je désires* pour « je désire » : les verbes du premier groupe reçoivent un -*s* flexionnel à la première personne du singulier, par analogie avec les verbes des autres groupes.
4. *cet époque* pour « cette époque » : « époque » est très souvent traité comme un substantif masculin : VI 289, 369; VIII 337; IX 238; X 197, 637, 1005; mais voir *à cette époque* (III 23, etc.). De même : *l'aide précieux* (IV 71), *atmospher lourd* (IV 104), *un atmosphère* (V 58), *cet épédémie* (VIII 212), *cet offre* (VIII 460), etc. — Voir aussi *première épisode* (VIII 476), *petalles parfumées* (X 719), *la même hopital* (X 1073), etc.
5. *toute entière* pour « tout entière ». Voir aussi *toute heureuse* (X 230), *toutes oreilles* (X 270), etc.
6. *rappeller* pour « rappeler ». Voir aussi *étinceller* (II 120), etc.
7. *compréhention* pour « compréhension ». Mais voir X 733.
8. *parait* pour « paraît ». Voir aussi *clotûre* (I 14), *prit* pour « prît » (II 7), *Rotîes* (II 9), *tronaient* (II 9), *chateaux* (II 36), *cotoyant* (III 73), etc.
9. *où* pour « ou » : confusion fréquente (I 19; X 484, 487, 858; etc.)
10. *Marie-Rose de Laurentie / ou : « Laurentienne »* — *ou / Sylviana* : MRG a beau entreprendre d'écrire ses Mémoires, elle n'en revêt pas moins le costume solennel de l'écrivain qui s'apprête à officier la plume à la main. L'une des pièces majeures de ce costume traditionnel, c'est le pseudonyme, lequel rend possible la nécessaire dissociation entre la mère de famille et la femme de lettres. Elle hésite ici entre des pseudonymes à égale saveur romantique : la nostalgique « Laurentie » du chanoine Groulx (ce Québec qui aurait pu se transmuer en pays) et la « silva » québécoise, forêt profonde et mystérieuse comme une matrice. La maison natale de Miemose n'est-elle pas « baignée par les ombres épaisses des grands arbres » (I 7-8), espèce de *silva* miniaturisée? Dans la version *B*, entreprise deux ans plus tard, MRG renoncera à

utiliser un pseudonyme, consciente cette fois d'écrire une autobiographie et non pas un roman.

11.   *à une dizaine de pieds du chemin du Roi* : cette expression, qu'on retrouve à la ligne 10, désigne la route qui longe la rive gauche de la rivière Batiscan. Au Québec, le « chemin du roi » (ou « chemin de roi ») désigne tout chemin public qui conduit d'un village à un autre, d'une ville à une autre ; en ce sens, il est synonyme de « chemin de front » (*Glossaire du parler français au Canada*, p. 196).

12.   *un frère de mon Père* : « oncle Achille », comme MRG le précise en *B*.

13.   *la plus part* pour « la plupart » : confusion entre deux homophones.

14.   *j'étais la dixième enfant d'une famille de quinze* : MRG est en fait la huitième (et non la dixième) d'une famille qui compte, en 1911, « à l'époque où commence ce récit », non pas quinze, mais onze enfants. Quatre autres enfants naîtront, entre le 1er décembre 1911 et le 1er juin 1917.

15.   *auréaule* pour « auréole ».

16.   *veuillez* pour « veillez » : confusion entre deux paronymes.

17.   *innocense* pour « innocence ». Voir aussi *dançant* (II 14), *véhémense* (II 41), etc. Cette confusion entre -*s* et -*c* est fréquente ; désormais elle ne sera plus signalée.

18.   *perpective* pour « perspective ». Voir aussi V 31, à côté de *perspective* (II 45, V 191 et VIII 162). De même : *supertissieuse* (IV 146), *supertitieuse* (IV 271), etc. Voir *supra*, p. 16.

19.   *Ma sœur, Blandine* : Blandine se cachait d'abord sous le pseudonyme « Lorraine », à l'époque où MRG comptait romancer son autobiographie. Ce pseudonyme est employé partout, jusqu'à la ligne 264 du chap. 10. Il sera ensuite remplacé par le prénom authentique « Blandine », lors de l'une des campagnes de correction, vraisemblablement antérieure à la rédaction *B*, laquelle ne porte en effet aucune trace du prénom fictif. On notera cependant que la modification de « Lorraine » en « Blandine » n'est pas systématique en *A* ; mais l'intention de MRG étant manifeste, nous avons systématiquement introduit la substitution, en faisant usage des crochets : [Blandine], comme à la ligne 22, par exemple.

20.   *[Charles] qui était de trois ans son aîné* : ce que nous venons de dire à propos de « Blandine » s'applique également à Charles, d'abord caché sous le pseudonyme « Bernard ». Né le 14 janvier 1900, Charles n'avait en fait que dix-neuf mois de plus que Blandine, née le 11 août 1901.

21.   *l'ais-je* pour « l'ai-je ».

22.   *nous échafaudrons* pour « nous échafauderons ».

23.   *murmurais-je* pour « murmurai-je ». Voir aussi *m'écriais-je* (II 135), *demandais-je* (VIII 122), etc.

24.   *Mimose* : cette graphie est beaucoup plus rare, en *A*, que *Miemose*, tandis qu'on la rencontre plus fréquemment en *B*. MRG semble avoir hésité entre les deux graphies.

25.   *compris* pour « comprit ».

26.   *dît* pour « dit » : forme analogique. Cette confusion entre la forme du subjonctif et la forme de l'indicatif est très fréquente ; désormais elle ne sera plus signalée.

27.   *Vas* pour « va » : -*s* analogique. Mais voir II 69.

28.   *inssu* pour « insu ».

29.   *règussements* : malgré la métathèse des phonèmes [y] et [I], on reconnaît aisément le mot « rugissements ».

30.   *déculpée* pour « décuplée » : autre cas de métathèse. L'utilisation d'un vocabulaire « littéraire », avec lequel on n'est pas vraiment familier, entraîne ce genre

de distorsions graphiques.

31. *retainait* pour « retenait ».

32. *je crieai* pour « je criai ».

33. *je me jettai* pour « je me jetai ».

34. *senglotant* pour « *sanglotant* ». Voir aussi *sanglottant* (IV 199).

35. *qu'un véritable danger n'existait pas* : tour à la fois affecté et bizarre permettant d'éviter le banal gallicisme « il y a » : « qu'il n'y avait pas véritablement de danger ».

36. *j'en était* pour « j'en étais » : simple distraction ?

37. *à la dix-huitième heure* = à 18 heures (ou 6 heures du soir) : substitution « littéraire » (et incorrecte) de l'adjectif ordinal à l'adjectif cardinal.

38. *impressionant* pour « impressionnant ».

39. *je n'osais pas regarder personne* pour « je n'osais regarder personne » : faute courante contre le système de la négation.

40. *ensembles* pour « ensemble » : *-s* analogique, marque du pluriel des adjectifs-épithètes auxquels cet adverbe est fréquemment assimilé. Voir aussi IV 316; X 241, 404, 408, 633; Épilogue 33; etc.

41. *mésenvature* pour « mésaventure » : autre cas de métathèse.

42. *jaissante* pour « jaillissante ».

43. *envoisinantes* pour « avoisinantes ». Voir aussi III 75, etc.

44. *joyeau* pour « joyau ».

45. *et fallait* pour « et il fallait » : emploi archaïque — mais encore très fréquent — du verbe impersonnel sans sujet.

46. *Au début de (…) le 2 septembre* : télescopage d'un renseignement concret et d'une observation d'ordre général.

47. *ce dix-neufvième siècle* pour « ce vingtième siècle » : confusion entre millésime (« les années 1900… ») et siècle.

48. *j'avais enfin atteins* pour « j'avais enfin atteint ».

49. *eûrent* pour « eut » : l'apposition est traitée comme un second sujet, ce qui entraîne le pluriel. Autres cas analogues : VIII 212; X 722; etc.

50. *Collège* : collège-pensionnat des RR.FF. de Saint-Gabriel, inauguré en 1894 et situé rue Principale Nord, en face du couvent (actuel Centre médical). (Voir J. Trépanier-Massicotte, p. 28).

51. *pour la cinquième année* pour « pour y faire sa cinquième année ».

52. *celui d'arriver la première en classe* pour « celui d'arriver première de la classe » (voir variante *B*).

53. *marchant à grands pas le pont de traverse* : comme c'est le cas ici, « marcher » est parfois transitif direct en français du Canada. Cet « écart » permet à MRG d'éviter la répétition qu'engendrerait le verbe « traverser ». Voir aussi VI 64.

54. *écollière* pour « écolière ». Voir aussi V 68; VI 79; etc.

55. *exhubérant* pour « exubérant ». La confusion est aisée entre les formes en *exh-* et les formes en *ex-*. Voir également *exhorbitant* pour « exorbitant » (VII 265).

56. *mes yeux fixés à ceux de l'Institutrice* pour « les yeux fixés sur l'institutrice », comme l'écrit MRG en *B*. L'emploi pléonastique de l'ajectif possessif au lieu de l'article est fréquent, aussi bien en français populaire qu'en français du Canada. Autre cas : *sa tête entre ses mains* (IV 180).

57. *La troisième année eût la première nomination des prix (…)* pour « On distribua d'abord les prix aux élèves de troisième, puis (…) ».

58. *en lettre d'Or* pour « en lettres d'or ». — Comme on le voit, l'orthographe de MRG est fort capricieuse. Elle se modèle parfois sur la prononciation. Elle ne se

plie pas toujours aux règles apprises à l'école et au couvent; le temps a passé depuis, et le souvenir des règles s'est estompé, cédant la place aux approximations, génératrices de confusions (entre homonymes, homophones, paronymes, etc.), d'erreurs et d'incohérences, qu'il ne saurait être question de relever systématiquement. Les exemples donnés jusqu'à présent suffisent à en donner une idée. On se contentera désormais de relever les exemples d'écarts orthographiques les plus intéressants, et il en sera de même pour les écarts d'ordre grammatical et syntaxique.

59. « *La Soif de l'Or* » : le seul roman portant ce titre semble être celui de Quentin Servan (pseud. de Pandelis Papafingos), publié chez Fides, en 1957. MRG confondrait-elle deux titres?

60. *félécité* pour « félicitée » : relâchement de [i] en [I] noté *é*, phénomène fréquent en français du Canada. Les exemples sont nombreux, dans les *Mémoires*, de relâchements des archiphonèmes [i], [y] et [u] en syllabe atone. Voir, par exemple : *Emitait* pour « imitait » (IV 30); *déséllusion* pour « désillusion » (IV 91); *secoupe* pour « soucoupe » (IV 289); *vésite* pour « visite » (V 25, VI 393, etc.); *dévergense* pour « divergence » (V 117); etc. Voir aussi *Vérédique* (VI 279), *écrevit* (VI 364), *vévifiant* (VII 5), *crépescule* (VII 59), *devisée* [= « divisée »] (VII 182), *Meniature* (VIII 174), *armétiste* [= « armistice »](VIII 192), *épédémie* (VIII 212), *défréchées* [= « défrichées »] (VIII 278), *Lémitées* (VIII 339), *bébliotèque* (IX 67), *dérévatif* (X 192), *épécerie* (X 198), *superfécie* (X 240), *prévillège* (X 274), *cherurdicale* [= « chirurgicale »] (X 568), *récapetulions* (X 633), *défénitivement* (X 865), *becyclette* (X 939 et 963). — Il n'est pas toujours possible de décider s'il s'agit de cas de relâchement ou d'assimilation/dissimilation. Notons aussi qu'il est parfois difficile de distinguer *i* de *é* dans le ms. des *Mémoires*.

61. *19-13* : la tragédie que relate MRG dans ce chapitre — la noyade de son frère Charles — s'est en fait produite le 12 juillet 1912; Miemose avait alors six ans. Puisque MRG écrit elle-même plus bas : *En cette année 19-12…* (ligne 313), S a cru devoir corriger ici *19-13* en « 1912 », mais il n'a pas été tenu compte de cette correction en *B*. Par ailleurs, le séjour à Saint-Adelphe a lieu en août, dans ce chapitre, et la conversation qui précède, le soir au lit, se situe en juillet. Puis, brusquement, nous sommes fin juin (que S remplace par « juillet »), au moment des Quarante Heures, et Blandine et Charles se confessent et communient avant de partir en vacances… On notera enfin que le jour même où Charles se noie, on se prépare à faire les foins à la ferme de Saint-Stanislas (lignes 153-156). Or traditionnellement, au Québec, la fenaison a lieu début juillet et non pas en août. Comment expliquer ces inconséquences? La mémoire est une faculté qui oublie ou qui confond… On retrouvera ce même genre de confusions temporelles dans les chapitres VII et VIII.

62. *douleureux* pour « douloureux » : influence du substantif « douleur ».

63. *la paroisse voisine* : Saint-Adelphe. Cette paroisse est située non loin de la rivière Batiscan, à une quinzaine de kilomètres au nord de Saint-Stanislas.

64. *distansée* pour « distante ».

65. *Intervals* pour « intervalles » : influence de « val-s » et du suffixe à consonance masculine -*al*, par opposition à la forme marquée -*al(l)e*. Voir aussi IV 128; mais : *l'intervalle* (VII 138).

66. *seph* pour « sept » : contamination du nom propre homophone « Seth », personnage biblique. Voir aussi *seph* (X 655).

67. *en cette dernière semaine de Juin* : logiquement il faudrait lire « juillet », puisque nous sommes en juillet (voir IV 20 ss) et que le départ pour Saint-Adelphe doit avoir lieu début août (IV 16 ss).

68. *les quarante heures* : prières que l'on faisait pendant trois journées consé-

cutives à certaines époques de l'année liturgique.

69. *Lucinda* : ce prénom est généralement orthographié « Lucienda » (IV 260, etc.).

70. *Hazard* pour « hasard » : influence de la graphie anglaise. Cette même graphie se retrouve plus bas : IV 272 et X 1021. Voir aussi : *crystal* pour « cristal » (IV 289), *pic-nic* pour « pique-nique » (VI 104, VII 16, VIII 360), *comfort* pour « confort » (VIII 47), *dance(r)* pour « danse(r) » (X 126, 127, etc.) et *refreshisment* pour « rafraîchissement » (X 1032).

71. *M^r. le Curé* : Théophile Joyal, curé de la paroisse de Saint-Stanislas de 1899 à 1925. (Voir J. Trépanier-Massicotte, p. 44).

72. *dans l'attente prochaine d'un Bébé* : confusion. La mère de MRG n'était enceinte ni en août 1913 (son treizième enfant, Charles-Édouard, étant né le 23 juin), date où se serait produite la noyade de Charles, d'après ce chapitre des *Mémoires*, ni en juillet 1912 (son douzième enfant, Justin, étant né le 1er décembre 1911 et décédé le 27 mai 1912), date réelle de la mort de Charles.

73. *le vieux prêtre* : né le 16 octobre 1852, le curé Joyal avait 60 ans au printemps de 1913. (Voir l'abbé J.-B.-A. Allaire, *Dictionnaire…*, t. 2, p. 314).

74. *Les eaux traîtresses de la Rivière Batiscan a fait* : accord par proximité.

75. *cette Rivière maudite, qui nous l'as pris* : plutôt que de la considérer comme une simple distraction, on peut expliquer la présence de la deuxième personne « as » comme une substitution brusque et comme par surimpression, dans l'esprit de l'auteur, de l'apostrophe (« toi, Rivière maudite… ») au tour énonciatif. On aurait alors affaire à une espèce d'accord par syllepse de personne.

76. *Brancard* : tréteau servant de lit mortuaire.

77. *Express* : « livreuse, grande voiture à quatre roues qui sert à livrer les marchandises à domicile » (*Glossaire du parler français au Canada*, p. 336). Ce mot vient de l'anglais « [pony] express ». Voici la liste des quelque vingt-cinq ou vingt-six anglicismes lexicaux qu'on rencontre dans les *Mémoires* : *set (de grelots)* pour « jeu » (V 153 et 163), *faire application* pour « faire une demande » (VI 19), *à l'année longue* pour « à longueur d'année » (VI 211), *Post-Office* pour « bureau de poste » (VII 218), *ship(e)ment* pour « expédition, transport » (VII 271 et 276), *jusqu'a date* pour « jusqu'à ce jour » (VIII 433), *je vais te manquer* pour « tu vas me manquer » (IX 265, X 869, Épilogue 26; mais voir X 250 et 284), *crick* pour « ruisseau » (X 29), *set (carré)* pour « danse, figure de quadrille » (X 128, Épilogue 56), *Lady Minto Hospital* pour « hôpital Lady Minto » (X 534, 1012, 1019, 1071 et 1363; mais voir X 837), *creter* (<angl. *to crate*) pour « emballer à claire-voie » (X 671 et 1181), *département Hihg Way* pour « ministère de la Voirie » (X 742; voir aussi X 855), *Bell boy* pour « chasseur » (X 832, 907 et 910), *l'« Empire Hôtel »* pour « l'hôtel Empire » (X 833 et 907), *St-Marys Hospital* pour « hôpital St. Mary » (X 924; mais voir X 933 et 1015), *place* [anglicisme? archaïsme?] pour « lieu » (X 1094 et 1156), *Tax collector* pour « perceptrice » (X 1105), *maison de pension* (<angl. *boarding house*) pour « pension (de famille) » (X 1190 et 1285), *graduation* pour « cérémonie de remise des diplômes » (X 1195 et 1293), *Lauré était devenu un bûcheron* pour « Lauré était devenu bûcheron » (« bûcheron » ayant ici valeur d'attribut) (X 1232 et 1235), *chain-Saw* pour « scie mécanique » (X 1251), *avec honneur* pour « avec mention (très honorable) » (X 1283), *graduait* pour « recevait son diplôme » (X 1295), *j'appartiens à* (<angl. *I belong to*) pour « je suis membre de » (Épilogue 29), *Seniors Citizins* pour « personnes âgées » (ou « troisième âge ») (Épilogue 54).

78. *Rivière pleine de Billots* : allusion au flottage en trains des billes destinées aux scieries.

79.   *verdique* pour « verdict » : la graphie se modèle sur la prononciation, avec réduction caractéristique du groupe consonantique final [-kt] > [-k]. Mais voir *verdict* (X 270).

80.   *moribond* : mot impropre, Charles étant déjà décédé.

81.   *le siecle* pour « le sens » : confusion que signale S dans le ms. *A*.

82.   *M^r. J. A. Lescorbeau* (lire « Lescarbeau ») : MRG avait d'abord écrit *M^r. X*, puis elle a précisé de qui il s'agissait, à l'instigation de S qui avait ajouté dans la marge : « donner le nom de M. X ». — Joseph-Arthur Lescarbeau (1855-1940) est inhumé au cimetière de Saint-Stanislas, de même que son épouse Hermina Normandeau, décédée en 1937, à l'âge de 80 ans. — On trouvera, à la p. 143 de l'album-souvenir *Saint-Stanislas 1833-1983*, une photographie de la magnifique demeure des Lescarbeau; elle fut la proie des flammes en 1975.

83.   *les chars* = « le train » en français du Canada d'autrefois. (Voir *Glossaire du parler français au Canada*, p. 189).

84.   *leur fille unique* : Florida (comme le précise MRG au haut de la page 43 du ms. *A*), épouse, en secondes noces, de J. A. Bernier, « policier à Montréal » (voir variante *B*).

85.   *Giberthe* pour « Gilberte », ainsi que MRG l'écrira dorénavant. Il s'agit de Gilberte Savignac, née d'un premier mariage (voir variante *B*).

86.   *Fernande* : Fernande Bernier, demi-sœur de Gilberte Savignac.

87.   *vésite de convenance* pour « visite de courtoisie, de civilité ».

88.   *introduirent* pour « introduisirent » : l'utilisation du passé simple, temps « littéraire » par excellence, ne va pas toujours sans poser des problèmes... Voir aussi *nous devinrent* pour « nous devînmes » (V 56), *conduit* pour « conduisit » (VII 102), etc.

89.   *tant qu'à* pour « quant à » : confusion fréquente, aussi bien en français populaire qu'en français du Canada. Voir aussi VI 8 et X 336.

90.   *J'avais insisté (...) que* pour « J'avais insisté pour que » : cette tournure transitive est archaïque.

91.   *Sur promesse que* pour « ayant promis que » : cette locution sans article semble calquée sur une expression du type « [croire] sur parole ». Voir également *avec l'assentiment de couvrir...* pour « ayant consenti à couvrir eux-mêmes... » (VI 28), etc.

92.   « *La Tour prends garde* » : voir Yvonne Chaumette, *Vieilles Chansons de France*, Paris, [1954], p. [22-23], et A. Gauthier, *Les Chansons de notre histoire*, Paris, Pierre Waleffe, 1967, p. [30]-31.

93.   *Buchait* pour « bûchait » : ce verbe garde le sens étymologique de « frapper, cogner » (*Glossaire du parler français au Canada*, p. 158).

94.   *mettait une ombre à* pour « mettait une ombre sur » : confusion avec « porter ombrage à »?

95.   *s'ascosiait* pour « s'associait ».

96.   *aride* pour « abrupte » : confusion constante dans les *Mémoires*. Voir VIII 357 et Épilogue 10.

97.   Ce passage (lignes 148-156), écrit à l'imparfait, rompt avec ce qui précède et avec ce qui suit, comme si brusquement le récit commencé au présent se transformait en souvenir du passé. MRG corrigera cette maladresse dans la version *B*.

98.   *Chœur de Chant* pour « chœur » : forme de pléonasme courante au Canada pour désigner la chorale d'Église traditionnelle. (Voir *Glossaire du parler français au Canada*, p. 202). Voir aussi IX 150.

99. « *Minuit Chrétiens* » : célèbre « solo à effet » français du XIXe siècle ; les paroles sont de Placide Capeau et la musique d'Adolphe Adam (1803-1856), l'auteur de *Giselle*. Voir aussi IX 152.

100. *La dinde traditionnelle* (…) : MRG décrit ici un réveillon traditionnel typique.

101. *devrons* : ce futur s'explique par le passage du style indirect au style direct, sans quoi c'est un imparfait que nous aurions ici.

102. *corniche du foyer* pour « manteau de la cheminée ».

103. Allégorie traditionnelle popularisée par les calendriers d'autrefois. Il est encore fait allusion à cette allégorie plus bas : IX 175-176.

104. *Bénédicité* : prière que l'on faisait avant les repas et ainsi nommée du mot latin (*benedicite*, « bénissez ») par lequel elle commence.

105. *une cousine* : Antoinette Mercier (voir variante *B* V 18-22).

106. « *Mon Dieu Bénissez la nouvelle année* » : cantique traditionnel du Nouvel An, dont MRG donne ici le refrain. (Voir Louis Bouhier, *300 Cantiques*, n° 28, p. 30). Voir aussi IX 198.

107. (…) *nos voisins. Tant qu'à Fernande, elle s'arrêtait* (…) : MRG a perdu le fil de sa phrase. La syntaxe exige qu'on lise : « nos voisins, Fernande s'arrêtait (…) », comme c'est le cas dans la version *B*.

108. *leur démontrant les avantages* (…) *et que ça serait* (…) : le même verbe régit tour à tour un complément d'objet et une proposition complétive : on passe du style indirect au style indirect libre. Voir aussi X 443-444, etc.

109. *dispendieuse* pour « coûteuse » : bien que d'un niveau soutenu, cet adjectif n'a pas le sens de « ruineux » au Canada ; il est simplement synonyme de « cher ».

110. *la Grandeur du pain* pour « de la taille d'une tranche entière du pain ».

111. *Ganie* pour « garnie » : simple distraction ? (Voir *supra*, p. 16).).

112. *soupoudrée* pour « saupoudrée » : assimilation vocalique régressive ([o] — [u] > [u] — [u]). Voir aussi X 701, 1161 et 1327.

113. *Érabellière* pour « érablière » : insertion d'un *e* de transition dans le groupe *b* + liquide suivi de [j]. Voir aussi VIII 183 ; mais voir VIII 9, 33, 156, 310 et IX 83.

114. *tuyeau du plancher de parquet de la chambre au plafond* pour « tuyau [du poêle] s'élevant du plancher (ou du parquet [ces mots sont en fait synonymes]) au plafond ».

115. « *La Montagne Enchantée* » : voir Appendice I.

116. *qui coulait l'Or pur* (…) pour « d'où coulait l'or pur au lieu de l'eau » ou « qui laissait couler » ou « qui déversait… ». « Couler » est intransitif. — L'omission de l'article devant *Dragon*, *montagne* et *Source* n'est qu'apparente : ces mots sont vraisemblablement au pluriel, comme *pommiers* et *oiseaux*, mais MRG a oublié les *-s*. On aura par ailleurs noté que MRG a tendance à omettre les articles, par exemple lorsque les substantifs sont précédés de la préposition « avec » : voir VII 183, VIII 40, X 209, etc. Voir aussi X 238 *avait auditeur*, etc.

117. *manquaient* pour « manquions ».

118. « *Richard le Cordonnier* » : voir Clément Legaré, *Pierre la Fève et autres contes de la Mauricie*, p. 71-78 ; « *Aladin ou la lampe merveilleuse* » : voir *Les Mille et une nuits*, trad. A. Gallant, vol. 3, p. 67-178, Conrad Laforte, *Menteries drôles et merveilleuses, contes traditionnels du Saguenay*, p. 93-104, et Germain Lemieux, *Les Vieux m'ont conté*, t. 9, p. 141-159 ; « *Rends-moi mon Bonnet Carré* » : voir Philippe Aubert de Gaspé, *Mémoires*, chap. 13, p. 323-336, Jean Du Berger, *Les Légendes d'Amérique française*, p. 148-157, et *infra*, Appendice II ; « *Tit Poucet* », « *Peau d'Âne* » et « *Barbe*

Bleue » : voir *Contes de Perrault*, éd. de Gilbert Rouger, p. 187-198 [« Le Petit Poucet »], p. 57-75 [« Peau d'Âne »] et p. 123-129 [« La Barbe bleue »].

119.   *en mi Juillet* pour « à la mi-juillet ».

120.   *une île pas très loin de chez nous* : sous l'action de l'érosion, cet îlot a maintenant complètement disparu.

121.   *s'appliquer* pour « nous appliquer » : faute courante. Voir *s'organiser* pour « nous organiser » (X 28), *ne se doutant* pour « ne nous doutant » (X 172), *se revoir* pour « nous revoir » (X 235), *s'aimer et s'ent'raider* pour « nous aimer et nous entraider » (X 272) et *se trouver* pour « nous trouver » (X 395).

122.   *forte sur toutes les matières* pour « fortes dans toutes les matières » : confusion fréquente entre les diverses prépositions. Voir aussi *tambour en mains* pour « tambour à la main » (VIII 200), *songé de* pour « songé à » (VIII 400), etc.

123.   *égaleté* pour « égalité » : influence de l'adjectif « égale ».

124.   *champignonnes* pour « championnes » : simple confusion, ou influence de la prononciation?

125.   *Pamela* : Pamela Hamelin.

126.   *Rose-Eva* : Rose-Eva Lafontaine, fille de Henri Lafontaine et d'Eva Gagnon, tous deux emportés par la grippe espagnole (voir VIII 219 ss). Rose-Eva deviendra religieuse chez les Sœurs du Sacré-Cœur. (Renseignement fourni par MRG).

127.   *ce rapport. Voilà j'allais (…)* pour « ce rapport, voilà! J'allais (…) » : bien qu'il s'agisse d'une variante de ponctuation, nous l'avons retenue, exceptionnellement, car la ponctuation change ici le sens. Voir variante *B*.

128.   *marcher (…) au Catéchisme* pour « aller au [cours de] catéchisme » : expression canadienne traditionnelle tout à fait courante.

129.   *communion solennelle* : participation eucharistique au cours de laquelle les adolescents entre 10 et 12 ans renouvelaient solennellement les engagements de leur baptême.

130.   *Marie-France* : Marie-France Germain.

131.   *la Vallée de Josaphat* : lieu du Jugement Dernier, d'après le *Livre de Joël*, 4, 2.

132.   *M^r le Vicaire* : l'abbé Joseph Bérard [et non *Girard*, comme l'écrit MRG quelques lignes plus bas], né à Louiseville le 18 janvier 1879. Vicaire à Saint-Stanislas du 15 octobre 1905 à 1910. (Voir l'abbé J.-B.-A. Allaire, *Dictionnaire..*, t. 6, p. 94, et J. Trépanier-Massicotte, p. 45).

133.   *Catéchiste* pour « catéchisme » : confusion entre le nom et le substantif, facilitée par l'amuïssement, habituel en franco-canadien, du dernier élément du groupe consonantique final (d'où « catéchisse »).

134.   *méritantes* : cet adjectif, de sens absolu, n'admet pas de complément. Il faudrait modifier la phrase et lire : « les élèves méritantes, c'est-à-dire celles qui réussiront aussi bien à l'examen d'aujourd'hui qu'à celui qui clôturera le mois de préparation… »

135.   *Couvent* : couvent-pensionnat des RR.SS. Filles de Jésus, inauguré en 1907. Il s'agissait du premier couvent canadien de cette communauté de religieuses françaises; on y donnait le cours secondaire, ainsi que des cours d'Arts ménagers. Le couvent, agrandi en 1925, sera fermé en 1975. Le bâtiment, sis au nord du presbytère et face à l'ancien collège, abrite aujourd'hui le Centre médical. (Voir J. Trépanier-Massicotte, p. 31 et *passim*).

136.   *au septieme Siècle* pour « au septième ciel » : déformation à rapprocher de l'étymologie populaire.

137.   *d'arrêter* pour « de s'arrêter » : confusion entre le verbe intransitif et

le verbe pronominal.

138. « *Complainte de Cadieux* » : légende racontée dans *Forestiers et voyageurs* (II, xv) de Joseph-Charles Taché, œuvre publiée d'abord en 1863, dans les *Soirées canadiennes*, puis en volume en 1884. Voir l'édition Fides de 1964 (préface de Luc Lacourcière), p. 134-142. La *Complainte de Cadieux* occupe les pages 140 et 141 et elle est enchâssée dans « l'histoire » de Cadieux, racontée par le père Michel. — Voir Aurélien Boivin, *Le Conte littéraire québécois au XIXe siècle*, p. 358-366, et Jack Warwick, « Forestiers et voyageurs », *Dictionnaire des œuvres littéraires du Québec, I : Des origines à 1900*, p. 275-279. Pour la musique, voir Ernest Gagnon, *Chansons populaires du Canada*, 2e éd., p. 206.

139. *Outaouis* pour « Outaouais ».

140. « *Petit Rocher* » : Petit Rocher de la Haute Montagne, au milieu du portage des Sept-Chutes, en bas de l'Île du Grand Calumet, comme le précise J.-Ch. Taché (*op. cit.*, p. 134).

141. *se sauvât des Iroquois* pour « échappa aux Iroquois », sur le modèle « se sauver d'un danger ».

142. *Boucanne* pour « fumée ». Les dictionnaires français enregistrent « boucan » (mot d'origine tupi [1578] qui désigne la viande fumée chez les Caraïbes et le gril de bois dont ils se servent pour fumer la viande) et « boucaner », ainsi que ses dérivés, mais pas « boucane », pourtant courant au Canada. Voir aussi VI 335.

143. *Saufs* pour « sauves ».

144. *qu'est ce ceci* pour « qu'est ceci? » (Voir J.-Ch. Taché, *op. cit.*, p. 140).

145. *Je me suis mis (…) un Ambassade* pour « Je me suis mis un peu à l'ambassade [= à l'abri?] // Afin de voir si c'était embuscade » (J.-Ch. Taché, *op. cit.*, p. 141). Le second vers, avec *un* (pour « une ») devant *Ambassade*, est hypermètre.

146. *Désole* = désolation. Création pour les besoins de la rime?

147. *tes Habits* pour « ton habit » (J.-Ch. Taché, p. 141).

148. *voltigeant* pour « volant » (J.-Ch. Taché, p. 141). Le vers est hypermètre.

149. *Vint* pour « Vient » (J.-Ch. Taché, p. 141).

150. *monde* pour « mond' » avec élision, sinon le vers est hypermètre. (Voir J.-Ch. Taché, p. 141).

151. *recours, en vous ô Sauveur* pour « secours en vous Sauveur » (J.-Ch. Taché, p. 141). Le vers, avec *ô* (omis dans la version *B*), est hypermètre.

152. *ô* pour « ah! » (J.-Ch. Taché, p. 141).

153. *S'Habrilla* [= s'abria] pour « se couvrit » : archaïsme maintenu au Canada. La graphie avec *h*- s'explique par l'influence de « s'habiller ».

154. *Philippe* : Philippe Trudel.

155. *neuf (9) ans comme moi* : c'est le 2 juin 1916 que MRG fit sa communion solennelle; elle venait d'avoir 10 ans. Voir VII 149.

156. *mon Institutrice* : Alba Côté.

157. *Fin de vacance endœuillée* : des confusions de dates se sont glissées dans ce chapitre. C'est respectivement le vendredi 22 octobre 1915 et le dimanche 6 février 1916 (et non pas au cours des vacances de l'été 1915) que moururent Fernande et Gilberte. Ces deuils précédèrent donc la communion solennelle de MRG (2 juin 1916) et les événements qu'elle raconte à partir de la page 81, dont la vente de la ferme paternelle (15 août 1916), qui devait « assombrir [ses] dix ans ».

158. *cuir* pour « cuire » : confusion entre deux homonymes; voir aussi VII 29. Autres cas : *dessein* pour « dessin » (IX 259 et X 1376), *pair* pour « paire » (X 504), *prêt* pour « près » (X 1278), etc.

159.   *Grand Père* : Urbain Tousignant. Il avait hérité la ferme de son père Calixte. Urbain mourut en 1887, à l'âge de 34 ans; son fils Uldoric prit la succession. (Renseignements fournis par MRG et par Janine Trépanier-Massicotte).

160.   *acquissât* pour « acquiesça » = « consentit à ce que nous sortions chacune quatre pains du four ».

161.   *en place de* pour « au lieu / à la place de la ».

162.   *son père* : c'est-à-dire « le père de Fernande ».

163.   *bise* pour « brise » : confusion entre deux paronymes. Autres cas : *invoquions* pour « évoquions » (VIII 56), *m'adopterai* pour « m'adapterai » (VIII 73), *enfin de* pour « afin de » (X 277), *oratoires* pour « aratoires » (X 515) *se rapportait* pour « se reportait » (X 686), *rapportai* pour « reportai » (X 829), *décerner* pour « discerner » (X 1125).

164.   *vainquerai* pour « vaincrai ».

165.   *cousine* : Antoinette Mercier (voir variante *B* et V 218).

166.   *elle demanda de l'asseoir* pour « elle leur demanda de l'asseoir » ou « elle demanda qu'on l'assît »; le sujet de la subordonnée n'étant pas le même que celui de la principale, il doit être exprimé. Voir aussi *tout devrait être prêt pour coucher* (VII 231), etc.

167.   *je devais* pour « je ne devais » : ellipse courante de « ne ». Voir aussi *nous avions* pour « nous n'avions » (VII 259), *mon mari devait* pour « mon mari ne devait » (X 521), *Il me fût possible* pour « Il ne me fut possible » (X 932).

168.   *l'une comme l'autre* pour « l'une que l'autre ».

169.   *paroisse voisine* : Saint-Séverin (Prouxville), à moins de dix kilomètres au nord-ouest de Saint-Stanislas, sur la route de Saint-Tite. Blandine y enseigna deux ans (pour un salaire d'environ 250 $ par année) avant d'accepter un poste à La Croche (à vingt kilomètres au nord de La Tuque) où elle resta jusqu'à son mariage, après quoi elle s'installa à Val d'Or. (Renseignements fournis par MRG).

170.   *juppe par plis* pour « jupe à plis ».

171.   *Bleu marin* pour « bleu marine ».

172.   *Blouse matelot* : « blouse à col marin ».

173.   *costume* : il s'agit plus précisément d'un uniforme, comme il était d'usage d'en porter dans les pensionnats.

174.   *vendre la ferme paternelle* : c'est le 15 août 1916 que le père de MRG vendit sa ferme à Adélard Trépanier, décédé le 28 février 1983, à l'âge de 90 ans. L'un des six fils d'Adélard Trépanier, Viateur, en est aujourd'hui le propriétaire. (Voir l'album-souvenir *Saint-Stanislas 1833-1983*, p. 244).

175.   *Rymte* pour « rythme » : métathèse peut-être due à l'analogie avec « rime ». Voir aussi X 129.

176.   *incisure* pour « incision » : confusion due à l'analogie avec « coupure »?

177.   *enrégistré* pour « subi » : anglicisme?

178.   *ferme (...) à qui* pour « ferme (…) à laquelle », l'antécédent étant un nom de chose.

179.   *froncierement* pour « foncièrement » : croisement avec « franchement »?

180.   *abandonner (…) de cultiver* pour « abandonner (…) la culture ». Contrairement à « cesser de », « renoncer à », etc., « abandonner » est un verbe transitif direct.

181.   *arrivait (…) passer* pour « arrivait (…) pour passer » ou « venait (…) passer ».

182.   *compagnie « Légaré »* : magasin de meubles et d'instruments aratoires. (Renseignement fourni par MRG).

183. *les nouveaux propriétaires* [de la ferme paternelle] : Adélard Trépanier (1893-1983) et son épouse Bertha Jacob (1896-1972). (Voir *Annexe à l'Album de Saint-Stanislas*, p. 49).

184. *neuf heures précis* pour « neuf heures précises ».

185. *Jules* : Jules Proteau (1904-1983). (Voir l'album-souvenir *Saint-Stanislas 1833-1983*, p. 235).

186. *que tu nous ait gardé* pour « que tu aies gardé de nous ». Voir aussi *comme je vais te manquer*, anglicisme pour « comme tu me manqueras » (IX 265), etc.

187. *La Guerre était déclarée* : c'est le 4 août 1914 que George V déclara la guerre à l'Allemagne, mettant ainsi tout l'Empire britannique (y compris le Canada) en état juridique de guerre. MRG nous ramène brusquement en 1914, alors que nous sommes en 1915 (ou 1916?).

188. *Le parti au pouvoir (...)* : le parti conservateur de Robert L. Borden, au pouvoir depuis septembre 1911, fit en effet voter la conscription en juillet 1917.

189. *en cette dernière année (...) de mes études* : 1921-1922. MRG nous ramènera en 1918 quelques pages plus loin.

190. *j'avais seize ans* : « 15 ans », écrit MRG en surcharge, mais elle reviendra à la leçon originale (*seize*) dans la version *B*; c'est pourquoi il n'a pas été tenu compte de la surcharge. — Voir aussi *infra*, variantes VIII 173, 411 et 432.

191. *mâte* pour « mate ».

192. *Des* pour « Dès »,

193. *je m'applicais* pour « je m'appliquais ».

194. *Ce printemps là* : 1922 ou 1921?

195. *notre Bon Pasteur* : « R^{ev} Curé Théophile Joyal », comme le précise MRG en interligne, à l'instigation de S.

196. *le lundi de Pâques* : 17 avril 1922 ou 28 mars 1921?

197. *plusieures* pour « plusieurs » : adjectif épicène.

198. sur la transformation de la sève de l'érable en sirop, en tire et en sucre, voir Françoise Gaudet-Smet, *Célébration de l'érable*, Saint-Sylvère, 1970.

199. *emmoulait* = « versait dans un moule d'une livre » (archaïsme).

200. *Bout-en-train* pour « boute-en-train ».

201. « *Catherine-Martin veut s'y marier* » : chanson populaire française, adaptée au Canada avec la variante « Marie Calumet veut se marier », chanson dont s'est inspiré Rodolphe Girard, en 1904, pour écrire *Marie Calumet*, roman condamné par l'Église.

202. *armétiste* pour « armistice » : 11 novembre 1918.

203. *Son chef Hitler (...)* : confusion avec la fin de la Deuxième Guerre mondiale (1939-1945). C'est le 30 avril 1945 qu'Hitler mit fin à ses jours.

204. « *La Grippe Espagnole* » : grave épidémie qui fit des milliers de morts en 1918-1919. Lucinda fut atteinte mais réussit à s'en remettre (voir VIII 207); l'oncle Achille de Saint-Adelphe en mourut (voir VIII 453-454).

205. *le père et la mère (...)* : « Monsieur et madame Henri Lafontaine », comme le précise la version *B* (variante 219-228). Il s'agit des parents de Rose-Eva Lafontaine, dont il a été question plus haut (VI 155).

206. *ma marraine Madame Octave Dessureault* : née Fédéa Vallée, comme le précise *B*, qui ajoute (voir variante) que la petite Claire devait devenir institutrice et épouser André Foley (et non « Folly »), fils de David Foley (1890-1971), boulanger à Saint-Stanislas. (Voir J. Trépanier-Massicotte, p. 39, et *Saint-Stanislas 1833-1983*, p. 164-165).

207. *En cet été de Juin, 19-21 Lucienda (...)* : nouvelle série de confusions de dates. MRG ne recevra son « diplôme académique » qu'en 1922 (voir *infra*, VIII 337);

entre-temps, Lucinda se sera mariée le 28 juin 1920, et Blandine le 18 avril 1921. On peut en déduire que c'est en juin 1919 que Lucinda est allée passer deux mois aux États-Unis (sans doute à Graniteville, Vermont [voir *infra*, X 276 et 344 ss]). Après son mariage, elle habitera à Williamstown, au Vermont (voir *infra*, X 213).

208.   *fiancée* : à Josaphat Hébert, frère d'Aldéa, épouse, en secondes noces, de l'oncle Émile Tousignant (voir *infra*, X 359).

209.   *un jeune homme de bonne famille* : Joseph Fortin, comme le précise *B*.

210.   *le même matin* : inexact, comme on vient de le voir (note 207).

211.   « *Le Nouvelliste* » : journal fondé à Trois-Rivières le 30 octobre 1920. (Voir André Beaulieu, Jean Hamelin *et al.*, *La Presse québécoise…*, t. 6, p. 17-21).

212.   *un prêtre colonisateur* : l'abbé Jean-Baptiste-Louis Bourassa. (*Cf.* Introduction, p. 5).

213.   *défréchées à la Grandeur* pour « complètement défrichées ».

214.   *la province Ontario* pour « la province de l'Ontario ou d'Ontario ». MRG omet presque régulièrement la préposition dans ce syntagme; voir VIII 442; X 1097, 1142 et 1256; mais *la province d'Ontario* (X 1167).

215.   *mes frères, ses quatre fils* : Albert (14 ans le 2 septembre 1922 — le seul qui se fera cultivateur), Claude (13 ans), Victorin (12 ans) et Charles-Édouard (9 ans).

216.   *a résout un problème ardû* pour « a résolu un problème ardu ».

217.   *ce lundi 8 août 1922* : lire « ce lundi 7 août 1922 ».

218.   *ses deux filles chéries* : Gilberte et Fernande (voir chapitre V).

219.   *monterent* pour « montâmes ».

220.   *le lac Dora* : situé à trois kilomètres au nord-est de Génier, au bout de la concession 12.

221.   *monsieur le curé* : U. Arpin, premier curé de Génier (1919-1922). (Voir M. Begley, *Cochrane d'hier à demain*, n° 114).

222.   *Rev. Rosaire Mathieu* : curé de 1922 à 1924 (et non 1925, comme l'écrit M. Begley, *op. cit.*). L'abbé Jules Michaud lui succédera en septembre 1924. (Renseignement fourni par M. l'abbé René Grandmont, vicaire général et chancelier du diocèse de Hearst).

223.   *messe de l'aurore* : « *Lux fulgebit* », seconde messe de la Nativité; elle était immédiatement suivie de la messe du jour, « *Puer natus est nobis* », si bien que la « messe de minuit » comportait en fait trois messes d'affilée.

224.   *les cantiques de Noël* : « *Les Anges dans nos campagnes* » (L. Bouhier, *300 Cantiques*, n° 10, p. 11); « *Il est né, le divin enfant* » (*ibid.*, n° 14, p. 16) et « *Ça, bergers, assemblons-nous* » (*ibid.*, n° 12, p. 13).

225.   *Alice* : Alice Côté.

226.   « *Ils cheminaient sans plainte…* » : voir L. Bouhier, *300 Cantiques*, n° 18, p. 20.

227.   *promettant* pour « prometteur ».

228.   *la ville* : Cochrane.

229.   *la bénédiction du jour de l'an* : voir la célèbre illustration de E.-J. Massicotte dans Bernard Genest, *Massicotte et son temps*, p. 89. Parue pour la première fois en 1913, dans l'*Almanach du peuple*, elle fut reprise dans l'édition de 1923 du même *Almanach*.

230.   *le Curé Jules Michaud* : curé de septembre 1924 à août 1926. La liste des curés de Génier, affichée à la porte de l'actuelle église, donne comme dates, pour le curé Michaud, « 1925-1928 », erreur reprise par M. Begley, *op. cit.*, n° 114.

231.   *sa femme* pour « la femme de son frère », évidemment.

232.   *elle pensionnait* pour « elle prenait pension ».

233. *faire une marche* pour « faire de la marche » ou plutôt « faire une promenade à pied ». Voir aussi X 166.

234. *le dessein* [= dessin] *qu'avait fait leur ombrage* [= ombre] pour « la silhouette que dessinait leur ombre (à elles deux) ». Béatrice et Miemose ont littéralement eu peur de leur ombre…

235. *la séparation avec* pour « la séparation d'avec » ou « le fait de me séparer de ».

236. *par mille et par mille* pour « par milliers ».

237. *en travers les praieries* pour « à travers les prairies ».

238. *la mansarde du vieux Larose* : ce personnage rappelle à certains égards Monsieur d'Egmont, le « bon gentilhomme » des *Anciens Canadiens* de Philippe Aubert de Gaspé (chap. 10). Cette œuvre était distribuée dans les écoles du Québec comme prix de fin d'année. Le sentiment de la nature et de l'harmonie universelle, de même que le goût de la solitude sont éminemment romantiques ; il ne serait sans doute pas exagéré d'y voir des réminiscences de Rousseau et de Chateaubriand.

239. *Quatre et quinze* pour « Quatre heures et quart » : influence de l'anglais ou simple distraction ?

240. *gateau de fête* pour « gâteau d'anniversaire [de naissance] ».

241. *chandelles* pour « bougies » (voir *infra*, ligne 104) : archaïsme lexical courant au Canada.

242. « *Bonne fête Miemose* » : sur l'air de « *Happy Birthday to you* » dont cette petite chanson constitue une adaptation en français.

243. *dans le monde (…) donnez-moi d'y marcher* pour « dans le monde (…) donnez-moi de marcher » : pléonasme. Autres cas : *pour y fonder là bas* (X 290), *si vous le voulez bien (…) m'accompagner* (X 390), *dans cette maison (…) j'y passai* (X 638), *concourait ce concours* (X 1137), *dans des appartements (…) j'y mène* (Épilogue 27), *unies ensembles* (Épilogue 33).

244. *une famille canadienne* : les Éthier.

245. *l'Abbé Jules Michaud* : voir *supra*, note 230.

246. « *Les chaussons de la duchesse Anne* » : opérette en un acte de Ch. Le Roy-Villars. Le texte en a été publié à Paris, chez J. Bricon, en 1896.

247. « *En le pays d'Armorique* » : premier vers de la « Chanson de la Duchesse Anne », dont le texte est donné en *B* (variante 194-195). Voir aussi *Les Chaussons de la duchesse Anne*, sc. II, p. 19-20.

248. *Arvors* pour « Arvor » ou « Armor » : nom celtique de la Bretagne. Anne, duchesse de Bretagne en 1488, à la mort de son père François II, épousa le roi de France, Charles VIII, en 1491, puis Louis XII, en 1499. De ce fait, le duché perdit son indépendance et fut réuni au royaume de France (1532).

249. *Alice* : Alice Michaud, sœur du curé J. Michaud.

250. *Marguerite* : Marguerite Génier.

251. *Claire* : Claire Génier.

252. *Madame Léo Michaud* : belle-sœur du curé J. Michaud.

253. *Vinelda* : Vinelda Génier (voir variante *B*).

254. *De profundis (…)* : premier verset du Psaume 129, qui se chantait aux cérémonies funèbres : « Des profondeurs j'ai crié vers toi, Seigneur ; Seigneur, exauce ma voix ».

255. *vocam* pour « vocem » : voix, parole.

256. *nous etions quitte* pour « nous en étions quittes ».

257. *L'été 1924* : nouveau retour en arrière, l'abbé J. Michaud n'étant devenu curé de Génier qu'en septembre de l'année 1924.

258. *marguerite* : Marguerite Génier (voir *supra*, note 250).

259. *sur la devanture de leur maison* pour « devant leur maison ». Voir aussi X 949.

260. « *Honni soit qui mal y pense* » : devise de l'Ordre anglais de la Jarretière (1438).

261. *Williamstown* : comté d'Orange, Vermont.

262. *Josaphat* : Josaphat Hébert.

263. *résonnable* pour « raisonnable ».

264. *la retourner* pour « la renvoyer », puisqu'il s'agit d'un être humain.

265. *sont loin* pour « êtes loin ».

266. *la requête de ma sœur au cours de l'après-midi* pour « la requête de ma sœur faite au cours de l'après-midi » ou mieux : « la requête que ma sœur avait faite… »

267. *Granitville* pour « Graniteville » : comté de Washington, Vermont.

268. *à condition (…) du retour de Miemose* pour « à condition que Miemose revienne ».

269. *pour y fonder là bas* pour « en fondant là-bas » : pléonasme.

270. *chanceuse de cette promenade* pour « chanceuse de pouvoir faire cette promenade ».

271. *tous trois* : Lucinda, Armand et Miemose.

272. *nous prîmes la locomotive* pour « nous prîmes le train ».

273. *Montpellier* pour « Montpelier » : comté de Washington; capitale du Vermont. Paroisse Saint-Augustin, fondée en 1850.

274. *Barré* : comté de Washington, Vermont. Paroisse Sainte-Monique, fondée en 1892.

275. *la première fois* pour « une première fois ».

276. *pour lui aider à* pour « pour l'aider à » : « aider à quelqu'un » est un tour vieilli.

277. *l'hymne national de l'Amerique* : chanté sur l'air de « *God save the King* », cet hymne a été composé en 1831 par Samuel Francis Smith (1808-1895). Avec « *Hail, Columbia!* », « *My Country, 'tis of thee* » servit d'hymne national jusqu'à l'adoption, en 1931, de « *The Star-spangled Banner* » (La bannière étoilée) comme hymne national officiel des États-Unis.

278. *débarquer* pour « descendre » : canadianisme.

279. *d'une grandeur anormale* pour « exceptionnellement grand ».

280. *en fin de mai* : 1925, après dix mois de séjour aux États-Unis.

281. *Léo 26 ans* : Léo Girard, né à Papineauville le 4 mars 1899.

282. *24 mai 1925* pour « 24 mai 1926 », MRG étant née en 1906.

283. *le R^{ev} Arthur Morency* : curé de Génier « d'août 1926 au 26 juin 1942 » (renseignement fourni par le Chancelier du diocèse de Hearst), et non pas de 1928 à 1943, dates affichées à la porte de l'église actuelle de Génier et reproduites par M. Begley, *op. cit.*, n° 114.

284. *l'humble foyer* : à trois kilomètres au nord-ouest de Génier, dans une petite maison appartenant aux parents de Léo.

285. *sectionnaire* : « ouvrier de la voie, chargé de l'entretien d'une section (de chemin de fer) » (*Glossaire du parler français au Canada*, p. 616).

286. *la ville* : Cochrane.

287. *Wartille* pour « Wurtele », environ vingt-cinq kilomètres au nord de Clute.

288. *élir* pour « élire ».

289. *passat les papiers* pour « passa, conclut ou signa le contrat » ou mieux :

« signa l'acte de vente ».

290.   *une belle ferme* : non loin du lac Dora, à un kilomètre à l'est de la précédente demeure.

291.   *en cette année* : 1931.

292.   *en janvier prochain* pour « au mois de janvier suivant ».

293.   *Lady Minto Hospital* : l'hôpital Lady Minto (du nom de l'épouse du comte de Minto, Gouverneur général de 1898 à 1904) a été inauguré en 1915. (Voir M. Begley, *op. cit.*, n° 39).

294.   *cherurdicale* pour « chirurgicale » : transcription phonétique?

295.   *retourne* pour « retourna » : simple distraction, sans doute.

296.   *notre voisine* : Madame Burkholder, comme le précise MRG en *B* et *infra*, ligne 676.

297.   *persistance* pour « persistante ».

298.   *Fernand âgé de 5 ans* : c'est en mai 1934 que Fernand eut 5 ans. On assiste donc à un autre retour en arrière, comme le précise MRG en *B* (variante 617-622).

299.   *une famille anglaise* : les Burkholder.

300.   *Quand Denis-Paul eût ses six ans* : c'est-à-dire en 1938.

301.   *les dix plus belles années* (voir aussi *infra*, ligne 675 : *qui nous avait abrité dix années*) : en fait, les Girard durent quitter cette ferme au cours de l'été 1936 (donc après sept ans), après que leur maison eut été la proie des flammes, ce que MRG passe ici sous silence. MRG et ses enfants s'installèrent alors à Génier, « dans la petite maison qui nous avait abrité [*sic*] lors de notre arrivée en Ontario » (X 642-643).

302.   *nous retournâmes à la ferme* : voir la note précédente.

303.   *Ayant essayé (…) le feu prit* pour « Elle essayait (…) quand le feu prit ».

304.   *à l'Hopital* : de Montpelier, capitale du Vermont.

305.   *et mourût le même jour* : 12 novembre 1936.

306.   *deux milles de la ville* : deux milles au sud de Cochrane, sur la route 11.

307.   *le propriétaire* : M. Desforges. (Renseignement fourni par MRG).

308.   *à l'époque lointaine* : août 1916.

309.   *une nouvelle école* : « l'école [Sacré-Cœur] de Lamarche », comme le précise MRG en *B*. Il s'agit de la seule école séparée du canton de Lamarche. (Voir M. Begley, *op. cit.*, n°s 117 et 118).

310.   *minitieux* pour « minutieux » : assimilation vocalique progressive ([i] — [y] > [i] — [i]).

311.   *Un ange t'y apporta* pour (sans doute) « Un ange te porta », toi, bouton de rose (…), à l'entrée de ce jardin (…).

312.   *Bénédiction des Anges* : cérémonie religieuse entourant la sépulture des petits enfants baptisés; on pouvait y célébrer la messe dite « des Saints Anges ».

313.   *Mariette au nom de fleur* : la « mariette » est effectivement le nom que l'on donne à une variété de campanule.

314.   *Homydales* pour « amygdales ».

315.   *l'examin de la 8eme année* : marquant la fin des études primaires en Ontario.

316.   « *Tu pars au bord des flots* » : voici le texte de cette chanson de l'« Adieu », d'après la transcription fournie par MRG (lettre du 14 mars 1986) :

1er couplet :   Tu pars au bord des flots
                  Tu me laisses un sourire
                  Tu me regardes encore
                  je serai seule demain

Refrain :   Une larme ma petite
             Vient mouiller ma paupière
             Une larme ma petite
             Venez donc l'essuyer
             Adieu donc de loin
             Penses à celui qui t'aime
             Ne gardes jamais
             De regrets dans ton cœur
             j'emporterai tes chagrins
             Audedans de moi-même
             Le regret d'un ami
             A toujours un bonheur

2ᵉ couplet   Ainsi tout est fini
             Tous ces beaux jours ensembles
             Ma porte était ouverte
             À chaque soir pour toi.

317. *Cette année là* : 1947, Denis-Paul ayant eu 15 ans le 7 janvier.
318. *écoliers* : après ce mot, MRG a ajouté « *page 168* ». C'est au haut de cette page 168 du ms. *A* qu'est évoquée la naissance d'André (voir *infra*, lignes 789 ss). Survenue le 4 janvier 1947, cette naissance précède dans le temps les fiançailles et le mariage d'Edgar, racontés à la page 167. Si MRG a songé un instant à rétablir l'ordre chronologique des événements, elle semble y avoir renoncé, puisque cet ordre n'a pas été modifié dans la version *B*.
319. *l'Église de la tranfiguration* pour « l'église de la Transfiguration », paroisse catholique de Cochrane, fondée en 1909.
320. *au retour de l'âge* pour « [période du] retour d'âge » ou ménopause.
321. *je reviens* pour « je revins » : simple distraction, sans doute. Voir aussi X 919.
322. *Un jour* : le jeudi 19 janvier 1950.
323. *minauritaire* pour « mineurs » ou, plus précisément, « sous la dépendance de leur mère ».
324. *débrouardise* pour « débrouillardise ».
325. *j'ai très peu de temps à disposer* pour « j'ai très peu de temps à ma disposition » ou « je ne dispose que de très peu de temps » : influence de l'anglais?
326. *la devanture de la maison* pour « le parterre devant la maison ».
327. *une pile de bois de chauffage en longueur* pour « une pile de tronçons de bois de chauffage de quatre pieds de long » (donc non encore débités en morceaux prêts à être employés). — Ce renseignement très concret, posé là comme une pierre d'attente, devait sans doute servir à expliquer l'incendie qui suivra, mais il est finalement resté inutilisé, si bien que MRG l'a supprimé dans la version *B*.
328. *sous les soins* pour « grâce aux soins ».
329. *docteur P. Burnsteen* pour « Dr P. Bernstein ».
330. *Val D'Or* : où habite Blandine, tante d'Edgar.
331. *mansarde* pour « masure », sans doute. *B* donne « chaumière ».
332. *en revange* pour « en revanche » : influence de « venger », d'où « se revenger ».
333. *Dolorese* pour « Dolorès ». Voir aussi X 1121.
334. *à la participation d'un concours* pour « à participer à un concours ».

335. *fût le vainqueur (…) avec une importante majorité* pour « l'emporta aisément [sur ses compétiteurs] », la notion de « majorité » ne s'appliquant qu'à une pluralité de voix, de suffrages, de votes, etc.

336. *Ottowa* pour « Ottawa ». Voir aussi X 1095 et 1141.

337. *le fit bénéficier (…) dernière place d'épreuves* pour « lui fit remporter tous les trophées et lui permit de se qualifier pour les dernières épreuves (…) qui devaient se tenir à Ottawa ».

338. *qu'il peut exister* pour « qui peut exister » : confusion entre construction personnelle et construction impersonnelle. MRG a voulu, une fois encore, éviter le banal gallicisme « qu'il peut y avoir ».

339. *lac St-Thérèse* pour « Lac Ste-Thérèse », village situé à une dizaine de kilomètres au nord de Hearst.

340. *l'ecole de Cochrane* : école séparée St-Joseph, comme le précise MRG en B.

341. *collège universitaire de Hearst* : fondé en 1953, ce collège francophone est affilié à l'Université Laurentienne de Sudbury, comme MRG le précise plus loin (X 1291-1292).

342. *l'école secondaire de Cochrane* pour « Cochrane High School ». L'École secondaire (bilingue) de Cochrane ne sera inaugurée qu'en septembre 1971. (Voir M. Begley, *op. cit.*, n° 123).

343. *garage de Monsieur Amandola* pour « garage Amendola », rue Railway à Cochrane. (Ce garage a depuis fermé ses portes).

344. *smooth-Rocks Falls* pour « Smooth Rock Falls ».

345. *Doric Germain* : né le 14 avril 1946, au Lac Ste-Thérèse, près de Hearst. Professeur au collège universitaire de Hearst et écrivain, auteur de la *Vengeance de l'orignal* (1980) et du *Trappeur du Kabi* (1981).

346. *et ils eurent (…) à l'avantage de Doric* pour « Doric l'emporta sur André par une fraction de point ».

347. *de choisir l'école (…) ou* pour « de choisir entre l'école (…) et ».

348. *continuai* pour « continuai » : assimilation vocalique régressive ([i] — [ɥe] > [y] — [ɥe]).

349. *que je faisais au collège l'entrée d'un élève* pour « que je faisais admettre au collège un élève (ou un candidat) ».

350. *Lina* : mariée depuis le 17 septembre 1955.

351. *les quatre années* : de 1963 à 1967.

352. *Baccaulauréat de Arts* pour « baccalauréat ès arts ». Voir aussi X 1294.

353. *Red Rock* : petite ville au bord de la baie de Nipigon (lac Supérieur).

354. *était parfait bilingue* pour « était parfaitement bilingue » : confusion entre l'adjectif et l'adverbe. (Expression courante au Canada).

355. *Rayland* pour « Ryland » : village situé à une douzaine de kilomètres à l'ouest de Hearst.

356. *la petite fille chérie* : voir *supra*, X 695 ss.

357. *Red-Roks* pour « Red Rock ». Voir *supra*, note 353.

358. *Et le 17 déc 1955 (…)* : MRG évoque ici, rétrospectivement, des événements qu'elle avait omis de signaler en temps et lieu. Du coup, elle répète la date de mariage de Denis-Paul, déjà fournie plus haut (X 874).

359. *Une attraction (…)* pour « La vie en forêt avait toujours exercé sur lui un attrait extraordinaire (…) »

360. *échafaudé* pour « fondé ».

361. *l'avantage* pour « l'occasion ».

362.   *de force de passer* pour « de taille à passer ».

363.   *et de plus un contact par téléphone* pour « et de plus je te demande de me téléphoner ».

364.   *le maximum du pourcentage* pour « les meilleurs résultats possibles ».

365.   *si si* pour « oui, oui » : confusion fréquente au Canada où l'adverbe d'opposition « si » est peu usité dans la langue parlée.

366.   *je reçu pour la deuxième fois l'invitation à la graduation de Lauré* pour « je fus invitée une deuxième fois à assister à une cérémonie de remise des diplômes; cette fois c'est Lauré qui recevait un diplôme de B.A. ».

367.   *un emploi du Northland Collège* pour « un poste de professeur au Northern College (à Hearst) ».

368.   *Le quatrième de mes fils* : Albert.

369.   *aujourd'hui* : 1977.

370.   *apres l'incendie* : 1953 (voir *supra*, X 1005 ss).

371.   *Compagnie J. Marcel Labelle* : compagnie de construction fondée en 1946. (Voir M. Begley, *op. cit.*, n° 126).

372.   *un an jour pour jour (...)* : c'est-à-dire le 5 janvier 1943. En fait, c'est le 4 janvier que mourut, à près de 93 ans, Marie Bonenfant-Tousignant, grand-mère de Miemose.

373.   *la mort de (...) Mariette* : survenue le 5 janvier 1942 (voir *supra*, X 705).

374.   *indiscriptible* pour « indescriptible » : assimilation vocalique régressive ($[\varepsilon] - [i] > [i] - [i]$).

375.   *j'irais visiter à Genier* pour « j'irais en visite à Génier ».

376.   *la porte me serait (...) ouverte par chez mon frère et leurs enfants* pour « je serais toujours accueillie à bras ouverts par mon frère et sa femme et par leurs enfants ».

377.   *Blandine Lacroix* : décédée le 28 septembre 1980.

378.   *Albert Tousignant* : décédé le 6 novembre 1984.

379.   *Charles-Édouard Tousignant* : décédé le 12 octobre 1977.

380.   *je voudrais* pour « je ne voudrais ».

381.   *la nature a l'horreur* [= a horreur] *du vide* : théorie physique abandonnée au XVIIe siècle, mais qu'on continue à avancer comme une vérité d'ordre universel.

382.   « *Vieillir c'est (...)* » : MRG transcrit ici un poème qu'elle aurait lu dans un magazine alors qu'elle habitait à Hearst, à l'époque où André, son fils cadet, y préparait son baccalauréat (1963-1967). Nous n'avons pas réussi à identifier ce texte.

383.   *à nous même* pour « à soi-même ».

384.   *c'est que dès que* pour « c'est dès que ».

APPENDICE I

« *La montagne enchantée* » — Conte

Le texte de ce conte a été transcrit par MRG dans un cahier à couverture noire cartonnée « *Blueline, Dominion Blank Book Co. Limited, No. 9* » du même type que celui où se trouve consignée la version *B* des *Mémoires* (voir *supra*, p. 11). Ce cahier porte la date du 1ᵉʳ mars 1979 et le titre « Meli-Melo. Variétés de Poésies, Poèmes et contes chansons, journal personnel au déclin de la vie ». « La montagne enchantée » y occupe les pages 67 à 83.
[Voir *supra*, VI 59 et note 115].

* * *

     Il était une fois, sur les bords enchanteurs de   [67]
la mer un château d'une beauté saisissante. Les vagues
chantantes de la mer venaient se briser dans un doux
murmure sur un côté du chateau qui baignait dans la mer,
5   les autres côtés du château sur la terre ferme, etaient
entourés de magnifiques jardins et d'un parc tout parsemé
de fleurs.
     Cependant, les chatelains qui habitaient cette
princière demeure étaient malheureux comme les pierres du
10   chemin, et pour cause....................................
     Ils étaient tres riches et possédaient des
domaines d'une grande valeur mais hélas! les richesses
ne sont pas toujours une garantie de bonheur!..........
     La naissance de leur premier enfant un garçon,
15   avait été accueillie avec une joie délirante. Un héritier
était arrivé pour continuer et maintenir cette noble lignée
ancestrale. Hélas!!! Quand l'Enfant eût trois mois, il
disparût mystérieusement, et en dépit des recherches sous
la direction de // détectives expérimentés on ne retrouva   [68]
20   jamais l'enfant. La naissance d'un deuxième garçon, un an
apres la disparition du premier bébé eût le même sort à
l'âge de trois mois.
     Enfin deux ans apres ces douleureux évènements la
naissance d'une jolie petite fille apportait un baume
25   consolateur aux malheureux chatelains, mais leur joie fût
de courte durée. Quand elle eût atteint trois mois, le bébé
disparut aussi myterieusement que ses deux petits frères.
     Un frère du chatelain rempli d'ambition coupable,
avait intérêt à la disparition des enfants de son frère afin
30   de devenir un jour l'hérétier de cette immense fortune. À la
faveur de la nuit, la gardienne des enfants sur l'ordre de
ce frère dénaturé, déposait le bébé dans une corbeille
d'osier, ouvrait une fenêtre et au moyen d'un cable
descendait le panier, et confiait aux caprices des flots

35   berceurs de la mer ce dépôt Sacré.....................
      Et ainsi fit-elle pour les trois petits
      innocents...
      ....//
      À l'époque où commence ce recit, vivaient au bord de la   [69]
40   mer, dans une pauvre chaumière, l'homme et la femme à qui
      dame fortune n'avait pas prodigué ses faveurs. Ils étaient
      tres pauvres La femme tenait la maison dans un ordre
      parfait, et une propreté miticuleuse et ce couple aurait
      été presque tout à fait heureux, si au moins un enfant
45   était venu égayer leur demeure. Ils n'avaient jamais eus
      d'enfant et c'etait la peine secrète de leur vie.........
          Un matin, la femme était allé traire la vache et
      soigner les quelques poules qui caquettaient joyeusement
      au dehors, pendant que l'homme avec sa gaffe, ramassait
50   les épaves de bois que la mer apportait vers le rivage.
      Durant les mois de l'été le soleil séchait ces épaves de
      la mer qui, durant la rude saison de l'hiver, dans le foyer
      bien alimenté, répanderait une chaleur uniforme dans
      l'humble chaumière. Donc, ce matin là, l'homme en pîquant
55   avec sa gaffe les débris de bois de la mer, apperçut au
      loin quelque chose d'étrange qui flottait doucement sur la
      mer tres calme. Il prit son cannot pour se rendre compte,
      quelle était // cette chose flottante qui l'intriguait si   [70]
      fort. Quand il fût pres, l'homme vit que c'était un panier
60   d'osier recouvert d'un châle blanc. Il prit le panier,
      souleva le châle et découvrit, dormant à poings fermés, et
      en suçant son pouce, le plus joli bébé qu'il avait jamais vu.
          Ah! ça alors!!! Quelle surprise!!! Il rama bien
      vite, entrant dans sa chaumière, il s'écria! Viens voir
65   femme le beau cadeau que la mer nous a apporté ce matin.
          La femme S'écria!
      Un bébé!!! C'est-y Dieu possible? — Oui, dit son mari tres
      ému, un joli petit garçon. La femme joignit ses mains : « ô
      tu sais dit-elle, c'est un cadeau du Ciel! »
70   Et si tu le veux nous allons lui donner le nom de Jean.
          Et l'enfant, entouré de l'affection et de l'amour
      de ce couple âgé, et aussi de leurs soins attentifs grandissait
      et se fortifiait, semant la joie et la gaieté partout sur son
      passage. La femme avait mis dans un tiroir de la commode,
75   la douillette, le châle et aussi un mouchoir // de toile   [71]
      fine, qui avaient tenu le bébé bien au chaud dans le panier
      d'osier Chaque morceau de linge était marqué d'une couronne
      « Fleur de lys » brodée à la main.
          Quinze mois s'etaient écoulés. Et l'homme avec sa
80   gaffe, par un matin frais et ensoleillé, ramassant le bois
      flottant de la mer, vit au loin un petit panier balotté par
      les vagues Il prit son cannot et rama bien vite et put
      constater que c'était un panier d'osier, identique à celui
      que la mer leur avait apporté il y avait quinze mois passés.

194

85   Soulevant un coin du châle blanc, il y découvrit un bébé qui dormait profondément. En entrant dans sa chaumière, il dit à sa femme « Viens vite voir ce que la mer nous a apporté ce matin. » — ô ô S'écria-t-elle un joli petit frère pour Jean. Quel bonheur!!! — Et il est enveloppé dans des

90   vêtements tout Semblables à ceux qui couvraient notre petit Jean, douillette, Châle, petit mouchoir de toile fine avec couronne « fleurdelysée »...................................

    Comme c'est étrange et mystérieux, murmura la femme, d'où viennent donc ces enfants que la mer nous

95   apporte? // Jean était tout heureux d'avoir un petit frère   [72] à qui on donna le nom de Pierre. La joie habitait la maison!!

    Deux ans apres, par un clair matin, une vague de la mer emportait sur le rivage, un troisieme panier d'osier. L'homme soulevant un coin du châle blanc eût la surprise et

100   la joie d'y découvrir la plus jolie petite fille du monde qui dormait du sommeil paisible de l'innocense ô femme dit-il ce matin, devine ce que la mer nous a apporté???.... viens voir ça!!! — une jolie petite fille « ô Mon Dieu » murmura-t-elle... de tout notre cœur, merci! Merci!!! pour

105   le don de ces trois petits enfants qui nous sont arrivés comme des oiseaux tombés du Nid.

    Quel nom allait-on donné à la mignonne créature?... Enfin d'un commun accord il fût convenu qu'on la nommerait « Lucienda »...... La femme plaça la douillette, le châle

110   blanc et le petit mouchoir de toile fine avec couronne « Fleur de Lys » dans le même tiroir que les linges de Jean et de Pierre. Les années passèrent. Jean et Pierre étaient devenus deux // grands jeunes hommes pleins de distinction   [73] Ils etaient tous deux tres blonds et avaient de grands

115   yeux bleus. et Lucienda qui avait des cheveux d'un noir d'ébène et de magnifiques yeux noirs, une tres jolie fille.

    A cette époque on parlait beaucoup d'une montagne enchantée, dont personne ne pouvait atteindre le sommet par ce qu'elle était gardé par un méchant Dragon et des bêtes

120   féroces... Beaucoup d'hommes courageux avaient essayer l'ascension de la montagne mais la vue de ce terrible dragon était si terrifiante qu'en tournant la tête à gauche où à droite, cavalier et cheval tombaient morts. Un soir que la famille était réunie autour du foyer Jean prit la parole.

125   Père, dit-il si tu voulais me donner la permission j'essayerais la montée qui me conduirait à la montagne enchantée. La mère S'ecria! Tu n'y penses pas Jean combien de gens ont essayés de gravir cette pente aride et n'en sont jamais revenus. Le père prit la parole à son tour

130   Jean as-tu bien réfléchi aux dangers qui t'attendent dans cette expédition?.......................................

    Oui dit Jean, J'ai un bon cheval et je // désires partir   [74] des l'aurore demain matin. Maman, je t'en prie ne te fais pas de soucis.... Tu as encore le petit mouchoir blanc avec

195

135   couronne « *Fleur de Lys* » Mais oui mon enfant…. S'il
        m'arrivait malheur il sera alors taché d'une étendue rouge
        vermeil…. et Sinon…. c'est que je serai rendu au sommet
        de cette fameuse montagne enchantée et alors je vous
        reviendrai. Ils étaient bien tristes les pauvres vieux,
140   mais enfin ils consentirent. De tres bonne heure, Jean
        partit avec son cheval à la crinière blonde Pierre et
        Lucienda, les larmes aux yeux ainsi que les parents, lui
        firent leurs adieux, lui demandant de revenir.
                Trois jours S'ecoulèrent Jean était au pied de
145   la montagne il commença l'aride montée, à mi-chemin, il
        entendit des hurlements épouvantables, et il vit le dragon,
        dont la gueulle vomissait des flammes, aussi des ours
        énormes, des Lions, des Tigres, et des panthères, qui,
        pleins de fureur, semblaient l'attendre pour le dévorer.
150   Saisit d'effroi il tourna la tête, à l'instant même, il
        tomba foudroyé à mort ainsi que son cheval. Ce soir là,
        une fois de plus la bonne vieille maman alla voir le //
        petit mouchoir blanc de Jean…………………………   [75]
                Au centre, il y avait une tache rouge vermeil :
155   « ô Mon Dieu! S'ecria-t-elle Il est arrivé malheur à
        Jean!!!… La récitation du chapelet réuni aux pieds du
        Crucifix la petite famille éplorée. Tous pleurèrent
        amèrement le malheur de Jean…………………………
                Un an passa, Pierre qui était grand et fort,
160   assumait la majeure partie des travaux journaliers ramassait
        les épaves de la mer, sciait le bois de chauffage etc…
        etc. etc……. car celui qui lui avait servi de père se
        faisait tres vieux. Lucienda dans tout l'épanouissement
        de ses 18 ans vaquait aux soins du ménage, donnant le plus
165   de repos possible à la vieille maman qui n'avait plus la
        vigueur de ses jeunes années. Et un jour Pierre à son tour
        manifesta le désir d'entreprendre l'ascension de la montagne
        enchantée, je vous assures que je réussirai moi je ne
        tournerai pas la tête et puis maman, tu as gardé
170   précieusement mon petit mouchoir blanc avec couronne
        « Fleur de Lys »? S'il reste immaculé c'est que je serai
        parvenu // La-Haut. Sinon???…………………………   [76]
        Il prit le cheval noir et parti par un matin ensoleillé.
        Le 3ème jour étant arrivé au pied de la montagne à mi-chemin
175   il entendit les rugissements des bêtes sauvages et il vit
        le dragon, ses yeux injectés de sang tout entouré de
        flammes; et malgré sa ferme résolution de continuer à
        Gravir la pente, il tourna la tête, il tomba foudroyé à
        mort ainsi que son cheval……………………………
180   Le même soir les vieux parents et Lucienda se
        penchèrent sur le petit mouchoir blanc de Pierre, et y
        découvrirent une tache rouge vermeil, annonçant le malheur
        arrivé à l'enfant. Que de peines amères pour les pauvres
        vieux ainsi que pour Lucienda qui aimait tendrement ses frères

196

185   Un mystère planait toujours, autour de la renommée
de cette montagne, dont plusieurs avaient essayé d'atteindre
le sommet, n'y étant pas parvenu, ils n'étaient jamais
revenu.
       Un soir, la vieille maman assise pres du foyer,
190   pleurait ses deux fils qu'elle n'avait plus espoir de //
revoir, La soirée était fort avancée. Le feu abandonné   [77]
laissait crouler ses dernières bûches. Lucienda lui dit
Mère, il se fait tard, et cependant si vous n'êtes pas
trop fatiguée, je voudrais vous parler. Dis mon enfant, de
195   quoi s'agit-il?..... Voyez-vous quelque chose me dit, que,
si à mon tour, j'essayais l'ascension de la montagne
enchantée, j'aurais peut-être une chance d'y parvenir.
Il reste encore à l'écurie notre vieille jument blanche
« *Bianca* » Je vous promets, mère, d'être tres prudente je ne
200   tournerai pas la tête; je suis forte et courageuse, et je
parviendrai coûte que coûte au sommet de cette montagne,
que personne jusqu'à ce jour n'a pu atteindre
       La pauvre vieille maman éclata en sanglots!!! Mais
Lucienda murmura-t-elle à travers ses larmes, veux-tu nous
205   faire mourir de chagrin et d'inquiétude ton père et moi?.....
Nous avons perdus nos deux fils, tu es notre rayon de
soleil, et tu nous demandes d'aller exposer ta jeunesse
à ces dangers effroyables?... ô dis-moi que tu n'es pas
sérieuse Lucienda???....
210   ô si.... je suis au contraire tres sérieuse, maman,
j'ai l'intuition que quel-// que chose de tres heureux   [78]
va m'arriver dans ce voyage, et si à mon retour
j'apportais la joie et le bonheur dans notre humble
chaumière, ne seriez-vous pas tres contents chers parents?....
215   Allon, Allons dit le père autant la laisser partir,
rien ne la fera changer d'avis.
       L'intrépide jeune fille partit un matin, au lever
du soleil avec la vieille jument blanche, qui, de son pas
dolent se hatait avec lenteur..... Lucienda lui parlait à
220   l'oreille, allons dépêche-toi, nous n'y arriverons jamais....
voici déjà quatre jours que nous sommes en marche.
       Enfin vers la fin du cinquieme jour, la vieille
« *Bianca* » et sa cavalière arrivèrent au pied de la montagne.
Le doux murmure d'un clair ruisseau rompait seul le silence
225   de ce lieu désert. la vieille jument blanche s'abreuva
longuement, et Lucienda sortir de son hâvre-sac les restes
de son gôuter, jambon et fromage sur pain de ménage. Tu sais
dit-elle à Bianca il faut prendre des forces car nous avons
une rude montée à faire parsemée de gauche à droite de //
230   véritables dangers. Mais tout comme moi, tu sais la   [79]
consigne???.... Ne pas tourner la tête ni à gauche ni
à droite... Compris???..
       Alors tu es prête?..
Et l'ascension de la rude montée commença. Lucienda sur

235 sa selle droite comme l'épée du Roi fixait de ses yeux
ardents le sommet de la montagne. Bianca en dépit de sa
fatigue montait, montait toujours de son pas égal. Elles
étaient arrivées toutes les deux à l'endroit critique et
dangereux, dragon et bêtes sauvages faisaient entendre des
240 rugissements terrifiants cavalière et monture avançaient
toujours Lucienda tenait obstinément ses yeux fixés sur
la montagne sans détourner la tête, et tout à coup un
calme, une paix infinie succéda aux bruit assourdissant
des fauves. Comme dans un rêve Lucienda entendit une voix
245 mélodieuse qui la saluait.
     « Bonjour! Lucienda »
C'etait un oiseau d'une rare beauté qui parlait comme vous
et moi...... Mais où suis-je S'écria Lucienda au comble
de la surprise???.... Mais sur la montagne enchantée //
250 répondit l'oiseau en se posant sur l'épaule de Lucienda.   [*80*]
Suis-moi dit-il et je vais te montrer les splendeurs et
les richesses de la montagne enchantée. Ils passèrent des
pommiers garnis de pomme d'argent, des vignes dont les
branches ployaient sous la pesanteur des grappes de raisins
255 des arbres magnifiques, des allées bordées de fleurs au
couleurs variées des jardins potagers remplis de légumes
de toute sorte. Lucienda n'en pouvait croire ses yeux.
     Les arbres fruitiers abondaient, oranges, bananes,
pêches, prunes etc... etc... Prends ce que tu voudras dit
260 l'oiseau C'est à toi. Tu es la seule personne qui soit
parvenue à la montagne enchantee. Et maintenant dit
l'oiseau, viens voir la Source merveilleuse au sein de
ce bosquet tout pres de nous Lucienda vit alors une source
jaïssante dont les jets re[t]ombaient dans un bassin de
265 marbre blanc. Mais en place d'eau c'etait de l'or liquide
qui jaillissait en reflets lumineux. Lucienda se pencha
et Baigna ses longs cheveux dans cette Source et à l'instant
même ses cheveux // devinrent couleur d'Or. ô murmura   [*81*]
Lucienda je n'aie jamais rien vu de si beau, mais c'est
270 un paradis terrestre!!!....
     Prends cette bouteille, dit l'oiseau à Lucienda,
et emplis-la jusqu'au goulot de ce liquide doré. La jeune
fille fit ce que l'oiseau lui demandait. A présent, dit
l'oiseau tu veux bien qu'on aille retrouver les vieux
275 parents qui doivent se languirent de toi?... ô Oui dit-elle
ils sont si bons et je les aimes tant. Va chercher ta bonne
Bianca qui t'a conduit jusqu'ici. Nous allons descendre la
montagne et écoute bien ce que je te dis..................
De gauche à droite asperge de quelque gouttes le contenu
280 de cette bouteille......... Tu as bien compris???...........
     « ô oui dit Lucienda ».....................................
Le petit oiseau s'installa sur la tête de la vieille jument
blanche et on descendit lentement la montagne À gauche et
à droite, Lucienda aspergeait le contenu de sa petite bouteille

198

285   et à l'instant même les cavaliers et leur chevaux se levaient
Jean et Pierre se levèrent aussi, frottant leurs yeux, ils
semblaient s'éveiller d'un long sommeil // Quand ils furent   [82]
arrivés à l'endroit où le dragon et les bêtes sauvages
poussaient des hurlements effroyables Lucienda, versa sur
290   les bêtes et sur le dragon le reste de sa petite bouteille
Elles se tordirent dans des souffrances horribles. L'agonie
du dragon fût longue et douleureuse.
    Enfin un grand calme succéda aux clameurs du dragon
et des bêtes sauvages. Elles étaient toutes mortes.

295   Une semaine s'était écoulée depuis le départ de
Lucienda Les pauvres vieux parents se berçaient sur la
galerie de leur maisonnette en face de la mer; ils étaient
bien tristes Cependant un espoir Subsistait dans le cœur
de la vieille maman. Le mouchoir de Lucienda était demeuré
300   d'un blanc de neige, aucune tâche rouge n'était venu le
maculer.
    « Nos chers enfants, murmurait le vieillard en
branlant sa tête couronnée de cheveux blancs, les reverrons
nous jamais???...
305   Tout à coup, des cris de joie des exclamations
rompirent le silence impressionnant qui les entourait. //
Les deux vieillards se levèrent, et n'en pouvant croire   [83]
leurs yeux, ils virent Lucienda, Pierre et Jean qui
criaient Papa! Maman!!! c'est bien nous
310   « Nous voilà!!!... Nous voilà!!! »
Derrière eux, tous ceux qui avaient péris, avant d'atteindre
le sommet de la montagne enchantée, étaient bien vivants
avec leurs chevaux. La vieille Bianca, Lucienda et le
petit oiseau parlant était à la tête de ce cortège imposant......
315   La joie était grande!!!.......................................
    Le soir de ce jour mémorable les vieux parents,
heureux comme on ne peut pas le dire, donnèrent un banquet
à leurs enfants, et à tous les rescussités de la montagne
enchantée
320   Les habitants de l'humble village connurent enfin,
l'aisance et le comfort, que procure une vie laborieuse.
    Et le vieux couple de la chaumière, au bord de la
mer, fût récompensé au centuple de leur bonne action, celle
d'avoir élevé avec amour et tendresse, trois petits enfants
325   confiés aux hazards capricieux et parfois si dangereux des
flots berceurs.

Marie-Rose Girard

APPENDICE II

« *Rends-moi mon bonnet carré* » — Légende

[Voir *supra*, variante *B* VI 77-78 et note 118]

Il y avait une fois dans un village en bordure du   [*2r°*]
fleuve St-Laurent de braves gens la famille de Théophile
Létourneau composée du père, la mère six garçons et une
fille. La fille s'appelait Rose, elle avait 18 ans et passait
5   pour la plus belle fille du village. Elle était tres gaie et
aimait surtout à jouer des tours. Prends garde lui disait
sa mère, tu regretteras cette manie de jouer des tours aux
autres et de te moquer d'eux. Pas de danger répondait Rose
en riant d'un bon cœur j'aime à m'amuser! voilà tout!
10   Chaque samedi soir il y avait dance au village garçons et
filles s'en donnaient à cœur joie. Rose s'y rendait chaque //
Samedi soir en compagnie d'un groupe de jeunes filles ses   [*2v°*]
amies. Or un Samedi soir en revenant de la dance les
jeunes filles échangeaient de gais propos lorsque tout à
15   coup en passant devant l'Église la grande Horloge sonna les
12 coups de minuit et sur les marches du perron elles virent
une chose étrange Un fantôme tout de blanc habillé la tête
surmontée d'un bonnet carré faisait les 100 pas. ô regardez
donc mes amies s'écria Rose en pouffant de rire le drôle
20   de bonhomme pour sûr quelque mauvais drôle qui a voulu
nous faire peur moi je vais lui enlever son bonnet Carré!
ô ne fais pas cela Rose s'écria l'une des jeunes filles
Ma Grand'Mère nous a dit que quand une personne a été 7
ans sans aller à confesse le Bon Dieu les punit en les
25   changeant aux coups de minuit en loup-garou ou en fantôme.
ô la la s'écria Rose tu crois à ces sornettes là toi? Moi
pas. // Elle s'avança en gambadant vers le fantôme et   [*3r°*]
prestement lui enleva son bonnet carré. Quand elle fût
rendue chez elle, elle se sentit tres fatiguée elle jeta
30   le bonnet carré dans son coffre de jeune fille qui
renfermait son trousseau de future mariée et elle s'endormit
profondement. Rose ne souffla mot à personne de cette
aventure qui la laissait mélancolique et soucieuse. Le
lendemain soir Rose dans son lit se tournait et retournait
35   en tous sens et n'avait pas sommeil elle s'endormit enfin
vers 11 heures. Dans le silence impressionnant de la maison
endormie l'horloge Grand'Père égrena les 12 coups de minuit.
Un bruit insolite l'éveilla en sursaut. Elle s'assit dans
son lit et prêta une oreille attentive.... et tourna
40   lentement sa tête vers la fenêtre. Quelqu'un frappait la
vitre et Rose vit le fantôme de la veille. // Une voix   [*3v°*]
d'outre-tombe s'éleva :

« Rends-moi mon bonnet carré. » —
En même temps le bonnet carré enfermé dans le coffre
45 s'agitait en tous sens faisant un bruit continu et alarmant.
Rose épouvantée criait de toutes ses forces :
A Moi! A Moi! Au secours!!!
En toute hâte la famille accourut Qu'y a-t-il Rose et
qu'as-tu à crier si fort?… De son doigt Rose montrait
50 la fenêtre en criant :
« Là là le fantôme
elle se renversa sur ses oreillers et perdit connaissance.
Les parents et les frères de la pauvre Rose ne comprenaient
rien à ce qui se passait Rose n'était plus la jeune fille
55 gaie et pleine d'entrain qu'ils avaient connue elle ne
mangeait plus ne dormait plus et chaque soir aux 12 coups
de minuit le fantôme frappait à la fenêtre de la chambre
de Rose et la voix sépulcrale demandait // toujours.   [4r°]
« Rends moi mon bonnet carré » pendant que le même bonnet
60 se démenait dans le coffre de cèdre dans une dance
endiablée…
          Rose tomba gravement malade ses parents mandèrent
le médécin et Monsieur le Curé. Le médécin déclara qu'une
émotion trop forte occausionnait une faiblesse générale et
65 qu'il faudrait savoir la cause de cette émotion. Le prêtre
demanda qu'on le laisse seul avec la malade. ô mon père
murmura Rose dans un geste d'ardente supplication venez à
mon aide car je suis désespérée Allons mon enfant du calme.
Il faut dabord me raconter sans omettre un détail tout ce
70 qui s'est passé et si tu veux bien j'entendrai ta confession.
Rose raconta sa pénible mésenventure. La main bénissante
du prêtre traça sur l'enfant receullie le signe de la
Rédemption. Rose dit-il tu n'as pas // été méchante   [4v°]
mais très imprudente et vollage Alors il s'agit de
75 réparer ta faute je vais benir le coffre qui renferme
le bonnet. Ce soir un peu avant minuit tu viendras avec
le bonnet. Quand le fantôme commencera sa promenade
nocturne tu lui remettras son bonnet carré sur la tête.
Cette pauvre âme était sans doute au dernier soir de sa
80 pénitence avec un peu de courage tu lui ouvriras les portes
du Ciel ô mon père je n'oserai jamais j'ai si honte Si si
il le faut je ne serai pas loin de l'Église avec tes
parents Tout se passa comme le prêtre lui avait demandé
À minuit sonnant Rose toute tremblante posa le bonnet carré
85 sur la tête du fantôme qui s'était incliné pour le recevoir.
Rose courût vers sa mère qui lui ouvrit ses bras. ô maman //
je suis si heureuse je vous promets que jamais plus je ne   [5r°]
me moquerai des autres La leçon a été dure mais au moins
elle aura été profitable.
90   Ainsi finit dans la paix et l'harmonie la légende
du bonnet carré.

                                        Marie-Rose Girard

SOURCES CONSULTÉES

A. SOURCES MANUSCRITES

GIRARD (Marie-Rose), « Miemose Raconte » [*Mémoires* autographes, version *A*], 1er janvier 1968, cahier I (p. 1-72) et cahier II (p. 73-184), Centre de recherche en civilisation canadienne-française, Université d'Ottawa, P55/1/1-2.

GIRARD (Marie-Rose), « Miemose raconte » [*Mémoires* autographes, version *B*], 10 janvier 1970, 187 p., Centre de recherche en civilisation canadienne-française, Université d'Ottawa, P55/1/3.

GIRARD (Marie-Rose), « Meli-Melo. Variétés de Poésies, Poèmes et contes chansons, journal personnel au déclin de la vie », 1er mars 1979. [Propriété de l'auteur].

Registre des mariages de la paroisse Notre-Dame-des-Oliviers de Génier [conservé à la paroisse de la Transfiguration de Cochrane].

Registre des sépultures de la paroisse Notre-Dame-des-Oliviers de Génier [conservé à la paroisse de la Transfiguration de Cochrane].

Registre des sépultures de la paroisse de la Transfiguration de Cochrane.

B. SOURCES IMPRIMÉES

ALLAIRE (Abbé J.-B.-A.), *Dictionnaire biographique du clergé canadien-français*, Saint-Hyacinthe, Imprimerie de « La Tribune », t. 2, 1908, et t. 6, 1934; Montréal, Imprimerie du « Devoir », t. 3, 1910 [Second supplément, 1911].

ANONYME, *Glossaire du parler français au Canada*, préparé par la Société du Parler français au Canada, Québec, P.U.L., 1968 (réimpr. de l'éd. de 1930).

ANONYME, *Les Mille et une nuits*, trad. d'Antoine Gallant, Paris, Garnier-Flammarion, t. 3, 1965.

AUBERT DE GASPÉ (Philippe), *Les Anciens Canadiens*, Montréal, Fides, « Bibliothèque canadienne-française », 1967.

AUBERT DE GASPÉ (Philippe), *Mémoires*, Montréal, Fides, « Bibliothèque canadienne-française », 1971.

BEAULIEU (André), HAMELIN (Jean) *et al.*, *La Presse québécoise des origines à nos jours, t. 6, 1920-1934*, Sainte-Foy, P.U.L., 1984.

BEGLEY, (M[ichael] F.), *Cochrane d'hier à demain*, Highway Book Shop, 1977.

BOIVIN (Aurélien), *Le Conte littéraire québécois au XIXᵉ siècle*, Montréal, Fides, 1975.

BOUHIER (Louis, s.s.), *300 Cantiques anciens et nouveaux à l'usage des Maisons d'éducation, des Communautés et des Paroisses*, Montréal, Librairie Beauchemin Ltée, 1929.

CHAUMETTE (Yvonne), *Vieilles Chansons de France*, Paris, [1954].

COLLECTIF, *Saint-Stanislas 1833-1983*, Album-souvenir du 150ᵉ anniversaire de l'érection canonique de la paroisse Saint-Stanislas, Saint-Stanislas, 1983.

COLLECTIF, *Annexe à l'Album de Saint-Stanislas*, Saint-Stanislas, Les Éditions Souvenance Inc., 1984.

DOMINIQUE-CAMPAGNA (Frère), *Répertoire des mariages de Saint-Narcisse de Champlain, 1854-1967*, Ronéotypé, Cap-de-la-Madeleine, 1967.

DU BERGER (Jean), *Les Légendes d'Amérique française*, Québec, P.U.L., 1973.

GAGNON (Ernest), *Chansons populaires du Canada*, 2ᵉ éd., Québec, Robert Morgan, 1880.

GAUDET-SMET (Françoise), *Célébration de l'érable*, Saint-Sylvère, Robert Morel Éditeur, 1970.

GAUTHIER (André), *Les Chansons de notre histoire*, Paris, Pierre Waleffe, « Connaissances », 1967.

GENEST (Bernard), *Massicotte et son temps*, Montréal, Boréal Express, 1979.

GIRARD (Rodolphe), *Marie Calumet*, Montréal, Fides, « Nénuphar », 1973.

GRISÉ (Yolande), *Des mots pour se connaître*, Montréal, Fides, 1982.

LAFORTE (Conrad), *Menteries drôles et merveilleuses, contes traditionnels du Saguenay*, Montréal, Quinze, 1978.

LAUFER (Roger), *Introduction à la textologie. Vérification, établissement, édition des textes*, Paris, Larousse, 1972.

LEGARÉ (Clément), *Pierre la Fève et autres contes de la Mauricie*, Montréal, Quinze, 1982.

LEJEUNE (Philippe), *L'Autobiographie en France*, Paris, A. Colin, Coll. « U2 », 1971.

LEMIEUX (Germain, s.j.), *Les Vieux m'ont conté*, Montréal, Bellarmin; Paris, Maisonneuve et Larose, t. 9, 1977.

LEPAGE (Yvan G.), « Le cas des *Mémoires* de Marie-Rose Girard », *Revue d'histoire littéraire du Québec et du Canada français*, 4 (été-automne 1982), p. 100-106.

LE ROY-VILLARS (Ch.), *Les Chaussons de la duchesse Anne*, opérette en un acte, Paris, J. Bricon, 1896.

PAPAFINGOS (Pandelis [pseud. : Quentin Servan]), *La Soif de l'or*, Montréal, Fides, « La grande aventure », 1957.

ROUGER (Gilbert), édit., *Contes de Perrault*, Paris, Classiques Garnier, 1967.

TACHÉ (Joseph-Charles), *Forestiers et voyageurs*, Montréal, Fides, « Nénuphar », 1964.

TRÉPANIER-MASSICOTTE (Janine), *Saint-Stanislas, comté de Champlain. Répertoire historique*, vol. 1, 2ᵉ éd., Éditions du Bien Public, 1979.

WARWICK (Jack), « Forestiers et voyageurs » [de Joseph-Charles Taché], *Dictionnaire des œuvres littéraires du Québec, I : Des origines à 1900*, Montréal, Fides, 1978, p. 275-279.

Cet ouvrage,
publié hors collection,
a été composé
en Garamond numéro 3
et imprimé
en août mil neuf cent quatre-vingt-neuf
sur les presses de
l'Imprimerie Marquis
à Montmagny (Québec)